NOURRIR

Sylvie Brunel

NOURRIR

Cessons de maltraiter ceux qui nous font vivre !

BUCHET • CHASTEL

ISBN 978-2-283-03724-9

Sommaire

1.

Nourrir

L'arme alimentaire
est de retour
Les Français se serrent
la ceinture
Il est urgent de sauver
notre agriculture !

Pour construire un monde accueillant,
Faire face à tous les défis qui nous attendent,
Nous avons besoin de paysans forts,
Et nous les maltraitons.
Nous avons besoin d'une jeunesse confiante,
Et nous l'inquiétons.

Et si on changeait enfin notre façon d'agir ?

Accorder à ceux qui nous nourrissent
Tout le respect qu'ils méritent,
Donner à nos jeunes
Des perspectives galvanisantes,
L'avenir n'est pas bouché !

Mais il nous faut engager un nouveau pacte,
Réconcilier la jeunesse, la société et les paysans,
Qui ont également besoin de la nature.

Rendre à notre pays sa souveraineté alimentaire
Faire vivre les territoires
Donner de l'espoir
En rendant sa dignité et la reconnaissance qu'il mérite
Au plus beau métier du monde.

Être paysan aujourd'hui
Nourrir ses concitoyens
Faire vivre le monde
C'est exercer le plus beau
Mais aussi le plus dur métier du monde.

Voici un Manifeste pour le monde agricole
Une France forte et souveraine ne peut perdre sa première richesse.

2.

Mais que mangent donc ceux qui maltraitent les paysans ?

Nourrir. Quelle mission plus noble que de nourrir ses concitoyens ? Paysan, pays, paysages… tous ces mots appartiennent à la même famille. Et ils commencent comme le mot le plus essentiel de l'humanité : Paix.

Qu'on les appelle « paysans », terme qui sonne aujourd'hui comme une revendication, un enracinement, une fierté, ou bien « agriculteurs », mot plus récent et plus technique, qui induit la modernité dans laquelle ils sont pleinement engagés, ceux qui nous nourrissent sont les chevaliers discrets et méconnus des territoires. Ils relient le passé à l'avenir, tissent autour de la terre un rhizome de connaissances et d'expériences partagées, un réseau de solidarités.

L'avenir du monde repose sur les épaules des paysans. Et nous oblige à leur égard.

Pour qu'un pays se porte bien, pour que ses paysages soient beaux, pour que la paix règne sur l'humanité, il faut des paysans. Se nourrir, c'est l'acte le plus important du monde.

Comme tout être vivant, l'être humain ne peut vivre sans manger et sans boire.

Mais manger n'est pas seulement un acte physiologique, et tous les fantasmes des années soixante-dix sur une alimentation résolue par l'absorption de simples pilules ont dû plier devant cette réalité intangible : se nourrir est un acte à la fois culturel, social et politique. Dis-moi ce que tu manges, je te dirai qui tu es. Innombrables sont les livres sur l'alimentation, la gastronomie, le goût, l'accord entre les mets et les vins, qui fondent la civilisation du bien-vivre.

Jamais nous n'avons eu autant besoin des agriculteurs, jamais nous ne les avons autant maltraités. Ils exercent pourtant le plus beau métier du monde. À notre service. Et ils possèdent toutes les clés du développement durable. Ce sont eux, les premiers écologistes de la planète. Quelle est cette société qui se permet de mordre ainsi la main qui la nourrit ?

Plus ils en font pour nous satisfaire, plus nous les critiquons. Guerre des prétendues « bassines », mise en accusation du maïs ou de l'élevage, qui nourrissent pourtant le monde en valorisant des terres difficiles, procès permanents sur les traitements, qu'il faudrait bannir alors que le changement climatique et la mondialisation exacerbent la pression parasitaire, dénonciation d'une agriculture qualifiée d'industrielle, alors qu'elle reste d'abord familiale, éloge forcené des circuits courts et du local, alors que des ménages de plus en plus pauvres se précipitent en grande surface sur le discount alimentaire importé de l'étranger… Cela devient de la folie, de l'hystérie. Du grand n'importe quoi. Avec un risque grave de « désagriculturalisation », dans un monde où les céréales sont redevenues une arme. Où avoir accès au lait et à la viande signifie sortir de la pauvreté. Où la faim a fait son grand retour, y compris en France, où on doit de plus en plus se priver pour boucler les fins de mois.

Mais que mangent donc ceux qui accusent ainsi les paysans ? Ceux qui osent les traiter de pollueurs et d'empoisonneurs, sans avoir la moindre idée de la façon dont on produit aujourd'hui de la nourriture, avec une technicité que peu de professions sont capables d'égaler, appliquent-ils pour eux-mêmes la rigueur qu'ils exigent de ceux qui les nourrissent ?

Le changement climatique, la crise du Covid et la guerre en Ukraine ont remis l'alimentation au cœur des enjeux de société. Les questions de la souveraineté alimentaire, de l'autonomie alimentaire, des modèles agricoles au premier plan.

Essentiels pour le monde, ceux qui cultivent la terre et élèvent les bêtes devraient donc occuper le premier rang dans les politiques mondiales et nationales.

Ce n'est pourtant pas le cas : le plus beau métier du monde, nourrir ses concitoyens, est aussi le plus dur métier du monde. Combien de fléaux, sans cesse, s'abattent sur la route des paysans ? Du climat à la géopolitique, il leur faut vaincre tous les obstacles pour apporter dans les assiettes ce qu'attend l'humanité, c'est-à-dire trois bons repas par jour, à un prix abordable.

Nous sommes encore bien loin du compte. Un milliard de personnes vivent dans l'insécurité alimentaire. Les famines continuent d'endeuiller le monde, tuant d'abord les enfants et les plus fragiles.

Il faut soutenir nos paysans ! Parce qu'ils sont seuls capables de sublimer le vivant pour en tirer le meilleur tout en affrontant les caprices du temps, ceux qui nous nourrissent devraient avoir droit à tous les égards.

Partons à la rencontre des fils de la terre. Convoquons l'histoire et la géographie pour comprendre pourquoi nous leur devons tant.

Et demandons-nous pourquoi nous les traitons si mal, eux qui, pourtant, tiennent notre futur entre leurs mains.

3.

Des chefs d'entreprise avant tout

Cessons le misérabilisme et la condescendance à l'égard de ceux qui nous nourrissent ! Plus de 300 suicides chaque année dans le monde agricole, ce n'est pas acceptable, même si, en ces temps difficiles, toutes les professions sont exposées. Qu'une exploitation sur trois ne trouve aujourd'hui pas de repreneur, alors que la moitié de la profession va prendre sa retraite au cours de la prochaine décennie, indique l'expression d'un malaise paysan. Qui met en péril toute la société, menaçant notre souveraineté alimentaire, dans un monde où la géopolitique de la faim dicte les alliances.

Produire de la nourriture est devenu de plus en plus difficile. Elle est pourtant vitale. Pour qu'elle soit saine, sûre, suffisante, abondante et accessible financièrement, qui sont les paramètres essentiels de la sécurité alimentaire, il faut cocher beaucoup de cases.

> Le paysan n'est pas
> une victime, c'est d'abord
> un professionnel compétent.

C'est un chef d'entreprise qui aime son métier, et est fier de sa façon de travailler, des aliments qu'il met dans nos assiettes.

Pourtant, une petite minorité, pour exister, a décidé de taper sur ses pairs. Certains médias adorent mettre en avant le producteur « différent », en guerre contre l'agriculture moderne et l'industrie agro-alimentaire. Ils font leurs choux gras de modèles alternatifs, sans réaliser qu'ils ne nourrissent personne, que leur généralisation serait un drame pour notre sécurité alimentaire.

Comme toutes les professions où il faut bûcher dur (la restauration, l'hôtellerie, le transport, les soins, la police…), le monde agricole peine à recruter. Des millions de postes sont à pourvoir. Mais beaucoup d'entre nous, confortablement installés en ville, où nous nous sommes habitués à une nourriture abondante, variée et sûre, rêvons pourtant d'une agriculture de jardins, de petits producteurs modestes et méritants qui travailleraient comme leurs grands-parents. On ne peut pas préconiser ainsi des modèles qui renvoient les paysans à la pénibilité, au travail manuel ! Des modes de production qui donnent peu, et pour des personnes aisées.

La violence des confinements, les difficultés et le coût de la vie urbaine, mais aussi la « grande démission » qui a suivi la pandémie de Covid ont renvoyé dans les campagnes des millions de personnes, en quête d'une vie plus authentique, plus reconnectée avec la nature. Quel paradoxe de constater qu'aussitôt installées dans ce monde qu'elles trouvent beau et accueillant, une partie d'entre elles s'attelle à critiquer les paysans ! Leur travail et les « nuisances » qu'il engendrerait, le bruit, les mouches, les tracteurs, et surtout les traitements des cultures, tout exaspère les néo-ruraux.

C'est simple : aujourd'hui le paysan est coupable. De tout. Il est devenu le bouc émissaire de nos peurs et de nos colères. Qu'il écoute la radio, qu'il ouvre les journaux, qu'il allume la télévision, qu'il s'aventure sur les réseaux sociaux, et le voilà systématiquement mis en cause. Tout est prétexte à l'accuser ! Le maïs serait une pompe à eau. Il faudrait le remplacer par du sorgho. Les pommes seraient trop traitées. Il serait urgent de généraliser le bio. Manger de la viande saccagerait la planète. Un régime végétal au contraire la sauverait. Les réserves de substitution ne seraient que de monstrueuses mégabassines (mais qui a inventé ce mot débile ?) qui illustreraient la « maladaptation ».

La liste est interminable. Plus d'oiseaux ? Les paysans ! Des pare-brise de voiture sans insectes ? Les paysans ! La pollution à Paris ? Les paysans ! Les algues vertes ? Les paysans !

Ne me dites pas que vous ignorez cette ritournelle : elle est jouée en continu, particulièrement sur certains médias du service public. À quoi reconnaît-on un urbain aisé exerçant un métier intellectuel ou de communication ? Au mépris qu'il exprime à jet continu contre les pratiques du monde agricole, forcément productiviste, forcément tueur de nature, et bien sûr vivant de subventions pour engraisser l'agro-industrie. Critiquer les agriculteurs pour encenser les jardiniers, opposer les vertueux petits aux méchants gros est devenu un critère de distinction.

Bien sûr, la mise en accusation du secteur productif par des personnes qui en dépendent pourtant n'est pas réservée aux seuls agriculteurs. Les énergéticiens subissent le même ostracisme systématique. Le retour au principe de réalité dans l'énergie conduit d'ailleurs aujourd'hui la France, l'Europe, à faire les yeux de Chimène au nucléaire et au gaz de schiste américain après les avoir vilipendés. Et même à rouvrir des centrales à charbon, énergie fossile vue comme une abomination.

Il serait temps que le principe de réalité s'applique aussi à l'agriculture. Que nous cessions de scier la branche sur laquelle nous reposons.

Notre indépendance et notre sécurité alimentaires, la beauté de ces campagnes où nous souhaitons passer du temps, ces chemins ruraux, ces alpages et ces forêts dans lesquels nous adorons randonner, et même ces plans d'eau qui font les vacances réussies des familles, le bonheur des ornithologues et des pêcheurs, tout cela dépend des paysans !

Mais qui connaît vraiment leur métier ? Nous pérorons sans savoir. Il faut aller à la rencontre de ceux qui nous nourrissent, les écouter, pour comprendre à quel point notre agriculture est admirable. L'Europe, c'est la première région nourricière du monde. La France, l'un des pays les plus exigeants sur les normes alimentaires, environnementales, mais aussi sociales. Tous les piliers du développement durable, les paysans les mettent en œuvre au quotidien.

Nous sommes des privilégiés, car notre agriculture reste familiale, variée, exigeante et propre. Elle réussit à concilier la quantité et la qualité, alignant les performances dans tous les domaines, sur moins de 5 % des superficies cultivées dans le monde. Ne tuons pas la poule aux œufs d'or, nous qui avons abattu préventivement 22 millions de volailles en France en 2022 pour nous prémunir d'une menace affolante, la grippe aviaire.

(Soyons conscients des vraies menaces et des vrais enjeux !)

Le monde compte encore un milliard de paysans, qui, partout, doivent vaincre bien des périls pour parvenir à vivre décemment de leur travail. Beaucoup sont très pauvres et souffrent de la faim. Leurs pays doivent importer massivement de la nourriture en provenance d'un tout petit nombre de grandes puissances exportatrices, dont la France. Partout, le prix des aliments, mais aussi de l'énergie conditionne la paix sociale. Que les étals se vident et c'est la révolution.

Pour nous prémunir de tels risques, qui ont marqué l'histoire de France, les agriculteurs agissent ici en mobilisant les techniques les plus avancées, les semences les plus performantes, les machines les plus intelligentes, pour à la fois produire, mais aussi protéger la nature, stocker le carbone, non seulement s'adapter au changement climatique, mais aussi lutter contre ses conséquences les plus redoutables, les canicules, le manque d'eau, l'érosion des sols, la disparition de la biodiversité.

Un agriculteur, quel que soit son modèle de production – bio, conventionnel, court, long, il faudrait cesser de les opposer parce qu'on a besoin de tout le monde et que tout le monde essaie de faire de son mieux –, doit être bon partout pour réussir à exercer son métier. Ce n'est ni un jardinier, ni un décorateur de la nature, mais un chef d'entreprise. Il doit piloter sa ferme comme un commandant de bord. Une ferme, c'est un avion. Il y a des boutons partout, et s'il se trompe, ça peut lui coûter très cher. Et à nous aussi, parce que nous n'avons plus rien à manger.

4.

Fiers, libres et debout

Si toutes les fermes sont différentes, chacune est unique. Parce que l'infinie variété des sols et des terroirs exige une infinité de choix. Et une connaissance si pointue qu'elle est parfois incommunicable, et même intransmissible. D'où l'importance de la formation agricole, dont la France est un des pays leaders. Souvent, il y a tellement d'écart entre ce que croient savoir les citadins, les journalistes, le grand public, les néo-ruraux sur une culture ou un élevage, et ce que doit mettre en œuvre le professionnel pour relever le défi de la production dans de bonnes conditions, que ça devient un dialogue de sourds.

Beaucoup d'agriculteurs ont du mal à expliquer la technicité et la complexité de leur métier. Et leurs interlocuteurs leur laissent rarement le temps de le faire. Nous sommes au temps du slogan, des solutions simples, des visions binaires, transmises par les réseaux sociaux, les émissions de débat, la recherche permanente du scandale et de l'indignation. Comment un paysan peut-il s'y retrouver dans cette jungle de la communication, où un bon mot,

> Le paysan travaille dans son champ, ce n'est pas un communicant.

fût-il faux, a plus de poids qu'une explication complexe ? Il a autre chose à faire – gérer son exploitation pour nous nourrir, mais aussi une montagne de paperasses, de contrôles et de défis techniques, tout en réussissant à gagner correctement sa vie. Un bon paysan a non seulement le fameux « bon sens » et des années d'expérience, mais ce n'est pas le roi de la formule choc. Face aux accusations, il se replie chez lui, dans son exploitation, et se tait. Il lâche l'affaire. Tant pis pour ceux qui ne veulent pas comprendre : qu'on ne vienne pas lui dire comment travailler !

D'autant qu'il ne cesse de se remettre en question et de progresser pour produire plus, mieux et avec moins. Lui donner des leçons de nature, à lui dont elle est l'outil de travail et qu'il connaît mieux que quiconque, c'est ridicule. Vient-il, lui, expliquer comment on fait son métier aux journalistes ou aux enseignants, toujours prêts à savoir mieux que lui ce qui est bon pour l'environnement ? Trop d'enseignants, hélas, au lieu d'emmener leurs classes dans les fermes, critiquent devant leurs élèves ces professionnels qui les nourrissent et veillent sur leur santé – car les paysans aussi ont des enfants, et quand ces derniers rentrent de l'école en reprochant à leurs parents de polluer la terre, ça les met en colère et les attriste.

Nos grands-parents ne voulaient pas que leurs enfants reprennent le flambeau. Parce qu'on méprisait trop ceux qui vivaient de la terre. « Ne sois pas paysan, mon fils. » Leurs enfants sont partis dans les villes et leurs enfants à eux ont oublié leurs racines. Un hiatus, une fracture se sont creusés entre le monde rural et le monde urbain, qui a oublié à quel point la nourriture pouvait devenir un problème. Nous nous sommes habitués à manger de tout, en quantité et pour pas cher. Jusqu'à aujourd'hui, avec le retour des manques et des pénuries, la flambée des prix remettent l'agriculture au cœur de nos sociétés.

Aujourd'hui, le mouvement inverse s'est amorcé : les petits-enfants veulent revenir dans les campagnes, au plus près de la nature. Mais, dans les nouvelles installations agricoles, le quart concerne les personnes qui sont issues d'un autre milieu que l'agriculture et veulent s'installer dans des modes de production alternatifs, bio, circuit court, activités de niche comme petit maraîchage ou petit élevage. C'est à la fois bien… et dangereux, parce que ces modèles alternatifs construisent une agriculture de la précarité, où on ne compte pas ses heures de travail pour des résultats souvent aléatoires. De nouvelles fabriques de pauvres. Qui ne risquent pas de nourrir les grandes villes et d'assurer l'alimentation du quotidien pour tous.

Pour remplir cette mission vitale, nous avons au contraire besoin d'exploitations performantes, nourricières, propres bien sûr. Et pour cela, il faut de grandes connaissances techniques, un véritable accompagnement agronomique et commercial, et des moyens financiers.

Au cœur de son exploitation, le paysan règne en maître, libre, souverain, en alerte permanente. Pour être performant, ou tout simplement pour pouvoir continuer à travailler dans sa ferme sans devoir mettre la clé sous la porte, il faut tout savoir. Tout maîtriser. Le paysan est une vigie du ciel et des marchés. Un œil sur les nuages, l'autre tourné vers le sol, pour guetter sa santé et tout ce qui la menace, vous imaginez ? La météo, les prix, les insectes, voire le citadin ignorant qui vous toise parce que quand même vous êtes un peu bouseux, là, dans votre champ, avec votre cotte et vos bottes crottées, il y a de quoi saturer. Mais si vous portez costume et cravate et pilotez votre ferme avec un smartphone, c'est encore pire : vous n'êtes pas un « vrai » paysan aux yeux de l'urbain, qui ressent souvent à l'encontre de celui qui vit dans la campagne un racisme de classe.

Connaître parfaitement ses parcelles, leurs expositions, les qualités et limites de leurs sols, leur aptitude à retenir ou non l'eau. Avec tout un vocabulaire dont les profanes ne connaissent pas le premier mot – un sol ressuyé, ça vous dit quelque chose ? Et un broutard ? Et une vache allaitante ? Être paysan, c'est connaître parfaitement ses plantes et ses bêtes. Avoir l'œil suffisamment exercé pour identifier la moisissure qui se profile et risque de se propager à tout le champ. Débusquer le premier puceron avant que des milliards ne s'abattent sur les cultures, sans que les braves coccinelles y puissent grand-chose. Envoyer un drone épandre des trichogrammes contre la pyrale du maïs pour ne pas avoir à utiliser ces « pesticides » désormais honnis.

Trichogramme ? De petites guêpes parasitoïdes qui s'attaquent aux œufs des lépidoptères ravageurs. Pour chacun des mots de cette phrase, il faut une encyclopédie. Le paysan a tout ça dans la tête. L'encyclopédie et la mémoire des risques, toute l'agronomie nécessaire pour cultiver chaque parcelle de son champ, en appliquant des rotations nécessaires à la santé des sols et au maintien de la fertilité. Le choix des meilleures plantes, des meilleures variétés, des meilleures semences. Le tournesol, le maïs, la betterave, le blé, l'orge, les CIPAN (cultures intermédiaires pièges à nitrate), les CIVE (cultures intermédiaires à valorisation énergétique)… À chaque minute de sa vie, le paysan exerce des choix.

Il est le grand ordonnateur de la nature, le maître des assiettes, le chef d'orchestre de la ferme. Mais son savoir-faire se double rarement du faire-savoir.

Heureusement, il existe une jeune génération prête à prendre la relève. Elle maîtrise les outils de communication modernes. Et elle y croit !

Les jeunes agriculteurs ont conscience d'entrer dans une nouvelle ère où l'on attend d'eux qu'ils répondent à toutes les attentes sociétales. Ils se posent des questions sur la meilleure façon de produire pour tout concilier, et surtout pour parvenir à vivre de leur travail. Ce qui compte à leurs yeux, c'est l'équilibre entre leur vie professionnelle et leur vie personnelle. Ils sont prêts à tout expérimenter pour relever le défi de bien nous nourrir dans le plus grand respect de la nature, mais il leur faut réussir à faire tourner leur exploitation, à assurer sa pérennité. Ce qui me marque, c'est combien ils sont fiers de leur métier. Échanger avec eux est un bonheur.

Mais ils souffrent du manque de reconnaissance de leur profession. De leur difficulté à expliquer toutes les connaissances qu'ils doivent mobiliser, dans tous les domaines, pour devenir des agriculteurs performants, qui vivront décemment de leur travail et s'entendront bien avec leurs voisins. Des personnes reconnues par la société, pleinement intégrées dans les défis écologiques et y prenant pleinement leur part.

Aller les rencontrer est une nécessité. Il ne faut pas passer à côté de cette chance inouïe qui nous est donnée :

une jeunesse agricole
à la tête bien faite
et bien pleine,
qui croit à l'avenir
et s'attelle à le rendre meilleur.

« Paysans ! nous sommes fiers d'être paysans !
Nous sommes libres d'être paysans !
Nous sommes dignes et debout, les paysans !
Paysans !
Nous sommes jeunes et paysans !
Nous sommes innovants et paysans !
Nous sommes dignes et debout
Les paysans !

Pas de pays sans paysans »
(*quatro*)

Ce chant non des partisans mais des paysans porte cette foi d'une nouvelle génération qui refuse de baisser les bras et qui croit en l'avenir et en sa mission. Il faut visionner ce formidable clip de trois minutes, réalisé en 2016 par les Jeunes Agriculteurs du Haut-Doubs[1], pour toute l'énergie qu'il dégage. Une chevalerie protectrice, en cotte, marchant d'un pas décidé à l'assaut des champs et de cette société qui continue de les méconnaître.

Une formidable déclaration d'amour à une profession qui incarne à la fois la liberté, la nature et l'avenir, tel est le message que délivrent ces jeunes agriculteurs déterminés.

Les paysans sont de plus en plus diplômés. Ils sont aujourd'hui une des professions les plus connectées de France. La nouvelle génération, celle qui va répondre à la fois aux défis nourriciers et écologiques, sort d'excellents lycées agricoles : comme tous les pays avancés, qui savent à quel point l'agriculture est stratégique, la France s'enorgueillit d'un excellent réseau d'établissements de formation, le premier en Europe.

Dans ces établissements de formation agricole, les professeurs apprennent à leurs élèves autant l'agronomie, socle essentiel du métier d'agriculteur, que les fondamentaux de la gestion complexe des entreprises agricoles, qui ne peut être assurée sans de solides principes de gestion et de comptabilité. Il leur faut aussi, de plus en plus, intégrer la high tech : les nouveaux paysans sont des ageekculteurs, car sans outils d'aide à la décision, qui leur permettent de prévenir les accidents météorologiques et de mettre en œuvre une agriculture de précision, il leur serait impossible de répondre aux attentes écologiques, notamment sur les traitements des cultures, dont la société attend qu'ils soient de plus en plus limités, sans toutefois la mettre en danger.

---

1. https://www.alerte-environnement.fr/2016/06/06/nous-sommes-fiers-detre-paysans/

Ce réseau de lycées agricoles, qui maille tout le territoire, explique la force de notre agriculture. Mais il est aujourd'hui fragilisé par les critiques que subit le monde paysan, ce qui en diminue l'attractivité auprès des jeunes[2].

Oui, il nous faut cesser, face à ceux qui nous nourrissent, de brandir anathèmes et injonctions, pour mieux comprendre l'incroyable complexité d'une profession de plus en plus stratégique.

Le plus beau métier du monde mérite mieux que nos préjugés.

Quand ils s'en donnent la peine, personne ne parle mieux de l'agriculture que les paysans. La jeune génération en est pleinement consciente. Et comme les agriculteurs sont loin d'être enfermés dans le passé, mais toujours au contraire en quête de nouvelles opportunités, les réseaux sociaux sont devenus pour eux un bon moyen de faire connaître leur métier.

FranceAgriTwittos est un des plus actifs. Fondée en 2017, l'association communique activement, car elle est partie d'un constat incroyable : même ceux qui vivent à proximité des fermes ne connaissent pas la réalité du travail agricole, ce qui engendre des situations de méfiance, des conflits de voisinage, des tensions.

Il faut se rencontrer pour se réconcilier. Il faut échanger pour se comprendre. Bienveillance, pédagogie, ouverture d'esprit, les membres de FranceAgriTwittos ont même publié un petit livre

---

2. Mission d'information sur l'enseignement agricole, réalisée par les sénateurs Jean-Marc Boyer et Nathalie Delattre, 2021.

vert, *Comment communiquer efficacement quand on est agriculteur... (et qu'on manque de temps !)*, qui incite le monde agricole à sortir de sa bulle, à venir à la rencontre de la société pour expliquer son métier, à ne pas répondre à l'agressivité par l'agressivité, mais au contraire par de la franchise et des exemples concrets. Ceux qui agressent les agriculteurs le font souvent par peur. Il faut les rassurer en leur montrant que celui qui produit de la nourriture est une personne responsable, en quête des moyens les plus propres, les plus économiques et les plus écologiques pour parvenir à remplir nos assiettes de la meilleure façon possible. Que les agriculteurs soient fiers de leur mission et de leur métier, ils doivent le faire plus savoir !

« Officiellement aujourd'hui, ça fait 20 ans que je suis agriculteur. 20 années intenses, 20 années d'émerveillement, de réussites mais aussi d'échecs. 20 ans de doutes et 20 ans de prises de décisions ; 20 ans où on fait 10 métiers différents dans la journée », détaille @Agritof80 sur Twitter, dans son premier message d'une série accompagnée de superbes photos.

Derrière ce pseudo, Christophe B., polyculteur-éleveur laitier installé dans la Somme : « 20 ans de compromis entre l'idéal et le réalisable ; 20 ans à jouer de la météo, notre patronne ; 20 ans à voir que la nature ne nous veut ni du bien, ni du mal. Il s'agit simplement de s'adapter à ses contraintes ; 20 ans à observer ; 20 ans à continuer d'apprendre tous les jours. »

Au fil des années, Christophe B. a aussi observé les effets du changement climatique et a appris à s'adapter pour en atténuer les conséquences. Il met en avant les évolutions des pratiques nécessaires « pour améliorer la durabilité de l'exploitation, afin d'être viable et vivable sur du long terme ».

Dans les commentaires, Benoît R., qui s'est installé la même année, partage son ressenti : « 20 ans que j'exerce le plus beau métier du monde. »

> Nous avons la chance
> inouïe d'avoir une armée
> de chevaliers compétents
> et heureux d'exercer
> le plus beau métier
> du monde
> et nous les maltraitons ?
> Cherchez l'erreur !

5.

Bienvenue dans les nouveaux comices agricoles !

D'immenses chapiteaux blancs au pied des volcans, des milliers de vaches, de brebis, de chevaux, de chèvres, avec toutes les races imaginables – la France, premier cheptel bovin d'Europe, s'enorgueillit d'avoir le plus grand nombre de races de vaches, plus de 50 ! – connaissez-vous le sommet de l'élevage de Cournon en Auvergne, premier salon mondial de l'élevage durable ? Si vous n'êtes pas éleveur et si vous ne vivez pas à Clermont-Ferrand, il y a de grandes chances pour que cet évènement majeur pour le monde agricole soit passé sous vos radars.

Et pourtant ! J'y suis allée en octobre 2022, invitée par les producteurs de Hereford, la vache à tête blanche, d'origine anglaise. On la retrouve sur tous les tableaux de la conquête de l'Ouest américain. Elle s'installe petit à petit en France parce qu'elle est rustique, docile, facile à élever, qu'elle vêle bien et donne une viande exquise, comme l'Angus. La France s'enorgueillit d'avoir des sélectionneurs de premier plan, et il arrive que les Hereford soient croisées avec d'autres races, comme le Charolais par exemple, une autre de nos fiertés nationales. C'est une race qui séduit les éleveuses, de plus en plus nombreuses, car elle ne demande pas forcément d'avoir de gros bras.

Après avoir galéré, en bonne urbaine, pour trouver la grande Halle d'Auvergne où se déroulait le plus grand Comice agricole qu'on puisse imaginer, j'ai été sidérée par le foisonnement de fêtes, de bêtes, de jeunes, foulards de couleur au cou tels de jeunes pionniers, fiers de leurs vaches, de leurs chèvres, de leurs brebis. Excellence de la gastronomie, abondance des concours de races, atmosphère joyeuse, découvrir Cournon fut une révélation !

En 2020, juste avant que le Salon de l'agriculture ferme prématurément pour cause de Covid, j'y ai emmené mes étudiants de master, comme chaque année. Rien de plus efficace pour les initier aux réalités de l'agriculture que de leur faire rencontrer tous les acteurs de cette immense foire agricole, où les politiques se précipitent pour améliorer leur image. Son attractivité, pendant deux semaines, évince celle du premier site touristique français, Disneyland Paris ! Tout le monde adore le Salon de l'agriculture, preuve que les Français restent fiers de ceux qui les nourrissent.

Pour mes étudiants, rien de plus efficace que de rencontrer, selon leurs choix, les promoteurs de l'agriculture de conservation – celle qui se passe de labours pour mieux protéger les sols –, les chercheurs de l'ANSES, qui veillent avec vigilance sur la sécurité sanitaire de nos aliments, ceux du CIRAD, qui travaillent sur le développement des agricultures tropicales, les Safer[1], qui œuvrent à la préservation d'un foncier de plus en plus convoité, pour le rendre accessible aux jeunes qui veulent s'installer en agriculture, mais aussi les producteurs de pommes, tout de rose parés, l'Odyssée des céréales ou le pavillon dédié aux gastronomies de nos régions.

Bien sûr, une bonne partie des étudiants s'évade chaque année vers le chapiteau des outre-mer, où la dégustation de rhum va bon train, une autre est aussi irrésistiblement attirée par celui de l'élevage. « Jamais je n'avais vu de taureaux aussi énormes ! » s'exclament mes étudiants africains, mais pas qu'eux : combien, parmi mes étudiants français, n'ont jamais approché un bovin ? Le Salon de l'agriculture leur donne la possibilité d'échanger avec de jeunes éleveurs fiers de leurs bêtes, faisant s'entrecroiser fertilement les cultures urbaines et rurales, la science géographique et les connaissances zootechniques.

En 2020 donc, mes étudiants ont eu la chance d'être accueillis au débotté par Jacques Chazalet, incroyable personnage haut en couleurs qui détient l'immense privilège de présider cet immense sommet de l'élevage de Cournon d'Auvergne. Il leur a expliqué concrètement son métier d'éleveur de brebis, ses contraintes et ses joies. Le cheptel ovin, à travers un grand nombre de races là encore, est présent sur tout le territoire français, valorisant les milieux les plus difficiles en donnant les meilleurs fromages, comme le roquefort, plus ancienne AOP française, obtenue en

1. Sociétés d'aménagement foncier et d'établissement rural, créées dans les années soixante en France pour accompagner le grand mouvement de modernisation des campagnes en sécurisant les terres agricoles.

1927. Le berceau du roquefort, c'est l'Aveyron, grande terre paysanne, où se tient, à Réquista, Provinlait, premier salon français de la brebis laitière. Encore un évènement majeur dont personne, en dehors du monde paysan, n'a entendu parler !

Choix des races, des fourrages, surtout quand les sécheresses obligent à entamer prématurément les stocks de l'hiver, conduite de l'élevage dans le plus grand respect du bien-être animal, condition de celui de l'éleveur, respect des conditions sanitaires, cohabitation parfois difficile avec les néo-ruraux, qui n'aiment ni le bruit, ni les mouches, et encore moins les bouses sur les routes, être éleveur, c'est un métier technique, difficile, où on ne compte pas ses heures de travail. Se retrouver avec ses pairs lors des fêtes, des salons, des congrès, au syndicat ou à la coopérative, représente une formidable occasion d'échanger sur son vécu, de partager son expérience. La fête qui suit les retrouvailles dure souvent une bonne partie de la nuit, même s'il faut se lever très tôt le lendemain matin, car les bêtes ne connaissent pas les jours fériés ! Faire du fromage, c'est une façon de créer de la valeur là où on vit loin des grandes villes, en autarcie une bonne partie de l'année, quand les touristes sont partis. C'est ainsi que sont nées les fruitières de nos alpages, parce qu'il y avait trop de lait en hiver dans les montagnes, préservant des races exceptionnelles comme l'Abondance, l'Aubrac, ou, pour le comté, les Montbéliardes et les Simmental, les deux seules

> Sans les éleveurs, la France ne serait pas la France, le pays des 1 500 fromages et des terroirs.

autorisées pour la plus grande des AOP fromagères, qui en comptent plus de 50, un record en Europe. Tout ce savoir-faire, cela veut dire autant de patrimoines, dans des territoires où on peut rester vivre toute l'année d'une activité à forte valeur ajoutée en créant de merveilleux paysages. C'est aussi pour cette raison que les stations de ski ont absolument besoin des canons à neige en hiver : sans les revenus apportés par la saison touristique, on ne peut plus vivre à l'année dans les montagnes. Elles se ferment et s'ensauvagent.

En 2022, après l'annulation de 2021, mes étudiants ont pu retourner au Salon de l'agriculture. Voici ce qu'en écrit une de mes étudiantes, Clémence : « Ne m'y étant jamais rendue ce fut un vrai choc pour moi, une expérience à part entière, l'entrée dans un monde aux antipodes de la vie parisienne.

Pour se remettre un peu dans le contexte, qu'est-ce que le Salon de l'agriculture ?

C'est une immense exposition, regroupant des agriculteurs du monde entier, entremêlant vente de produits, concours, expositions et informations. On compte cette année plus de 1 000 exposants. Ce ne sont pas seulement des agriculteurs, on y retrouve aussi des associations, des groupes du secteur agroalimentaire, des marques d'outillages mais aussi de grandes marques moins attendues ici comme McDonald. »

Tous ont reconnu que cette immersion avait changé en profondeur leur perception des enjeux alimentaires et productifs. Ne ratez pas le Salon de l'agriculture !

6.

Les nouveaux docteurs en betteraves

Des rencontres agricoles, j'en ai vécu beaucoup. Qu'ils soient viti (viticulteurs), arbo (arboriculteurs), céréaliers, producteurs de grandes cultures, en raisonné, en bio, en agriculture régénératrice, de conservation, en circuit court, en zone défavorisée, en péri-urbain, leur métier et leurs échanges sont d'une immense technicité.

Le travail des syndicats agricoles est d'ailleurs de se battre auprès des pouvoirs publics sur des décisions prises trop hâtivement (ou sur la foi d'expertises venues d'organisations non issues du milieu productif), qui ont parfois des conséquences désastreuses pour les exploitations, et auxquelles le profane ne comprend strictement rien. Imaginez que c'est l'administration, qu'elle soit parisienne ou bruxelloise, qui détermine, pour tout le territoire français (qui est quand même très différent en Bretagne et en Provence, dans le Ternois ou dans le Gers) quand planter, récolter, irriguer ou ne pas irriguer (avec le changement climatique, les arrêtés anti-sécheresse se multiplient), ce que vous avez le droit de cultiver ou non. Sans jamais s'être rendus sur le terrain, des bureaucrates décrètent l'interdiction d'un traitement. Et le paysan se retrouve envahi de taupins.

Quand l'administration comprend qu'il faut rectifier le tir, parce que les protestations fusent de partout, la récolte est déjà perdue. Des mois de travail pour rien. Un manque à gagner pour le producteur d'abord, qui va peut-être le faire basculer dans un endettement insurmontable. Mais une perte aussi pour l'économie française, pour notre souveraineté alimentaire, pour notre indépendance stratégique.

Il existe aujourd'hui en France des filières menacées de disparition à cause de réglementations trop draconiennes, les cerises, les amandes, et plus globalement, l'arboriculture fruitière, victimes d'insectes invasifs face auxquels les producteurs n'ont plus de traitements. La punaise diabolique porte bien son nom. Les attaques se multiplient dans les vergers sans réponse efficace.

Et quand la sécheresse a sévi tout l'été, que l'eau manque, pensez-vous vraiment qu'il faille exiger des paysans qu'ils implantent des couverts intermédiaires, qui vont immédiatement crever ? C'est vraiment considérer que leur temps ne vaut rien… Plus une dépense conséquente et l'utilisation inutile de machines.

Comment décider à sa place depuis un bureau ?

> Un paysan, ça travaille avec le vivant et avec le temps !

Quand vous vous promenez avec un agriculteur, c'est impressionnant comme il est capable de lire le paysage, d'évaluer les choix culturaux de ses confrères, d'identifier immédiatement ce qui pousse, là, sous vos yeux, alors que vous, vous seriez bien incapable de distinguer une orge d'un blé tendre, un plant de tabac d'un plant de tomates, des choux et des betteraves.

Quand vous assistez à l'une de leurs réunions, vous qui venez de la ville, vous ne comprenez rien à leurs échanges, à leurs discussions très précises sur les choix qu'ils sont en train de faire, les ravageurs qu'ils doivent combattre, drosophila suzukii, fusariose, mycotoxines, oïdium, altises, carpocapses, nématodes… La prolifération des virus, des bactéries, des champignons, des maladies, des insectes face auxquels ils n'ont plus de solutions devient dramatique. L'agroécologie est censée pallier ces impasses, mais elle montre elle aussi rapidement ses limites.

Il y a aussi toutes les machines, le tracteur bien sûr, mais aussi la moisbat, le pulvé, la herse étrille, la houe rotative, le robot trieur à capteur intégré, la station météo… Le monde paysan parle un langage connu de lui seul et face auquel vous êtes comme une poule devant un couteau.

Vous aviez bien un grand-père qui était paysan, peut-être même trois salades dans votre jardin, en train d'affronter les limaces (elles font bombance, car, bien sûr, vous ne voulez pas traiter), ou bien deux pieds de tomates cerises sur le balcon dont vous vous enorgueillissez, alors qu'ils ne vous nourrissent même pas une semaine, après avoir pourtant déversé sur chaque plant trois carafes d'eau chaque matin – ce que l'agriculteur professionnel se garde bien de faire, lui qui pratique une irrigation de précision, afin d'optimiser l'efficience de chaque goutte : quand on confronte ce qui est produit dans les jardins familiaux ou les micro-exploitations et la quantité d'eau utilisée pour y arriver (voire les produits de traitement employés dans certains potagers-maison), il y a de quoi s'alarmer. Produire en grand, c'est aussi pratiquer les économies d'échelle et doser au plus juste.

Mais, fort de votre petite expérience personnelle, vous pensez donc légitimement savoir comment on fait pousser des trucs. Pourtant, les propos de ces gens qui échangent entre eux sur leur métier vous sont étrangers. Vous ne comprenez rien. Ils viennent d'une autre planète. C'est sans doute pour ça que vous les accusez de saccager la vôtre, prêts à leur expliquer, à ces ignorants, comment procéder pour respecter la sacro-sainte biodiversité... en oubliant que s'ils en font fi, eux, de la biodiversité, leur activité tournera rapidement court.

« Être né dans l'Aisne ne vous confère pas un doctorat en betteraves », assène à un politicien écologiste, qui lui dispense ses leçons agronomiques, Christiane Lambert, éleveuse de porcs dans le Maine-et-Loire, devenue la talentueuse et combattante présidente de la FNSEA[1]. Ce syndicat sans cesse vilipendé est devenu la bête noire des prétendus défenseurs de la nature, qui semblent ignorer totalement l'existence d'autres syndicats agricoles, comme la Coordination rurale. La FNSEA, comme la CR, représentent pourtant toutes les agricultures et mènent un travail de fond compliqué et peu valorisant, car totalement en coulisses et hypertechnique, contre toutes les mesures aberrantes prises à Bruxelles ou à Paris, dont

---

1. https://www.facebook.com/ChristianeLambertOfficiel/videos/mise-au-point-christiane-lambert-yannick-jadot/618130965510596/

la mise en application signifierait souvent la mort des exploitations agricoles.

Le Pacte vert de l'Union européenne ne voulait-il pas imposer le gel de 10 % des terres agricoles et la conversion du quart en agriculture biologique ? La guerre en Ukraine, la flambée de la faim et l'inflation sont venus rappeler l'UE au principe de réalité… Mais l'objectif n'est pas abandonné pour autant. Car tout le monde s'imagine détenir un doctorat en betteraves.

Pourtant, vouloir imposer des calendriers de cultures ou interdire des produits de traitement sans connaître la réalité et la complexité du terrain, c'est dramatique. Importer des cerises de Turquie parce qu'on a interdit depuis 2016 en Europe le diméthoate, qui permettait de lutter contre la drosophila suzukii, qui pourrit de l'intérieur les fruits en y pondant ses œufs, c'est dramatique. Décréter l'interdiction des néonicotinoïdes prétendument tueurs d'abeilles pour des plantes non mellifères, comme la betterave, c'est absurde. Mais le pacte vert de l'UE a aussi décidé de réduire de moitié l'emploi des produits de traitement de synthèse. On demande aux producteurs de remplir leur mission en les privant petit à petit de tous les moyens de le faire.

Interdire le glyphosate, c'est une balle que l'Europe se tire elle-même dans le ventre : contrairement aux accusations de ses détracteurs (qui ont fait leur fonds de commerce de leurs attaques répétées), le caractère non cancérigène, non mutagène et non reprotoxique de cet herbicide, dans le respect bien sûr des protocoles d'utilisation, a été maintes et maintes fois prouvé[2], depuis qu'une désastreuse étude du CIRC (Centre International de recherche sur le Cancer, organisme dépendant de l'ONU), en 2015, qui le classait dans les cancérogènes probables (au même titre d'ailleurs que la viande rouge, la charcuterie, l'aspirine et le sel de cuisine), a été désavouée par les agences de sécurité française, européenne et américaine ; il n'existe pas pour l'instant de solutions de rechange aussi efficaces, peu coûteuses, et sûres. Le désherbage thermique utilisé pour le remplacer recourt à des machines qui émettent beaucoup de chaleur, de gaz à effet de serre, utilisent beaucoup de carburant… et ne sert à rien. Et la nature aime-t-elle vraiment passer au lance-flammes ?

En agriculture de conservation, où tout est mis en œuvre pour préserver les sols, on ne peut pas se passer de glyphosate, car il faut nettoyer la parcelle avant de semer. Il n'y a que dans les pays utilisant des plantes génétiquement modifiées pour résister à cet herbicide qu'on le met sur les cultures. Jamais en Europe, qui les interdit, en se tirant une nouvelle balle, dans le pied cette fois, à rebours du reste du monde, qui a compris, lui, que sans la génomique végétale, on ne trouvera pas de réponses rapides pour faire face au défi des invasions parasitaires, de la sécheresse et de la réduction des produits phytosanitaires.

2. https://www.efsa.europa.eu/fr/topics/topic/glyphosate. Voir aussi l'ouvrage de Gil Rivière-Wekstein, *Glyphosate, l'impossible débat, intox, mensonges et billets verts*, Le Publieur, 2020, et la lettre Agriculture et environnement n° 218, novembre 2022.

La Chine a ainsi donné son feu vert à la production de maïs et de soja génétiquement modifiés pour résister à la fois aux parasites et aux herbicides. Et en Afrique[3], plus de dix espèces cultivées améliorées sont soit commercialisées soit en cours d'essai, dans 12 des 54 pays du continent, des plantes alimentaires comme des niébés résistants à la pyrale, des maniocs résistant aux maladies virales, et bien sûr, le maïs, première plante alimentaire du continent – 300 millions de personnes en dépendent directement – mais aussi des cotonniers sans gossypol (une substance toxique qui empêche d'en valoriser les protéines). Le génie génétique permet aussi d'élaborer des orges capables de fixer directement l'azote atmosphérique, ce qui permettrait de se passer d'engrais azoté de synthèse, dont la guerre en Ukraine a privé les pays en développement, et dont on connaît les risques pour la pollution des nappes phréatiques.

Croire que le paysan déverse des « pesticides » sur son champ par plaisir, c'est oublier à quel point ça lui coûte cher, ça lui prend du temps, et pour tout dire, ça l'emmerde. La quantité de produits phytosanitaires employés dans nos campagnes n'a cessé de baisser, elle a diminué de près de moitié en trente ans, et si les chiffres de vente se maintiennent, c'est grâce aux produits dits de biocontrôle, perçus comme plus naturels, mais beaucoup plus chers, et dont la vérité oblige à dire qu'ils ne marchent pas aussi bien qu'on le voudrait. L'interdiction de

3. Biotechnologies végétales info n° 28, www.biotechnologies-vegetales.com

nombreuses molécules, la séparation du conseil et de la vente, l'extension des surfaces cultivées en agriculture biologique augmentent paradoxalement le recours à des produits de traitement ! Parce que les paysans se retrouvent confrontés à des impasses techniques, qu'ils tâtonnent, pendant que la pression parasitaire ne cesse de s'aggraver avec la mondialisation et le changement climatique.

Si le Brésil, la Chine ou l'Inde font encore un usage massif des honnis pesticides, c'est que le monde tropical continue d'affronter les pestes qui ravageaient hier le monde tempéré (et qui y reviennent en force avec l'abandon des traitements), mais ils ne demanderaient pas mieux que de faire autrement. Il faut les aider à franchir le cap en leur donnant accès aux produits et aux méthodes que le Nord essaie aujourd'hui de généraliser pour faire mieux avec moins, au lieu de les stigmatiser. L'Europe se veut exemplaire en la matière et c'est tant mieux, si cette entreprise de moralisation reste réaliste. Mais il faut aussi prendre la mesure des défis pour comprendre que réussir à se nourrir de façon régulière et saine ne tombe pas du ciel. Surtout quand nous sommes 8 milliards d'humains, dont la moitié vit en ville.

Un spécialiste de la coopération africaine, Jean-David Naudet[4], s'interrogeait sur ces jeunes volontaires humanitaires persuadés de détenir la vérité, venus enseigner aux paysans africains comment lutter contre la faim et sortir du sous-développement.

---

4. *Trouver des problèmes aux solutions : Vingt ans d'aide au Sahel*, Éditions OCDE-Club du Sahel, 1999.

Il dépeignait avec humour « l'Occidental à grande bouche et petite oreille s'adressant à l'Africain à petite bouche mais grande oreille ». Le volontaire humanitaire en Afrique était toujours en « mission », le paysan africain en France venait, lui, forcément effectuer un « stage ».

Aujourd'hui, les urbains à grande bouche et petite oreille s'adressent aux paysans des campagnes, qui les écoutent sans piper mot, mais n'en pensent pas moins. Le salarié de l'ONG environnementale ou de l'administration publique arrive dans les campagnes, prêt à « rectifier » ces paysans ignorants en leur imposant les bonnes pratiques – dont il ne doit pas, lui, vivre concrètement, puisque ses recommandations éclairées n'auront aucune conséquence directe sur sa fin de mois. En face de lui, il y a des gens qui jouent leur avenir, la santé économique de leur exploitation, leur santé tout court.

> Comment s'étonner que la France, comme bien d'autres pays, se désagriculturalise ?

Il existe désormais une police de l'environnement, une armée de contrôleurs, des surveillances par satellite ! Les campagnes européennes deviennent plus scrutées que le bassin amazonien : le paysan est forcément fautif. Et puisqu'il perçoit des aides, il doit montrer patte blanche, ce soi-disant chasseur éhonté de subventions. Quand un agriculteur voit débarquer chez lui les cow-boys armés de la police de la biodiversité, il se sent forcément fautif, quand bien même il aurait tout mis en œuvre pour agir au mieux. Le stress, la lassitude devant tant de suspicion sont tels que si l'exploitant est par ailleurs endetté, débordé, il se décourage, voire commet l'acte fatal. Ce drame ignoré des campagnes devrait nous mobiliser, être un sujet de scandale national… Ce n'est pas le cas.

Mais si les éditeurs, les journaux, les ONG de l'environnement, qui reçoivent des montants considérables d'aides, sur lesquelles ils se montrent très discrets (et dont ils utilisent une partie à taper sur les paysans), étaient victimes d'un tel acharnement, alors on les entendrait s'indigner. Qui les contrôle, eux ? Les agriculteurs au contraire doivent à longueur de journée supporter les discours de tous ceux qui stigmatisent leurs pratiques sans connaître leur métier, et qui vivent pourtant, sans le savoir, à leurs crochets : l'argent public se nourrit du secteur productif. Même le plus brillant éditorialiste a besoin de se remplir la panse. Pour vitupérer dans un micro, il faut être bien nourri, ne pas avoir le souci du lendemain. Pour piétiner un champ cultivé dans le but d'aller détruire une retenue d'eau, il ne faut pas être inquiet de ce qu'on va trouver à manger le soir en rentrant chez soi, satisfait de cette journée de combat vertueux contre les méchants paysans « productivistes » de « l'agro-industrie ».

Il est temps de remettre les pendules à l'heure.

> La faim revient, et elle est sans pitié.

Une campagne sans paysans, c'est une campagne qui meurt. Ou bien juste un décor, entretenu à grands frais pour épater la galerie, pendant qu'on se nourrit en important de pays lointains (qui continuent, eux, de savoir à quel point la nourriture est stratégique) des aliments dont nous ne voudrions pas dans nos campagnes.

7.

Le roi méconnu de la nature

Combien de représentations montrent le paysan ou la paysanne, courbés, modestes, pauvres mais dignes ? Combien de préjugés de classe autour de cette profession, qui pousse tant d'agriculteurs à refuser que leurs enfants prennent la suite : « Tu ne seras pas paysan ! » Dans les années soixante, les familles rurales voulaient que la génération suivante quitte le métier. Ce sont les petits-fils et les petites-filles qui reviennent aujourd'hui à la terre. « Paysan », ce mot qui reste encore trop souvent une insulte dans les pays pauvres, a retrouvé ses lettres de noblesse.

Le paysan est le roi méconnu de la nature. C'est lui qui fabrique ces paysages magnifiques qui nous submergent de bonheur quand nous passons une journée à la campagne. Ou quand nous y louons une petite maison, pour retrouver du sens à notre vie, maintenant que le télétravail permet de s'échapper plus souvent des bureaux.

Lavandes violettes du Ventoux, où se déversent les cars de touristes en quête de photos souvenirs, blés dorés ondulant au vent des grandes plaines céréalières du bassin parisien, forêts landaises que l'on sillonne à vélo en écoutant les cigales, vaches blondes dans les prés limousins, moutons paissant les steppes des Causses, vergers normands, bretons ou gardois, dont la floraison printanière n'a rien à envier à celle des cerisiers japonais, dans un étourdissement d'abeilles pollinisatrices et de mésanges charbonnières, dont l'arboriculteur fait autant d'auxiliaires dans sa lutte contre les nuisibles…

> Si la campagne, la montagne,
> le bocage sont beaux,
> nous le devons
> à ceux qui les cultivent
> et en tirent le meilleur.
> Le paysan est un chef
> d'orchestre dont
> les instruments sont le ciel,
> la terre et la nature.

Il doit maîtriser le calendrier des cultures sans pouvoir maîtriser la météo. Savoir comment chacune des variétés plantées va réagir, quand on lui apporte – ou pas – de l'engrais, des nutriments, des biostimulants. Et puis guetter l'insecte ravageur, la moisissure toxique, combattre l'envahissement par les mauvaises herbes. Veiller à ce que les bêtes aillent bien, sélectionner son cheptel avec soin. Chercher de nouveaux débouchés, de nouvelles spécialités. Vouloir transmettre à ses enfants une belle ferme, en bon état de marche. Une ferme qu'on tient souvent de ses grands-parents, qui l'ont reçue eux-mêmes de leurs parents.

Il existe ainsi des dynasties agraires, dont la fierté repose sur l'entretien et l'amélioration de l'exploitation, même si les façons de travailler changent de génération en génération. Devoir quitter sa ferme, c'est un crève-cœur, un échec. Voilà pourquoi certains paysans se terrent dans le silence quand les difficultés s'accumulent, alors que la solidarité et l'entraide restent si nécessaires. Le monde agricole n'a cessé de développer des formes de mutualité sociale, de coopératives, de groupements, de syndicats. Pour être fort et aller loin, pour se faire entendre, il faut être unis.

Mais face aux attaques sociétales, certains se désolidarisent, joignant leurs voix à celles de leurs ennemis. La désunion est le poison lent qui mine le milieu agricole aujourd'hui. Il existe des paysans, installés généralement sur de toutes petites surfaces, qui se font un plaisir de critiquer leurs pairs dans les médias. Ce manque de solidarité est suicidaire. Il met en danger ce qui était notre fierté : être une grande nation nourricière, sur moins de 5 % pourtant des terres cultivées dans le monde.

> Il faut à tout prix préserver cette force agricole, cette indépendance et cette souveraineté alimentaire.

Il le faut à travers une grande diversité de modèles de production, certes, qui devraient être associés et non opposés, dans des projets alimentaires de territoire par exemple, ou une vision globale de l'avenir des régions, qui puissent associer le destin de la moyenne montagne et celui des littoraux menacés par la montée des eaux, unir les grandes plaines céréalières et les bocages.

Réintroduire un équilibre d'ensemble dans un pays considéré comme l'un des plus beaux du monde, précisément parce qu'il est cultivé, soigné.

Les aristocrates aiment tenir le compte de leurs illustres racines, mais le paysan aussi est enraciné dans un terroir. Quand la lignée s'arrête faute de repreneurs, il faut trouver un successeur. Donner envie à un jeune de reprendre le flambeau. Ne pas perdre les bonnes terres, ne pas les voir disparaître sous le béton d'un lotissement ou d'une zone industrielle.

Ceux qui s'installent aujourd'hui en agriculture déplorent souvent le manque de terres, leur coût prohibitif. « Le Var, c'est le Qatar », disent ceux de la Provence. Ne parlons pas de la Bourgogne, que le monde entier nous envie, au point que les domaines passent de plus en plus sous le contrôle de propriétaires étrangers ou de fonds d'investissement. Ou de la Bretagne, surtout littorale, hier répulsive au point d'avoir été une grande terre d'émigration (le syndrome Bécassine), aujourd'hui attractive et fière de son histoire, de sa culture celtique, de ses paysages uniques, de sa contribution à l'alimentation des Français et des Européens, entre terre et mer. Mais les Bretons aussi ont de plus en plus de mal à conserver leurs fermes.

C'est le comble : plus un paysan rend beau un terroir, plus nous le lui faisons payer cher en le dépossédant de sa terre. Les Safer déplorent ainsi ce qu'elles appellent la « consommation foncière masquée », celles des riches urbains qui acquièrent de beaux domaines agricoles… et ne les cultivent plus. Elle s'ajoute à l'extension des friches et des zones d'activité, qui consomment de la bonne terre arable, de façon plus discrète mais tout aussi préjudiciable à la vie économique et sociale d'un territoire que celle des lotissements, des parkings et des supermarchés, car elle multiplie les propriétés fermées toute une partie de l'année, vitrifiant les territoires en décors de nantis, telle l'île de Bréhat ou les villages de la Côte d'Azur.

> Les premiers ennemis des campagnes ne sont pas les paysans, mais ceux qui viennent coloniser leur monde sans égard pour leurs pratiques.

En Nouvelle-Aquitaine, c'est la ruée vers les littoraux, vers les forêts. Mais bien peu sont ceux qui, acquérant un petit pavillon ou installant un mobil-home à l'ombre des pins dans la forêt des Landes, débroussaillent leur parcelle. C'est ainsi que se déclenchent les incendies, en bordure de forêts cultivées par des propriétaires fonciers soucieux d'ouvrir des pistes et de créer des réserves d'eau, mais débordés par la rurbanisation, le mitage.

Les urbains venus de la ville dévorent les campagnes qu'ils trouvent si attrayantes et en chassent progressivement ceux qui les ont façonnées. Ils perdent ainsi progressivement le bénéfice d'un travail soigné, non seulement nourricier mais aussi paysager. La friche, la broussaille gagnent. Les champs se ferment, remplacés par des taillis. Les fleurs disparaissent, submergées par les ronces et les orties, ou l'ambroisie qui suscite de graves allergies. Impossible désormais de flâner sur de beaux chemins entretenus : la végétation a tout envahi parce que les paysans sont partis.

Il suffit d'une sécheresse prolongée et d'un geste malheureux, barbecue, feu de camp, cigarette, tesson de bouteille abandonnée, pour que la nature s'embrase. Méga-feux, destruction massive (même si tout, en réalité, repousse très vite, combien d'animaux brûlés dans l'incendie !), déploration d'un monde en train de disparaître… Voilà comment on alimente les discours sur l'effondrement, la peur de l'avenir, toute cette collapsologie qui décourage la jeunesse et la met en colère contre ses aînés.

Mais le discours nostalgique de ceux qui déplorent le monde qui n'est plus oublie que les premières responsabilités viennent de cette éviction méthodique des artisans de la nature, partis en premier, parce que nous n'avons pas compris à quel point ils comptaient.

L'agriculture est un trésor,
l'agriculteur, son chevalier
nourricier. Ne tuons pas
la poule aux œufs d'or.
Qui nous nourrira demain ?

8.

Des magiciens et des chevaliers

Comment ne pas être pétri d'admiration devant ceux qui assurent une triple mission, nourrir, créer, protéger ?

Nous nourrir d'aliments variés, sûrs, abondants, beaux à regarder et bons à manger, créer de la richesse, des emplois, des paysages, nous protéger de la faim qui a fait tant de ravages dans l'histoire de l'humanité, les paysans sont des magiciens de la nature qui savent en tirer le meilleur. Leur pierre philosophale à eux repose sur un travail acharné et une connaissance incomparable des secrets de la nature.

Oui, le paysan est à la fois un magicien et un chevalier.

Un magicien parce qu'il cultive le blé qui donnera le pain, plante les betteraves (et la canne outre-mer) qui fourniront l'indispensable sucre, élève les vignes qui feront les meilleurs vins, soigne les bêtes sans lesquelles la gastronomie serait orpheline, sans lesquelles les terres les plus pauvres resteraient incultes, stériles. Un magicien qui plante et soigne les arbres capables de nous donner leurs plus beaux fruits, de la simple pomme, véritable miracle de la nature, dont la perfection ne peut être atteinte qu'après un travail constant dans le verger, à cet ambre précieux qu'est la résine de pin, qui sauva les paysans des Landes de la misère et renaît aujourd'hui à la faveur du développement durable.

Un chevalier parce que, pour réussir ces prodiges, le paysan doit triompher des caprices du temps, des attaques des ravageurs, mais aussi des critiques que tous ceux qui ne comprennent pas la complexité de son travail adorent lui adresser.

Et on peut se demander quel est le pire ravageur pour celui qui nourrit le monde. L'insecte, la moisissure, la maladie ? Ou bien les attaques décourageantes de tous les repus qui s'imaginent que cultiver la terre est à la portée du premier venu ?

Combien sont les donneurs de leçons, inconscients de la science et de l'expérience des paysans, et toujours prêts à leur prodiguer des conseils inspirés face à des pratiques jugées désastreuses ? Notre arrogance, nous les urbains, n'a d'égal que notre ignorance. Nous continuons à les prendre pour des bouseux, alors qu'ils muent depuis longtemps la boue en or. Ils protègent notre santé et bâtissent les socles de la convivialité : partout, c'est toujours autour des meilleurs mets et des bons vins que les humains se réunissent pour célébrer ce qui compte le plus dans leur vie.

> Les paysans forment une chevalerie protectrice de l'humanité et de la nature.

Et en nous nourrissant, ils construisent aussi les paysages travaillés qui rendent belle la terre. Les vignes, les vergers, les immenses champs de céréales dorées, les prairies vertes et fleuries, la forêt cultivée, rien de plus beau que la nature soigneusement ordonnée, cette biodiversité nourricière qui ne cesse d'évoluer au fil de nos besoins, et du changement climatique, qui oblige à repenser sans cesse l'adéquation des variétés cultivées aux nouvelles conditions de culture.

Aujourd'hui revient l'apologie du fouillis. Les mauvaises herbes colonisent les villes au nom d'une vision bien erronée de la biodiversité, les municipalités incitent leurs administrés à entretenir de petits lopins, ils aimeraient bien transformer les parcs urbains en paysages comestibles. Comme à Nantes, où la municipalité a bien dû se rendre à l'évidence devant les très maigres récoltes qu'elle parvenait à grand mal à obtenir, tout foire. Rats et moustiques adorent ces îlots de « nature » qui ne donnent rien, mais attirent les papiers gras et les mégots de cigarette.

Dans les campagnes, les nouveaux adorateurs du naturel prônent l'ensauvagement, le mélange hasardeux des variétés qu'ils qualifient d'agroécologie, laissant le datura pointer ses fleurs mortelles au milieu des courgettes, qui deviennent elles-mêmes toxiques en se ressemant. La vraie agroécologie suppose des connaissances si pointues qu'il faut être parfaitement formé pour la mettre en œuvre et pouvoir en tirer les fruits.

Mais non, il faudrait intervenir le moins possible, « se réconcilier » avec la nature. Pourtant, le jardin de curé, c'est une aberration quand la moitié de l'humanité vit en ville et que plus personne ne veut travailler la terre de ses mains. Pour nourrir le monde, il faut être rigoureux.

Nourrir. Le paysan, c'est celui qui détient la science de la terre, celui qui connaît le vivant mieux que quiconque, celui qui sait domestiquer la nature pour qu'elle puisse nourrir les hommes sans les empoisonner.

Ce pouvoir incroyable le rend aussi dépendant des caprices du ciel. Cultiver la terre, c'est regarder les nuages, craindre que la pluie n'arrive pas, ou qu'elle arrive trop tard ou trop fort. Mais c'est aussi inventer des réponses pour ne pas dépendre uniquement de la pluie, comme les puits, le goutte-à-goutte, les réserves d'eau, le pilotage précis et rigoureux de l'irrigation.

> Irriguer, protéger, innover, le paysan l'a toujours fait.

En jargon moderne, aujourd'hui, on utilise de grands mots qui veulent dire la même chose : l'agriculteur est devenu le manageur de la photosynthèse et le grand ordonnateur des agro-écosystèmes. Il doit être capable de nourrir des humanités toujours plus nombreuses, pas seulement sa famille, mais la ville, la région, le pays entier. Voire le monde. Une sacrée mission.

Une mission sacrée.

9.

Une rémunération juste pour une agriculture digne

Si le paysan est un expérimentateur dans l'âme, toujours à l'affût d'une solution meilleure, pour ses champs, pour ses conditions de vie, mais aussi pour son portefeuille, le prix fait office de juge de paix. Dans une exploitation agricole, quelle que soit sa taille, vous regardez ce qui rentre – semences, phytos, matériels, carburants, salaires… – et ce qui sort, à savoir le prix de vente. Aujourd'hui, les prix de la nourriture augmentent certes, au point que de nombreux ménages doivent se serrer la ceinture, mais les charges de structure sont devenues si lourdes que l'équilibre financier de bien des fermes est menacé.

Le prix des intrants a explosé ces dernières années avec l'inflation. Bouteilles, piquets, machines, énergie, les pénuries se multiplient, mettant certaines filières en danger. Toutes les productions sont concernées. Voir le prix de l'énergie soudain multiplié par dix, c'est un drame quand il faut tenir les poussins au chaud, respecter la chaîne du froid en matière de production laitière, pour ne pas risquer le retour des contaminations et des bactéries d'hier, si meurtrières, comme les terribles listérioses, qui sévissent et tuent toujours dans bien des pays pauvres. Ce n'est qu'en 1969 que la loi Godefroy impose des normes draconiennes sur la qualité bactériologique du lait, faisant passer les fermes du bidon au tank. Le bidon sert aujourd'hui d'objet décoratif. Le tank et le camion-citerne garantissent notre santé.

> Sans énergie, il n'est pas d'agriculture possible.

L'énergie coûte désormais une fortune. Le gouvernement a instauré un bouclier tarifaire pour les ménages, mais pas pour les entreprises. Certaines fermes disent que si le prix de l'énergie continue d'augmenter, elles devront cesser leur activité. Sobriété, substitution, solidarité, dit l'Europe, avec son plan PowerEU. Certes. En pratique, c'est plus compliqué. Il n'y a aucune solidarité en Europe, la sobriété ne doit pas conduire à la misère. L'explosion des prix du gaz compromet notre sécurité alimentaire… sauf si l'on parvient à réaliser la substitution. Elle passe par les agriculteurs, s'ils parviennent à produire de l'énergie verte et locale, au service de tous. Et ils en ont toutes les réponses.

Relocaliser l'énergie, c'est la voie de l'indépendance stratégique : en France, on n'a pas de pétrole, mais on a des paysans. Une filière bois, du gaz vert, de l'agrivoltaïsme, des éoliennes, tout cela, c'est de l'électricité renouvelable. Remplacer le gaz russe d'origine fossile, dont nous ne voulons plus, mais aussi le gaz de schiste américain, que nous condamnions hier pour ses dégâts écologiques, et qu'il faut liquéfier pour le transporter, puis regazéifier dans des terminaux méthaniers, par du gaz de ferme, c'est relocaliser, alléger la balance commerciale et progresser vers notre souveraineté énergétique, mise à mal par l'absurdité avec laquelle nous avons laissé s'effondrer la filière nucléaire.

Gaz de ferme est une start-up fondée par des éleveurs de chèvres dans les Pyrénées. Elle travaille sur des « carbo-séparateurs » installés directement dans les exploitations pour produire sur place une énergie à base de méthane, au lieu de laisser repartir dans l'atmosphère ce redoutable gaz à effet de serre, trente fois plus réchauffant que le dioxyde de carbone, même s'il y reste moins longtemps.

Aujourd'hui, les paysans produisent le cinquième de l'énergie renouvelable en France. Les méthaniseurs se sont multipliés, suscitant parfois l'opposition de citoyens qui, tout en émettant le souhait d'une agriculture locale et de proximité, ne sont pas toujours prêts à en accepter les contraintes lorsqu'elles se déploient dans leur environnement proche. C'est le fameux syndrome NIMBY (*not in my back-yard*), qui rend difficile tout nouveau projet d'installation agricole, y compris l'extension d'un poulailler bio ou une ferme équestre.

> Les néo-ruraux aiment la nature mais aseptisée, comme leurs piscines.

La méthanisation agricole permet pourtant de valoriser les effluents d'élevage, les déchets de scieries, les sous-produits de la chaîne de transformation, tout en produisant de l'énergie, de la chaleur, et un sous-produit, le digestat, qui sert d'engrais organique neutre, bien utile quand manquent les fertilisants azotés venus de Russie et de Biélorussie. Beaucoup de fermes s'associent aujourd'hui pour mettre en œuvre des unités de méthanisation, car ce sont des projets coûteux, et devenir ainsi des acteurs positifs de l'écologie à l'échelle municipale, en alimentant non seulement l'exploitation agricole, mais aussi le réseau de chauffage de la ville, les réservoirs des voitures en carburant vert, et recycler utilement les déchets ménagers.

L'agriculteur devient ainsi
un pilier central des stratégies
bas carbone et des projets
alimentaires de territoires.

En France, la méthanisation ne concurrence pas la production alimentaire : elle en valorise les sous-produits. C'est un modèle d'économie circulaire. Et quand les agriculteurs se mettent d'accord préalablement entre eux pour que les éleveurs ne soient pas pénalisés – leur grande crainte est que les unités de méthanisation deviennent de gros Molochs qui engloutiraient des ressources nécessaires à leur activité, comme le maïs –, tout le monde est gagnant : transformer en énergie verte le lisier de porc ou les fientes de volailles, c'est créer de la valeur supplémentaire en renforçant son autonomie énergétique.

Voilà les agriculteurs
devenus énergéticiens !
Le paysan, c'est celui
qui invente, innove, teste,
à l'affût permanent
de la bonne idée,
de l'opportunité.
Tout le contraire
d'un monde immobile.

Réduire les charges de structure commence par l'économie circulaire à l'échelle de la ferme. Tous les paysans font leurs calculs, qu'est-ce qui rentre ? Qu'est-ce qui sort ? Combien de productions, avec quel rendement et à quel prix de vente ? Où les vendre pour s'en sortir ? À la ferme directement, dans ces magasins de proximité si recherchés lors des confinements ? Oui, si on a une personne pour vendre, mais il faut la salarier (la grand-mère vissée au comptoir dans l'attente du client, ça ne correspond plus aux attentes des seniors d'aujourd'hui…), et si le consommateur veut bien se déplacer, même quand il fait mauvais.

Mais il est capricieux et infidèle, le client ! Surtout quand il doit resserrer les cordons de sa bourse et opte pour la grande surface du coin. Les magasins paysans ont bien marché pendant les premiers confinements, tout comme le bio, quand les gens devaient faire les courses près de chez eux. Beaucoup se sont effondrés depuis, tout comme les productions biologiques, jugées trop chères. Ceux qui s'en sortent profitent des zones très touristiques, de consommateurs aisés à fort pouvoir d'achat, ou bien de milieux ruraux où aller s'approvisionner à la ferme reste une habitude.

Mais les quantités vendues sont quand même globalement faibles.

Être en bio, c'est forcément
se limiter à un marché de bobos.

Ou dépendre de structures qui ne rémunèrent pas forcément leurs fournisseurs aussi bien qu'elles le clament à grands renforts de campagnes de publicité. Les grandes surfaces, qui détiennent la moitié du marché du bio en France, font des marges très importantes sur ces rayons bio, mais les produits importés concurrencent de façon déloyale le bio national (sans souvent respecter les exigences du bio français, au nom de la prétendue « bioéquivalence », une supercherie qui se fait sur le dos du producteur français, et les contrôles sont très limités). Et surtout la capacité d'absorption des marchés montre rapidement ses limites, ce qui oblige à déclasser les produits bio en conventionnel. Comme les prix de la nourriture flambent depuis les 3 C (Covid, Conflit en Ukraine, Crise climatique), les chambres d'agriculture observent un mouvement, encore limité mais réel, de « déconversion » : des agriculteurs qui retournent au conventionnel, jugeant que le bio est une impasse.

Un bon paysan respecte en effet une règle d'airain : ne pas mettre tous ses œufs dans le même panier. Vendre en direct, c'est bien, mais ça prend du temps, ça coûte cher, et ça peut vite devenir incertain. Passer par une coopérative ou un négociant, qui peut jouer sur les économies d'échelle, lisser la volatilité des prix, et être l'interlocuteur puissant des industries de transformation ou des supermarchés le protège. Souvenons-nous de l'adage : un paysan seul est trop souvent un paysan spolié.

Il faut être unis en France, où quatre centrales d'achat seulement dictent leur loi. La grande majorité des achats alimentaires des ménages passe de plus en plus par la grande distribution. Jamais le discount alimentaire ne s'est aussi bien porté. Une grande enseigne comme Carrefour, qui misait il y a peu sur le bio, où les marges étaient donc très confortables, a choisi désormais d'ouvrir des entrepôts alimentaires où les ménages viennent acheter de grosses quantités à bas prix, comme les professionnels le font avec Metro. La crise et l'inflation propulsent les hard-discounters alimentaires, tels Lidl, Netto, Aldi, Supeco, Normal, et même Atacadao, venu tout droit du Brésil, bien avant le bio.

Pourtant, à écouter certains médias, il ne faudrait que de petits producteurs vendant sur les marchés des produits frais et locaux !

Mais l'agriculture de panier, c'est la précarité assurée, autant pour le producteur que pour le consommateur, dont les besoins sont loin d'être assurés par le local – sauf s'il a fait vœu de sobriété et y consacre ses journées. Les Associations pour le maintien d'une agriculture paysanne (AMAP) sont animées par des militants et des convaincus, prêts à payer le juste prix pour des produits non choisis, mais de saison, pas toujours faciles à cuisiner (comme les salsifis noirs, des horreurs), souvent limités en hiver, voire absents en cas d'infestation parasitaire, de gel brutal ou de manque d'eau. Les adhérents s'engagent sur une année entière d'achats hebdomadaires réguliers. Cette démarche est admirable, car elle montre une volonté de maintenir une agriculture paysanne de proximité, de créer du lien, de la solidarité… mais elle ne pourrait pas être généralisée : les habitants d'île de France consomment 2 millions de tonnes de fruits

> Pour nourrir le monde, il faut des volumes, de la régularité, des prix, pas uniquement du militantisme.

et légumes chaque année, les 340 AMAP en fournissent 3 500 tonnes[1].

Certains thuriféraires de l'agriculture paysanne de proximité, adeptes des grandes déclarations lyriques, les oublient d'ailleurs aussitôt attablés. La nourriture ne peut pas être produite seulement pour une élite qui a les moyens en laissant le reste du monde crever. Et l'approvisionnement des mégalopoles du monde n'est assuré qu'à un infime pourcentage par le local : 2 % en France, selon le rapport 2021 du sénateur Hervé Gillé[2].

Bref, sans Rungis, Paris s'asphyxie. Sans les MIN (les marchés d'intérêt nationaux) les grandes villes basculent dans les émeutes de la faim, qui sont d'abord des émeutes du pouvoir d'achat. La révolte des gilets jaunes nous rappelle à quel point les fins de mois passent avant tout. Les citadins détestent les étals vides et les prix qui flambent.

Une rémunération digne de celui qui les nourrit passe par la reconnaissance de son travail et de sa contribution à notre économie par des prix justes. La chaîne de valeur ne doit pas systématiquement pénaliser ceux qui apportent le fondamental en produisant la nourriture. Depuis 2018, la loi Egalim s'est donné pour objectif de garantir la rémunération des agriculteurs en tenant compte de leurs coûts de production. Ils sont donc mieux protégés et c'est l'industrie agro-alimentaire, premier secteur

1. Jean-Paul Charvet, Xavier Laureau, *Révolution des agricultures urbaines, des utopies aux réalités*, France agricole, 2018.

2. « Vers une alimentation durable et locale », Rapport d'information n° 620, 19 mai 2021.

industriel de France, qui comprime ses marges, car elle est prise en étau entre les impératifs de la loi Egalim et les exigences de la grande distribution, qui tente, malgré la flambée de tous les coûts (énergie, transport, matières premières, main-d'œuvre, sur fond d'inflation) de maintenir des prix accessibles au consommateur.

Seuls moyens de résoudre cette équation qui semble impossible : les quantités, donc la performance et l'augmentation de l'offre, en redonnant à la profession d'agriculteur son attractivité. Mais aussi la mise en place d'une taxe carbone aux frontières pour ne pas produire de la déforestation importée. Le refus du double standard enfin : le Sénat ne cesse d'alerter les pouvoirs publics sur les distorsions de concurrence qui nuisent à l'agriculture française, en 2019 avec le rapport du sénateur Laurent Duplomb, montrant que jusqu'au quart des produits alimentaires qui entrent en France, y compris en provenance d'Europe, ont été produits dans des conditions et avec des molécules interdites aux agriculteurs français, exerçant une pression à la baisse sur leurs propres productions.

Issu d'un département très rural, la Haute-Loire, où l'agriculture joue un rôle essentiel pour maintenir vivants les territoires, Laurent Duplomb insiste en 2022[3], dans un rapport prouvant que sur des produits essentiels comme les poulets, les pommes, les tomates, mais aussi le blé et le lait, la

---

3. Rapport d'information de MM. Laurent Duplomb, Pierre Louault et Serge Mérillou, fait au nom de la commission des Affaires économiques, n° 905 (2021-2022) – 28 septembre 2022.

compétitivité de la Ferme France est victime d'une concurrence déloyale, qui l'a fait passer du deuxième rang mondial en 2000 au sixième en 2022.

Qui aurait pu imaginer, en songeant au pacte agricole passé par la France du général de Gaulle avec ses paysans, lors de la création des lois d'orientation agricole de 1962, à François Mitterrand faisant campagne en 1981 en exaltant la force tranquille, sur fond d'un petit village de la Nièvre, à Jacques Chirac, notre président corrézien dévorant allègrement sur les stands du Salon de l'agriculture tout ce qu'on lui offrait, que serait menacée la pérennité d'une activité qui occupe plus de la moitié du territoire français, constitue avec l'agro-alimentaire le deuxième employeur de France, derrière l'artisanat, et un des rares postes d'excédents d'une balance commerciale, dont le déficit dépasse désormais 100 milliards d'euros ?

Certes les céréales et les produits laitiers assurent encore des excédents. Mais le poste le plus fructueux vient de la vigne. Sans les vins et spiritueux, donc sans le champagne, le cognac, et toute cette France vinicole dont nous sommes si fiers, et qui fonde le repas gastronomique français, inscrit en 2010 au Patrimoine mondial immatériel de l'Unesco, nous serions déjà en déficit.

La France est en train de perdre sa souveraineté alimentaire !

Il y a péril en la demeure. « Je veux que vous paniquiez », s'exclamait à Davos en 2019 la petite Suédoise blonde, qui a su mobiliser la jeunesse autour des enjeux climatiques.

Mais nous devrions tous paniquer. Se nourrir sans dépendre des autres, sans devoir acheter à Poutine, grand gagnant du changement climatique, ou à l'Oncle Sam, qui n'a aucun problème pour utiliser le génie génétique, soutenir massivement ses « farmers », et faire de l'aide alimentaire une arme stratégique, c'est vital pour un pays. Surtout quand on a été une grande puissance agricole et qu'on est en train de perdre du terrain.

Il est urgent de tout mettre en œuvre pour maintenir une agriculture performante et respectée, depuis le producteur jusqu'au transformateur. Du champ à l'assiette. De la ferme à la fourchette.

> La dignité de l'agriculteur
> passe par une rémunération
> qui reconnaît la valeur
> de son travail, au service
> de toute la société.

Et parce que le paysan est un indispensable allié de la lutte contre le changement climatique, il a besoin de la jeunesse et la jeunesse a besoin de lui.

10.

Lutter contre la solastalgie de la jeunesse

Piliers de l'humanité, les paysans souffrent trop souvent d'un manque de reconnaissance et de respect. Ils ont pourtant toutes les solutions pour sauver le monde : non seulement nourrir l'humanité, ce qui est leur vocation première, mais aussi améliorer la nature en créant les plus beaux paysages ; piloter le climat en stockant le carbone ; nous libérer de nos addictions aux énergies fossiles, polluantes et comptées, en fournissant une énergie infiniment renouvelable, naturelle puisque biosourcée ; réparer cette planète si endommagée grâce à un formidable travail fondé sur une connaissance inégalée des sols, des plantes, des animaux, mais aussi sur la mémoire des risques et une capacité d'innover sans cesse renouvelée.

Oui, être paysan, c'est exercer le plus beau et le plus utile métier du monde.

Pourtant, beaucoup quittent chaque année un métier difficile et trop peu valorisé. Ceux qui nous nourrissent sont ainsi de moins en moins nombreux, alors qu'ils sont de plus en plus importants. Comment faire pour attirer de nouvelles vocations, rendre attractif le travail de la terre et la vocation nourricière ?

> La réponse tient dans les 3 R : revaloriser, rémunérer, réconcilier.

Revaloriser la fonction d'agriculteur en redonnant à ce métier ses lettres de noblesse. Remettre le paysan au cœur de nos territoires.

Rémunérer, c'est le nerf de la guerre. Comment se retrouver confronté à des prix si bas qu'ils découragent le travail agricole ? C'est tout le drame, dans le monde entier, de ceux qui finissent trop souvent par renoncer, parce que le travail est trop dur, la paie insuffisante, la reconnaissance absente.

Réconcilier enfin. C'est fondamental.

Oui, réconcilier les paysans avec la société, pour qu'elle cesse de les insulter ou de les déconsidérer, alors qu'ils mettent tout en œuvre pour répondre à nos attentes. Montrer qu'au contraire, c'est dans les campagnes que s'invente le monde de demain. Peu de professions sont aussi avancées et innovantes que les agriculteurs, toujours prêts à tester, inventer, prendre des risques pour réussir à tout concilier : nous nourrir en toute sécurité et protéger la planète.

Pourtant, quand ils écoutent certains médias, quand ils subissent les attaques des ONG environnementales, les agriculteurs n'ont pas le moral. Chaque fois que quelque chose va mal du côté de la nature, des réserves en eau, des sols, de la disparition des oiseaux et des insectes, et même de la pollution à Paris, c'est de leur faute. Vivre avec le vivant, vivre du vivant et être en permanence accusé de tuer le vivant, c'est d'une cruauté dont leurs contempteurs n'ont pas conscience.

Chacun, à son niveau, se croit compétent pour donner son avis, les réseaux sociaux fourmillent d'accusations, les émissions à charge se multiplient, et quand elles se veulent bienveillantes, c'est pour exalter le brave paysan d'hier, modeste, humble, qui fournissait de bons produits.

Ce qui est d'ailleurs une utopie. Hier l'alimentation connaissait d'énormes problèmes de conservation et de contaminations. 4 000 personnes mouraient chaque année d'intoxications alimentaires en France dans les années cinquante, l'espérance de vie ne dépassait pas 65 ans, et l'offre de nourriture n'avait strictement rien à voir avec ce que les supermarchés nous proposent aujourd'hui. Dans les années 1970, personne, sinon les grands voyageurs, n'avait entendu parler des sushis, des kebabs, des burgers, des kiwis, et encore moins des graines de chia, du quinoa ou du curcuma. La nourriture s'est mondialisée et est devenue de plus en plus abondante et sûre, mais trop de personnes idéalisent le passé, les plus âgés, cet âge d'or de l'enfance que l'on passe sa vie entière à regretter, et les plus jeunes, parce qu'on leur martèle que tout va de mal en pis. Tisonnée par des organisations qui font d'un prétendu effondrement leur fonds de commerce, la jeunesse n'a pas le moral.

La collapsologie, cette conviction que le monde court à sa perte, est devenue une antienne ressassée jusqu'au bourrage de crâne. Sara Giraudeau, qui a joué une vétérinaire rurale dans le merveilleux film *Petit Paysan*, évoque une « lobotomisation par le négatif » dans un portrait que lui consacre Quentin Girard[1], expliquant qu'elle ne regarde plus les chaînes d'info pour garder son « hygiène mentale ». Bien plus encore que les chaînes d'info, qui ne font que leur boulot (on ne parle pas des trains qui arrivent à l'heure), mais sont prises au piège de la surenchère autour d'obsessions successives, les réseaux sociaux exacerbent les peurs, les clivages et les haines.

Les jeunes se montrent particulièrement vulnérables à ce climat délétère, car ils sont en quête d'idéal et manquent de recul. Effondrement, crise du vivant, sentiment que l'avenir est fichu, l'« écoanxiété » qui s'est emparée d'eux porte un nom : solastalgie. La solastalgie, c'est la souffrance climatique. Le mot a été créé par le philosophe australien Glenn Albrecht ; il décrit la souffrance psychique ressentie face à l'altération de lieux qui ont été beaux et émouvants, et se sont dégradés.

Il y a ainsi un paradoxe incroyable : d'un côté des paysans qui inventent le monde de demain, de l'autre de jeunes urbains de plus en plus angoissés face à un avenir incertain.

Les premiers façonnent la terre, les seconds invoquent la Planète, accusant leurs aînés de l'avoir saccagée. Ils marchent pour le climat, commettent des actes de plus en plus désespérés et violents pour clamer leur colère et leur douleur de voir disparaître la nature, l'air pur, les bêtes, la terre s'embraser, l'eau manquer, l'énergie rester polluante et carbonée.

---

1. *Libération*, 28 septembre 2022.

Pourtant, le bilan n'est pas si négatif. Dès que l'on change d'échelle, que l'on resserre la focale sur un territoire spécifique, on comprend que les hommes font ce qu'ils veulent de la terre. En mal certes, mais aussi en bien. C'est d'ailleurs le sens du mot environnement, qui vient de l'ancien français, *viron*, le cercle. L'environnement, c'est le cadre de vie des sociétés humaines, qui influence leurs modes de vie, mais qu'elles façonnent aussi en retour. La géographie nous apprend que ce qui a été abîmé peut être réparé, qu'il n'existe pas d'optimum, que nos paysages sont des héritages, qui dépendent de nos priorités successives et des moyens dont les civilisations disposent pour habiter le monde et le rendre, ou non, vivable pour tous.

Après les grands incendies, la nature repart et se régénère, comme en Australie. Un désert peut être reverdi, comme à Abou Dhabi. Un pays peut être revégétalisé après avoir été déforesté, comme le Costa Rica. Un fleuve devenu cloaque, être dépollué jusqu'à redevenir un cours d'eau limpide, pour le bonheur des promeneurs et des pêcheurs, comme la Deûle ou la Scarpe de mon enfance, dans le Nord. Ou plutôt les Hauts-de-France, car les toponymes aussi changent, pour dire la fierté des régions redevenues attractives après s'être effondrées, comme le bassin minier. Autour de Lille, de Douai, d'Arras, de Saint-Omer, les campagnes verdoient. Les Hauts-de-France sont l'une des premières régions nourricières de France, avec un éventail très varié de productions agricoles et d'industries agro-alimentaires de premier plan.

Et si on envoyait dans les campagnes tous ces jeunes paniqués par l'avenir du monde ?

Ils découvriraient que face à la montée de la solastalgie, les paysans ont des solutions. Concrètes.

Climatiques d'abord, puisque la COP 21 en 2015 a adopté l'initiative dite 4 pour 1 000. Lancée par l'INRAE lors de la COP 21 à Paris en 2015, elle montre qu'une augmentation annuelle de 4 pour 1000 du stockage de carbone dans les trente premiers centimètres des sols cultivés mondiaux (soit 6 milliards de tonnes) permettrait d'absorber l'augmentation annuelle des émissions de CO_2 liées aux activités humaines (4,3 milliards de tonnes). Les grandes cultures, le développement de couverts végétaux intermédiaires (pour ne pas laisser les sols nus) et l'agroforesterie offrent les plus gros potentiels de stockage. Le monde agricole s'est doté d'un outil pour mesurer ses performances, créé en 2022, l'association France Carbone Agri, qui accompagne les exploitations agricoles dans leur démarche de décarbonation. Nous ne parlons plus que d'agroécologie mais le potentiel des grandes cultures (les céréales, les betteraves, les oléagineux et protéagineux) est considérable.

Ce qui nous nourrit
sauve aussi la planète.

Augmenter la captation de carbone du sol, le monde agricole sait parfaitement le faire. Tout ce qui pousse capte du CO_2 et émet de l'oxygène. Cultiver la terre de façon intelligente et raisonnée, c'est être un manageur de la photosynthèse. On peut ainsi chiffrer les performances des différentes façons de mettre en valeur une terre. Une vigne stocke 30 tonnes par hectare, une prairie 85 tonnes, autant qu'une forêt bien entretenue. Toutes les parcelles cultivées peuvent ainsi être évaluées en fonction de leur contribution aux politiques d'atténuation du changement climatique. Les grandes cultures, par exemple, qui occupent la moitié des terres cultivées en France, captent 280 millions de tonnes par an, le transport routier en émet 120 millions de tonnes.

Les urbains roulent,
les paysans réparent !

C'est particulièrement vrai pour le maïs, plante dite en C4, dont la capacité à capter le carbone atteint des niveaux records.

Planter des tournesols au lieu de jeter de la peinture sur un tableau de tournesols, cultiver des légumes florissants et des semences de maïs pour arracher le monde à la faim au lieu de détruire des réserves d'eau, soigner les champs au lieu de les piétiner, permettre au sol de stocker plus de carbone et agir ainsi concrètement au service de la lutte contre le changement climatique, planter des haies, des arbres, entretenir des prairies et contribuer ainsi à la beauté du paysage, à cette biodiversité d'autant plus utile qu'elle est nourricière, vivre au contact de la vache ou de la brebis, voir naître l'agneau et le veau… et comprendre enfin pourquoi le loup pose un véritable problème… Pour lutter contre l'éco-anxiété de la jeunesse, qui accuse les générations précédentes d'avoir saccagé la planète, pour mettre en œuvre concrètement des réponses face à la solastalgie, le monde paysan a les réponses. Concrètes, positives, exaltantes.

Nous déplorons à juste titre le saccage de l'Amazonie, victime de déforestation et de brûlis répétés, qui en savanisent des territoires de plus en plus étendus (près du quart aujourd'hui) et l'empêchent de jouer son rôle de régulation climatique, mais nous disposons en France de petites Amazonies vertes, dont nous devrions nous enorgueillir. Non seulement la forêt française, qui occupe 31 % du territoire (et le gouvernement parle de grands programmes de replantation) et est majoritairement une forêt jeune, entretenue et en croissance, ce qui la rend particulièrement efficace pour capter le CO_2, mais aussi toute cette mosaïque agricole exceptionnelle qui caractérise le territoire français.

Accuser la viande, croire qu'en la bannissant, nous sauverons le monde, c'est une tragique erreur[2] démontrée scientifiquement par l'INRAE dans une étude de 2019 : si toutes les populations du monde adoptaient un régime végétalien, il faudrait plus de terres cultivées pour nourrir la planète ! Non seulement l'alimentation mondiale des animaux se compose à 86 % d'aliments non consommables par l'homme, sur des terres non cultivables, mais il existe dans le monde beaucoup plus de personnes qui souffrent de carences et de malnutrition parce qu'elles manquent de protéines animales, que de personnes qui en mangent trop. Selon ONU

2. https://www.inrae.fr/actualites/dossier-viande-elevage-eclairage-recherche

Nutrition[3], 200 millions d'enfants souffrent ainsi de retard de croissance et d'émaciation, alors que 40 millions sont en surpoids. Alors que la viande bovine est souvent mise en accusation, les élevages de ruminants à l'herbe ou nourris d'aliments produits par l'agriculture sont producteurs nets de protéines Même en France, 82 % des adultes mangent moins de viande chaque semaine que le seuil limite de 500 g recommandé, avec une moyenne de 300 g/semaine. Vouloir végétaliser nos cantines n'est pas un service rendu à nos enfants, bien au contraire : beaucoup de ménages pauvres, comme ces familles monoparentales, n'ont pas les moyens de leur donner de la viande à la maison. Certes, l'élevage industriel nous paraît choquant, mais il produit beaucoup de protéines de premier choix en rationalisant au maximum ses pratiques, pour rendre le lait, la viande, les œufs accessibles à tous. Dénoncer les pratiques inadmissibles, veiller au respect de ces animaux qui nous nourrissent, c'est une nécessité, un impératif, et les ONG « wellfaristes » qui travaillent avec les éleveurs sont utiles, alors que les ONG abolitionnistes qui les clouent au pilori nous conduisent tout droit vers un monde invivable : bannir la consommation de viande, donc l'élevage, dans un pays où il reste d'abord familial, et intimement lié aux patrimoines et à la gastronomie, c'est un non-sens.

Occupant la moitié des terres agricoles, dans des milieux difficiles, les prairies sont des infrastructures

3. https://globalnutritionreport.org/documents/775/2021_Global_Nutrition_Report_French.pdf

agroécologiques de premier plan, qui permettent de contribuer à la lutte contre le changement climatique, mais aussi à la biodiversité : une prairie, c'est un milieu ouvert, dont la diversité florale est à la mesure des apports organiques des bêtes qui y paissent. André Pochon, emblème breton de l'agriculture paysanne, résume en disant que la vache est un animal qui a une barre de coupe à l'avant et un épandeur à l'arrière. Une vache dans un champ, c'est l'équivalent en matière organique de dix vaches dans le sol. Bouses, compost, champignons, insectes, donc oiseaux… Comment agir de façon plus efficace au service de la nature ? Une prairie est un milieu épurateur (à Vittel ou à Evian, les sites de captage passent des accords avec les éleveurs pour qu'ils gardent des bêtes dans les prés en n'utilisant pas de produits issus de la chimie de synthèse), mais aussi un merveilleux instrument de lutte contre le ruissellement et de préservation des sols.

11.

Pour un service civique agricole

Tous ces jeunes qui marchent pour le climat, accusant leurs aînés de ne rien faire pour leur léguer une planète durable, devraient séjourner dans les campagnes, aux côtés des agriculteurs, afin de comprendre la complexité du travail de la terre, d'apprendre un métier utile, autant à leurs concitoyens qu'à la nature, de pouvoir eux-mêmes contribuer à améliorer la terre, au lieu de camper dans cette posture, finalement stérile et autodestructrice, de la dénonciation et de la colère. La solution qui permettrait de réconcilier les villes et les campagnes, les citadins et les ruraux, les rats des villes et ceux des champs, est simple et évidente : un service civique agricole.

Partir passer quelques mois dans des fermes, des coopératives, des start-up agricoles, des entreprises d'agro-fournitures, des syndicats, des organisations paysannes serait un excellent moyen de canaliser toute cette attente insatisfaite et vaine, qui pousse des jeunes désespérés à saccager des tableaux de maîtres, à se coller un peu partout, à s'affaler dans les rues pour bloquer la circulation et crier leur colère.

> Il faut instituer un service civique agricole : il unirait ces jeunes des villes en quête de sens à leurs aînés en quête de bras.

Faire se rencontrer, comme mes étudiants quand ils partent en stage de terrain ou vont parler avec les jeunes agriculteurs du Salon de l'agriculture, les jeunes ruraux et les jeunes urbains est une nécessité. La société en sortirait plus pacifiée, plus confiante.

Les bonnes volontés manquent aujourd'hui dans les campagnes. Parce que le monde agricole a en moyenne plus de 50 ans, il y a 20 000 départs en retraite chaque année en France, mais 14 000 installations seulement. Une ferme sur trois ne trouve pas de repreneur, alors que 5 millions d'hectares doivent changer de main au cours des dix prochaines années.

Le monde rural perd ses forces vives, et la jeunesse du monde se cherche un combat. Les jeunes agriculteurs manquent de reconnaissance et les jeunes urbains se cherchent un destin.

Pour sauver le monde, il faut renvoyer la jeunesse des villes à la terre nourricière. Trouver ensemble des solutions positives pour lutter contre le changement climatique et l'érosion de la biodiversité. Cette éco-anxiété aujourd'hui au sein de la jeunesse, cette colère accumulée, ce n'est bon pour personne. Un service civique agricole permettrait aux jeunes d'agir concrètement au service de leurs idéaux.

De calmer leur angoisse face à l'incertitude de l'avenir par un engagement concret au service du bien commun.

Se coltiner la réalité du travail de la terre, de l'élevage de bêtes, vivre au contact de la nature tout en produisant de la nourriture, avoir la satisfaction de pouvoir se dire « ce repas-là vient de mon travail », et pouvoir le faire dans le plus grand respect de la nature, quel formidable chantier !

Oui, il faudrait que tous les jeunes puissent passer un an dans une ferme pour appréhender la réalité d'un métier où l'on peut concrètement sauver le monde. Un service civique agricole créerait des liens entre les générations, réconcilierait les mondes ruraux et les mondes urbains, remettrait au travail une jeunesse déboussolée, susciterait des vocations, et permettrait que la terre reste belle, parce qu'entretenue et soignée, au lieu de voir tant de friches s'installer, après que les paysans, découragés, aient jeté l'éponge, las d'être insultés.

France Nation verte, c'est le programme lancé en octobre 2022 par la Première ministre Élisabeth Borne. Il s'agit d'un grand chantier de planification écologique pour pouvoir atteindre la neutralité carbone en 2050. Dans toutes les universités et tous les établissements d'enseignement, il est demandé de généraliser les formations sur le développement durable, les objectifs climatiques, la transition écologique.

Pour les mettre en pratique, il faut envoyer les jeunes dans les campagnes. Les jeunes, mais aussi leurs enseignants, car beaucoup continuent de propager des accusations insupportables contre les paysans, tout en prônant des recommandations irréalistes : le tout-bio, la permaculture, la généralisation de l'agroécologie et de la petite agriculture familiale paysanne… Leurs modèles reposent sur une vision passéiste, qui ne se préoccupe nullement des questions de pénibilité et de faisabilité économique.

Les manuels scolaires sont, hélas, farcis de ces fausses bonnes solutions, qui passent difficilement la rampe de la mise en marché (sauf quand les subventions publiques en masquent la faible rentabilité).

Projets vitrines, réalisations expérimentales, idées géniales qui supposent un maximum de main-d'œuvre sur de toutes petites surfaces… c'est avec de telles inepties qu'on bourre la tête des gamins. Ils rentrent chez eux furieux contre leurs parents et en deviennent de petits gardes rouges domestiques, bannissant la viande à la maison (mais pas les burgers avec les copains), pourfendant l'agriculture performante, qualifiée de productiviste, pour exalter les gourous de la permaculture.

Gageons qu'une fois qu'ils auront passé six mois à mettre en pratique leurs idéaux sur le terrain, les jeunes deviendront, dans leur grande majorité, beaucoup plus pragmatiques. C'est ce qui se passe chaque année avec mes étudiants, que six mois chez Vandana Shiva en Inde ou dans les centres Songhaï du Burkina dessillent pour toujours quant aux fantasmes de la petite agriculture paysanne traditionnelle.

Bien des laboratoires d'une agriculture « différente » se révèlent d'immenses supercheries, qui reposent sur la bonne volonté d'une main-d'œuvre inépuisable et gratuite, taillable et corvéable à merci, dont le perpétuel renouvellement assure la pérennité. Les produits de traitement y restent toujours mystérieux, formules secrètes de mixtures indéfinissables, qui atterreraient les chercheurs de l'ANSES. Mais personne ne cherche de toute façon à les homologuer, ce qui vaudrait à toute exploitation agricole professionnelle l'arrêt immédiat de son activité...

Quant aux aliments produits, ils le sont toujours en quantité limitée, sur de petites surfaces, au prix d'un travail manuel intense. Toutes ces structures, dont les promoteurs vivent d'abord de leur succès médiatique, doivent éternellement rester des programmes à vocation humanitaire, massivement soutenus par du mécénat pour des raisons idéologiques, faute de réussir à s'autofinancer.

La jeunesse mérite mieux que cette poudre aux yeux. Elle a besoin de s'engager dans des projets concrets, utiles, elle a besoin de contribuer activement et réellement aux grands enjeux écologiques. Elle a besoin de connaître la réalité des métiers de production, elle qui utilise activement les smartphones et prône la mobilité collective dans les trains, les tramways, le covoiturage en véhicule électrique, que des ingénieurs doivent bien fabriquer, à grand renfort de technicité.

Puisqu'elle ne veut plus prendre l'avion (alors que l'avion aussi peut devenir vert et s'y emploie, pour ne plus contribuer à l'effet de serre), ce qui la prive de la possibilité de connaître concrètement la réalité précaire des agricultures du Sud, où les petits paysans sont les premiers à souffrir de la faim, de la pauvreté et des parasites, un service civique agricole suffisamment long pourrait lui permettre d'agir localement, auprès des paysans d'ici. Donner à son angoisse des réponses. Lui permettre de s'engager dans le grand chantier de cette transition écologique, qu'elle appelle de ses vœux.

Comprendre, connaître et apprendre.

Nos jeunes en révolte découvriraient alors que les paysans ont toutes les réponses, qu'à leur côté, on peut enfin, concrètement, contribuer à la lutte contre le changement climatique en protégeant la nature et en nourrissant le monde.

Quel formidable chantier que d'envoyer se former dans les campagnes toutes ces jeunes consciences en quête d'idéal !

Certes, l'idée peut être considérée comme de sinistre mémoire, car elle nous rappelle les errances du Kampuchéa démocratique et ses Khmers rouges, ou cette révolution culturelle chinoise dont est issu Xi Jinping (ce qui le rend d'ailleurs très conscient de la nécessité de sécuriser l'alimentation de son peuple). Mais il ne s'agit nullement de ce service civique agricole là, fondé sur la destruction des forces vives de la nation au profit d'une révolution agraire violente et totalitaire, mais l'inverse : une expérience de volontariat encadrée par des organisations professionnelles, modernes, qui pourrait enfin changer le regard sur l'agriculture, et permettre à notre société d'embrasser positivement les défis du futur.

En France, le gouvernement a institué le service civique en 2010, sous le gouvernement de Nicolas

Sarkozy. Donnons-lui aujourd'hui un nouveau souffle, en mettant ces jeunes pleins d'espoir au service de notre souveraineté alimentaire !

12.

Marcher pour le climat, c'est travailler pour l'agriculture

Stocker du carbone, lutter contre l'érosion, replanter des haies, des bosquets, des arbres isolés, créer des jachères fleuries, préserver des « surfaces d'intérêt écologique » (qui coûtent souvent très cher à implanter alors qu'elles sont économiquement improductives), les « bonnes pratiques agricoles », qui se généralisent aujourd'hui, à la fois par obligation réglementaire et pour créer de la valeur en obtenant ces crédits verts que la PAC 2023-2027 entend généraliser, ont besoin de bras, de bonnes volontés. Un service civique agricole permettrait à ces jeunes qui manifestent dans les rues, détruisent les tableaux, accusent leurs aînés de ne pas en faire suffisamment, de pouvoir eux-mêmes s'investir dans la lutte concrète contre le changement climatique. Mieux vaut agir qu'accuser. Mieux vaut se mettre au travail que vociférer.

> La contribution des agriculteurs à la lutte contre le changement climatique est si importante que marcher pour le climat, c'est marcher pour l'agriculture.

Ou plutôt travailler pour l'agriculture. Les paysans manquent tellement de main-d'œuvre pour tout ce qu'il faut faire dans les campagnes !

Et puis il faut souhaiter qu'après s'être épuisés à désherber à la binette, leurs jeunes recrues soient les premières à se former aux métiers de tractoristes, pour piloter les nouvelles machines intelligentes qui permettent de lutter contre les adventices sans se casser le dos. Issue d'un inventeur génial, Vincent Ballu, qui imagina l'enjambeur de vignes à Epernay, en Champagne, après la Seconde Guerre mondiale, la société Exel industries, qui vient de fêter ses 70 ans, met ainsi au point des robots autonomes intelligents à capteurs intégrés, qui annihilent le risque de dérive, ce qui est très rassurant pour les riverains… et pour les agriculteurs eux-mêmes.

Les nouvelles machines permettent de cibler précisément la plante ou le ravageur indésirable grâce à des caméras embarquées pour pulvériser pile la quantité nécessaire de produit de traitement, et rien de plus. La bonne dose, au bon endroit, au bon moment : pour Patrick Ballu, qui a pris la relève après la mort prématurée de son père en 1980, atteindre les objectifs du Green Deal d'ici 2030, donc diminuer de moitié l'usage des produits phytosanitaires, est tout à fait possible. Ses nouveaux robots, il les conçoit aussi fonctionnant à l'hydrogène vert pour ne pas dépendre des carburants fossiles. « Quand on me dit que c'est impossible, ça me stimule ! » a coutume de dire ce capitaine d'industrie en effervescence perpétuelle. Ses machines sont des miracles d'intelligence, d'efficacité et de beauté. Et surtout, elles relèvent le défi de la transition écologique. Mais elles ont un coût, et elles demandent du personnel qualifié. Les start-up agricoles se multiplient parce que tout le monde sait bien qu'il faudra demain de nouveaux modèles agricoles, plus propres, moins dépendants du fossile, plus tournés vers les mécanismes naturels. Le végétal, le biosourcé apportent toutes les réponses pour remplacer les énergies du passé. C'est le grand retour de l'agronomie, des insectes auxiliaires, de l'agroécologie.

> Ce qui se passe dans les campagnes est formidable, et pour les jeunes, quelle perspective stimulante que de devenir des acteurs actifs et efficaces !

Pour l'instant, les résultats ne sont pas forcément optimaux et quand l'infestation est là, il faut, exactement comme pour les humains qui se vaccinent ou prennent des antibiotiques quand leur santé est en danger de mort, recourir aux méthodes de la chimie moderne, pulvériser contre les pucerons ou l'oïdium, ne pas laisser une vache mourir d'une infection que l'antibiothérapie permet de soigner, même si les médecins de ville devraient prendre exemple sur les vétérinaires et les éleveurs, qui en ont diminué l'usage de trois quarts en vingt ans.

Mais plus question, comme par le passé, de traiter préventivement et collectivement : ça coûte cher, ça demande du temps et de la main-d'œuvre, ça entraîne des résistances indésirables, et la société n'en veut plus, à cause des dangers pour les sols, la terre, l'eau, la santé.

Pour les néo-ruraux, la question des traitements est primordiale ; ils en redoutent les effets sur leur santé. Mais les campagnes, de plus en plus urbanisées, sont mitées par la prolifération des zones de non-traitement, ce qui empêche concrètement les producteurs agricoles, même en bio, de combattre les infestations – mais aussi d'installer des poulaillers en plein air, ou même des élevages équins, puisque les mouches, le chant du coq et le bruit du tracteur indisposent les nouveaux arrivés.

Pour relever tous les défis, pour être capables de tout concilier, nous avons besoin de jeunes motivés et bien formés. Des agronomes, des ingénieurs, des agriculteurs, qu'ils soient éleveurs, forestiers, viticulteurs, maïsiculteurs, arboriculteurs, betteraviers… Et tous les innombrables métiers de la terre.

Les paysans en France
occupent plus de la moitié
du territoire. Ça en fait
des opportunités,
pour la jeunesse, de se rendre
utile ! Et sans prendre l'avion.

13.

Small is beautiful ? Non !

Dans bien des reportages télévisés, le monde rural est présenté comme une sorte de réserve d'Indiens (même si la formule est très péjorative pour les Indiens), un musée du passé, où l'on vient admirer le petit producteur courageux. Célébrer l'éleveur qui pousse ses trois porcs dans la chênaie, la crémière qui touille la cuve…

À écouter certains – qui vivent rarement de ce qu'ils préconisent – il ne faudrait plus que du local, du jardinage. Voilà le « small is beautiful » porté au pinacle, comme si tous les êtres humains devaient de nouveau se consacrer à la production de nourriture. Alors que plus personne ne veut vraiment retourner à la terre et que des milliers de postes restent non pourvus dans l'agriculture, surtout depuis que l'inspection du travail contrôle drastiquement les conditions d'hébergement et de rémunération des travailleurs saisonniers.

Personne… sauf ceux qui y voient un ressourcement, une façon de se reconnecter avec le vivant, une manière de se détendre. Il y a désormais des « Paysans born again », comme il y a des chrétiens born again dans le mouvement évangélique. Le risque est, nous le verrons un peu plus loin, d'aboutir à de nouvelles fabriques de pauvres, découragés par la pénibilité du travail agricole, le nombre d'heures non rémunérées, une pression parasitaire sous-estimée au départ.

Une formule fait florès à propos des amoureux de la gent équestre : « Comment devenir milliardaire avec les chevaux ? En commençant millionnaires. » Elle peut être transposée à ces nouveaux paysans, dont un tiers vient du milieu non agricole et dont un quart a plus de 40 ans : comment gagner sa vie avec les micro-modèles de productions alternatives, où l'on produit peu, ou bien uniquement pour des chefs étoilés ? En s'installant pour le plaisir, avec une solide fortune personnelle à dépenser pour son nouveau passe-temps. Du hobbyfarming.

Il faut à ce sujet dire un mot de tous ces restaurateurs que les médias nous montrent allant eux-mêmes cueillir et humer leurs trois tomates, évidemment bio, choisies avec amour – ou, plutôt que de banales tomates, des fleurs prétendument comestibles et des légumes anciens qui demandent mille préparations pour devenir comestibles. Les grands chefs adorent nous donner des leçons de bien manger à la télé. Ils servent dans leurs restaurants des menus dont le prix est à la mesure de leur inventivité.

Savent-ils que de plus en plus de Français se serrent la ceinture et que, comme l'a montré le troisième confinement où tout le monde s'est jeté sur les plats tout prêts, plus personne n'a le temps de cuisiner ? Les journalistes qui nous enjoignent de préparer la soupe maison s'y attellent-ils vraiment entre midi et deux ? Et le soir, en rentrant chez eux ?

En réalité, cuisiner, c'est un plaisir, et même un art, pour ceux qui ont le temps de s'y adonner... Et une occupation chronophage et ingrate pour des millions de personnes qui n'ont d'autre choix – combien de femmes, dans le monde, sont renvoyées à la cuisine, privées de l'accès à une formation professionnelle et à un métier à l'extérieur ?

Quant au local, aux productions de proximité, elles rapportent quand les touristes sont présents l'été. Ou quand le producteur a la chance de fournir un épicier des beaux quartiers.

> Il ne faut pas renvoyer les paysans à la pénibilité, à la houe et à la binette.

Les jardins familiaux si vantés, les micro-modèles locaux résistent mal sur la durée : les gens se lassent, les limaces et les pucerons envahissent tout, les sécheresses prolongées et les températures trop élevées l'été, le gel tardif au printemps anéantissent l'espoir de la récolte, alors qu'on a trimé sans compter ses heures de travail. Bien sûr, c'est agréable de planter ses tomates et ses fraisiers, agréable de pouvoir aller acheter de beaux produits au marché, mais ça ne nourrit pas un pays durablement. Et on est bien contents de pouvoir aller compléter au supermarché.

Lors de la pandémie de Covid, pendant les premiers confinements imposés, les gens se sont précipités dans les magasins paysans et le bio ; ils voulaient cuisiner à la maison, planter un jardin... De toute façon, ils n'avaient pas le choix, puisqu'il fallait rester dans un périmètre limité. On a alors pensé que le bio avait gagné, que le local et la proximité étaient l'avenir.

Un an après, ce sont les hypermarchés qui ne désemplissent pas, le bio et les magasins paysans sont désertés par tous ces foyers qui font leurs courses alimentaires à l'euro près, se restreignent sur les viandes et les légumes faute de pouvoir d'achat. 10 % d'inflation sur les produits alimentaires, 10 % de produits qui manquent dans les rayons, parce que les chaînes d'approvisionnement sont disloquées, 10 % d'achats en moins en moyenne pour les ménages, qui se rabattent sur l'entrée de gamme ou les marques de distributeurs et se ruent sur les promotions, 10 millions de Français qui ne peuvent plus faire trois bons repas par jour, c'est ça la réalité aujourd'hui.

La religion du small is beautiful nous renvoie tout droit au passé.

En 1960, les ménages consacraient plus du tiers de leur budget à se nourrir. Avant la pandémie, on était tombés à moitié moins, au point de considérer que la nourriture n'était plus un problème, au point de voir les paysans comme des gêneurs. Mais le pourcentage augmente à nouveau, alors que les dépenses contraintes (énergie, loyers, mobilité, coût de la dématérialisation et de la transition écologique) ne cessent d'augmenter pour les foyers. Flambée du prix de la viande, des pâtes, du beurre, de l'huile… nous risquons de vivre dans un monde où l'accès à l'alimentation redevient critique, comme il l'est toujours pour une grande partie de l'humanité.

Il ne peut pas y avoir un double standard, qui, d'un côté, mettrait en avant l'innovation, le connecté, le dématérialisé, et, de l'autre, ferait de l'agriculture l'espace de la nostalgie et du passé, qui imposerait au paysan, à l'éleveur ou au berger des conditions dont nous ne voudrions pour rien au monde, sinon le temps d'un stage de retour à la nature, ou d'une prétendue formation à des techniques alternatives qui ne font vivre que leurs promoteurs. Le survivalisme, ça passe d'abord par des boîtes de conserve entassées dans un bunker. Cultiver, voire cueillir, pour se nourrir, c'est une activité incertaine et précaire, où on n'est sûr que d'une chose : on va perdre beaucoup de poids.

Nous avons besoin de toutes les agricultures, mais d'abord et surtout d'agricultures viables, transmissibles, nourricières. Le paysan n'est ni un décorateur de la nature, ni un petit jardinier qui ne compte pas ses heures, ni un gestionnaire de parcs d'attractions, qui invente, pour nous faire plaisir, une agriculture disneylandisée. Il peut le faire s'il y trouve son intérêt, mais pas pour nourrir le monde : pour nous faire plaisir. Et peut-être aussi pour se faire plaisir, en tout cas les premiers mois, car, ensuite, même lui se lasse de produire pour le spectacle. Quand il pleut à verse, personne ne vient cueillir les fraises dans les exploitations en circuit court et la récolte est perdue. Appeler les banques alimentaires ou une association caritative ne sert à rien : leurs volontaires, submergés de travail avec la montée des nouvelles précarités, n'ont ni le temps, ni l'envie d'aller ramasser. Ils préfèrent s'adresser à la grande distribution, récupérer les invendus ou solliciter les bonnes volontés, et ça devient de plus en plus compliqué, car le nombre de bénéficiaires explose et le coût des chambres froides devient insoutenable.

N'importe quel paysan le sait : mettre tous ses œufs dans le même panier, c'est se placer dans une terrible situation de vulnérabilité. Le petit paysan, sage et modeste, avec sa fourche, sa chemise à carreaux et son panier d'osier, les poules picorant dans le tas de fumier, est une image d'Épinal qui ne peut perdurer, et qui relève en réalité d'un racisme de classe. Qui accepterait durablement cette vie chiche et comptée ?

Pour relever le défi nourricier dans la durée, malgré les caprices météorologiques, qui peuvent vous faire perdre une récolte en quelques minutes, les infestations parasitaires, la valse des prix, les multiples attaques de ravageurs, la concurrence déloyale de ceux qui vendent des denrées douteuses mais pas chères en multipliant les traitements interdits et en exploitant la main-d'œuvre, femmes, enfants, immigrés maltraités, l'agriculteur n'a pas droit à l'erreur.

Quel que soit le modèle de production, du moment qu'il se veut respectueux des hommes et de la planète, nous avons besoin des paysans. De tous les paysans. Des fermes familiales, qui embellissent les territoires et se transmettent l'outil de production en véritables dynasties agraires, avec la ferveur des passionnés, mais aussi des firmes, pour mettre en œuvre les investissements nécessaires aux terribles défis de l'alimentation, du climat, de l'énergie.

> Il faut mobiliser autour des innovations nécessaires toutes les énergies et toutes les synergies.

Inventer les innovations qui peuvent ensuite se diffuser partout, au fur et à mesure que leur généralisation les rend accessibles à tous, réussir le pacte vert européen, cela demande de gros moyens. Et puis coopérer aussi avec le reste du monde, qui a encore plus besoin de s'engager dans une agriculture propre.

14.

Associer les modèles au lieu de les opposer

Le génie génétique, la génomique végétale, la robotique de précision, qui permet d'envoyer dans les champs des machines autonomes, capables de cibler précisément l'insecte ravageur ou la plante toxique, sont des investissements colossaux.

> L'agriculture invente le monde de demain.

Peu de professions sont autant mobilisées autour de ces nécessaires innovations : le biocontrôle, les insectes auxiliaires, les nouvelles variétés plus résistantes aux ravageurs ou à la sécheresse, une conduite repensée des travaux agricoles pour mieux préserver les sols, avec l'agriculture de conservation, la réintroduction des légumineuses pour mieux capter l'azote, la recherche de l'autonomie sur l'exploitation pour ne pas dépenser des fortunes à acheter des fertilisants de plus en plus coûteux… Chaque paysan est à l'échelle de sa ferme un « géotrouvetout », en quête de la meilleure façon de travailler possible, mais il ne peut pas tout inventer seul. La science alliée à sa connaissance est indispensable pour avancer.

Réconcilier. Associer les modèles. Cesser de déverser l'idéologie dans les campagnes sans nous demander quelles seraient les conséquences concrètes de l'application de nos slogans, inventés hors-sol dans des lieux confortables, où la question de la valorisation économique et de l'échelle de faisabilité ne se pose jamais. Combien de théoriciens de l'agriculture prêts à donner des leçons qui ne sont ni généralisables, ni même appropriables ? Combien de projets vitrines abondés à grands coups de millions pour vendre des solutions non viables ?

Il nous faut revenir au principe de réalité.

L'agriculture, c'est une grande diversité de modèles, tous également nécessaires, mais d'abord un métier, qui doit faire vivre ceux qui ont choisi de s'y consacrer, pas le champ ouvert de fantasmes néo-ruraux sur un prétendu retour à la nature.

Oui, nous avons tout autant besoin de tout. De la petite exploitation qui valorise en circuits courts des productions de qualité sur des territoires difficiles, pour répondre à la demande de clients choisis et à fort pouvoir d'achat. « Circuits courts », « local », « agroécologie », « permaculture », ce sont des mots-valises que nous adorons prononcer. Et il est fabuleux de partir à la rencontre de certains maraîchers, arboriculteurs, agroforestiers fous de leur métier. La mondialisation est en recul, ce qui rend au local toute sa force, toute sa vertu.

Pratiquer l'agroécologie à très petite échelle dans des territoires exigus où il faut vendre cher pour assurer la rentabilité, et donc la pérennité de l'exploitation, c'est tout à fait compréhensible, mais pas généralisable. L'agriculture d'aujourd'hui implique aussi de grandes fermes pleinement engagées dans une autre agroécologie, tout aussi efficace, où ce sont les machines qui assurent l'entretien des haies et qui valorisent la grande diversité des productions grâce à des trieurs optiques, évitant aux humains la pénibilité, le recours à une main-d'œuvre étrangère de plus en plus difficile à faire venir, pour cause de fermeture des frontières, mais aussi de plus en plus réticente à accepter ces emplois ingrats et mal payés.

Critiquer l'agriculture de grands espaces, la mécanisation, la robotisation, en qualifiant d'agriculture « productiviste » ou « industrielle » ce qui n'est pas « petit », c'est se fourvoyer. Pourquoi d'ailleurs seule l'agriculture devrait-elle être « petite », alors que face aux défis énergétiques ou numériques, les discours se veulent au contraire high tech, célébrant le règne de la start-up, de la licorne, de l'intelligence artificielle ? Pourquoi le berger devrait-il trembler de froid et craindre le loup sur les alpages, alors que le moindre jeune en guerre pour le climat appuie son combat sur le digital, la mobilisation *via* les réseaux sociaux, et en utilisant les smartphones les plus modernes ?

Il nous faut changer de logiciel : dans l'agriculture aussi, nous avons besoin des ingénieurs, des chercheurs, des innovations les plus avancées, alors que le monde est soumis à des tensions climatiques, démographiques et sociales extrêmes. Il ne faut pas avoir honte de reconnaître que c'est la puissante agro-industrie qui rend les aliments accessibles au plus grand nombre, dans les mégalopoles où le prix de la nourriture fait office de juge de paix. Qui met en œuvre des critères de sécurité sanitaire draconiens, parce qu'elle n'a pas le droit à l'erreur, comme le montrent les scandales récents des pizzas ou des chocolats contaminés. Dont on parle d'ailleurs beaucoup plus que des innombrables intoxications alimentaires domestiques, liées à des pratiques qui méconnaissent les risques sur la chaîne du froid, la nourriture suspecte, les champignons aux cueillettes hasardeuses. Quand c'est une cantine scolaire ou une maison de retraite qui envoie ses pensionnaires à l'hôpital (ou au cimetière) parce qu'on a voulu s'approvisionner localement, le scandale, au contraire, est très vite étouffé. Idéologie, quand tu nous tiens… Il n'est pire aveugle que celui qui ne veut pas savoir.

L'industriel qui a failli se voit, lui, toujours cloué au pilori. Il n'a pas droit à l'erreur et c'est normal car des millions de personnes dépendent de ses pratiques. En France, notre industrie agro-alimentaire est exemplaire dans son immense majorité – éliminer les canards boiteux est une nécessité pour la profession. Il faut visiter les usines où se fabriquent les yaourts, l'amidon ou le malt, qui seront vendus dans le monde entier, pour comprendre que nous sommes entrés dans les nouvelles cathédrales de notre sécurité alimentaire. Pas question d'y pénétrer sans avoir d'abord respecté toutes les consignes sanitaires ! Dans ces gigantesques bâtiments robotisés, où toute la chaîne de production est pensée pour éviter la moindre contamination, s'affairent des chirurgiens portant des tenues immaculées. Même sa bague ou son alliance, le visiteur doit la laisser au vestiaire ! Notre santé est en jeu.

Il existe ainsi mille façons de produire, qui s'adressent à des marchés différents, mais quand l'humanité compte 8 milliards d'hommes, dont plus de la moitié vit en ville, elles doivent être capables de répondre à tous les besoins. Et toutes se doivent de respecter les règles impératives qui nous permettent de ne pas mourir de ce que nous avons ingéré.

> Nous avons besoin d'une grande diversité de modèles, à la mesure de la diversité des territoires, des contraintes physiques et climatiques et des différences de pouvoir d'achat.

Le « petit » producteur bio a pleinement sa place pour mettre en valeur un milieu difficile, créer de la valeur sur une petite surface, et approvisionner, dans le cadre d'un plan alimentaire territorial bien pensé, la cantine scolaire ou la maison de retraite de proximité, si toutefois il respecte l'ensemble des exigences sanitaires, et qu'un prix rémunérateur lui est garanti pour le travail complexe qui consiste à vouloir produire le plus naturellement possible. Mais les agents comptables, comme les producteurs se heurtent aussi à la contrainte des budgets, publics et privés : parce qu'on ne peut pas demander à des parents en difficulté de régler des frais de cantine de plus en plus élevés, et que les finances des municipalités souffrent, elles aussi, de la crise de l'énergie, les opérateurs publics doivent souvent opter pour des aliments standardisés, voire importés, concurrence déloyale et décourageante que les élus tentent de surmonter quand ils font du maintien de paysans sur leur commune une priorité.

Ce qui pénalise le petit producteur bio de proximité aujourd'hui, c'est le développement d'un bio à grande échelle, souvent qualifié de « bio industriel », alors qu'il essaie simplement de concilier des attentes contradictoires : nous voulons du sain, du naturel, du pas cher, alors que produire bio, c'est moins d'aliments et plus de dépenses, à commencer par la main-d'œuvre, de plus en plus difficile à trouver, et de moins en moins motivée. Même dans les grandes maisons de champagne, on commence à se demander s'il ne faudrait pas recourir à des machines pour cueillir le raisin !

> Cessons de nous dire que dans l'agriculture, tout ce qui est grand et moderne est forcément mauvais !

Comment réussir à tout concilier si on se contente de produire moins et de vendre plus cher sur de toutes petites surfaces ? Comment nourrir le monde ? Et comment, quand on est producteur, se nourrir soi-même du travail de la terre ?

Tous les modes de production sont également dignes de respect à partir du moment où ils ne mentent pas sur leurs contraintes et leurs difficultés et essaient de tout mettre en œuvre pour atteindre leurs objectifs dignement. Le petit producteur de volailles bio élevées au grand air ne doit pas dissimuler qu'il est obligé de les confiner pour cause de grippe aviaire : le consommateur n'est pas un idiot incapable de comprendre les enjeux de la sécurité sanitaire. Mais l'aviculteur en mesure de produire des poulets pour ceux qui n'ont pas les moyens de se nourrir sans regarder d'abord les étiquettes mérite lui aussi le respect, parce qu'il permet aux pauvres d'avoir accès à des protéines animales, dont le manque engendre les retards de croissance chez les enfants et la fragilité accrue des personnes âgées. « Je fais de la volaille sociale », me résume un de ces producteurs, las d'être victime du mépris de ceux qui peuvent sans souci faire trois bons repas par jour.

> La nourriture pour tous, c'est un enjeu considérable, partout.

Dans les Hauts-de-France, 130 000 personnes en nourrissent ainsi 80 millions ! En Bretagne, 110 000 producteurs approvisionnent 22 millions de Français, mais aussi des Anglais, beaucoup d'Européens, et tous ces pays de l'Afrique du Nord et du Moyen-Orient (ANMO) qui doivent compter sur leurs importations alimentaires, puisque 6 % seulement de leurs terres sont cultivables, et que le changement climatique risque de réduire de moitié leur étendue. 140 millions de personnes à nourrir en 1960, 500 aujourd'hui, 750 en 2050, la population a triplé depuis 1960 dans cette ANMO où les contraintes climatiques sont particulièrement sévères, elle doublera encore d'ici 2050. La nourrir exerce une pression énorme sur les gouvernements. Comme cette population est de plus en plus urbaine et exigeante au fur et à mesure que son pouvoir d'achat s'élève, les importations alimentaires ont, depuis 1960, été multipliées par 20. Mais par 100 celles de maïs, qui nourrit les bêtes qui nourrissent les hommes lorsqu'ils quittent la pauvreté et ont enfin accès aux protéines animales ! L'Algérie qui vendait hier du blé à la France en est devenue, avec l'Égypte, un des premiers importateurs d'Afrique. Elle manque aussi de lait, de sucre, d'huile. La

France, elle, qui n'a atteint son autosuffisance en blé qu'en 1970, est aujourd'hui au sixième rang mondial pour ses exportations de céréales. Mais elle était encore au deuxième rang en 2000. Aujourd'hui, c'est notre blé, notre maïs qui nourrissent ces pays d'ANMO qui avaient misé sur leurs achats en provenance de Russie et d'Ukraine. La guerre a bouleversé les échanges de céréales, remis au premier plan l'arme de la faim.

Aucune victoire alimentaire n'est définitivement acquise. Maintenir ses performances dans un monde qui change rapidement devient une gageure, faisant de l'agriculture, de l'agro-alimentaire, mais aussi de la distribution, des secteurs stratégiques qui devraient été considérés comme d'intérêt général.

15.

Pour une révolution triplement verte

Que de pouvoir dans l'acte de nourrir ! Pas seulement à l'échelle mondiale, où l'arme alimentaire est revenue au premier plan, mais à l'échelle nationale, qui voit des pays producteurs de nourriture dominer des pays qui ont perdu le pouvoir de se nourrir, fussent-ils puissants et riches, comme la Chine, premier importateur de nourriture du monde : les routes de la soie sont d'abord les routes des estomacs.

150 pays importent massivement leur nourriture, principalement pour nourrir leurs villes géantes. 10 seulement assurent les trois quarts des exportations mondiales de céréales. Et pour le sucre, la pomme de terre, le soja, le lait, aliments si essentiels à l'humanité, les inégalités sont similaires : peu d'exportateurs, beaucoup d'importateurs.

Des importateurs qui, en cas de conflits ou d'aléas climatiques majeurs, risquent de voir brutalement coupé le robinet de leurs approvisionnements. Quand il y a péril en la demeure, beaucoup de pays vendeurs de nourriture cessent d'exporter pour réserver leurs denrées à leur population, et éviter ainsi la flambée des prix et la révolte, qui dégénère souvent en révolution quand les ventres crient famine, quand les familles n'arrivent plus à nourrir leurs enfants.

> Oui, la faim engendre la guerre, la terrible guerre pour les ressources.

150 pays importateurs, une poignée seulement d'exportateurs, ceux qui ont décidé de miser sur la richesse de leur agriculture, car ils savaient que l'arme alimentaire était stratégique, quel tragique déséquilibre ! Après les sanctions qui ont été décrétées contre elle pour l'annexion de la Crimée, en 2014, la Russie a décidé de redresser son agriculture. Elle est devenue en moins de dix ans le premier exportateur de blé au monde ! Pourtant, elle a fait longtemps partie de ce club immense des pays importateurs.

Les céréales, l'énergie, les armes restent les attributs de la puissance, même au XXIe siècle. Surtout au XXIe siècle, quand 8 milliards d'êtres humains peuplent la terre, qu'ils aspirent tous à sortir de la pauvreté, alors que les ressources semblent manquer, que le ciel semble se déchaîner.

Que constate-t-on aujourd'hui, face à l'inflation et à la flambée des prix qui érodent le pouvoir d'achat des ménages ? Qu'ils achètent moins. Qu'ils se rabattent sur les aliments premier prix. Qu'ils stockent. Qu'ils se privent d'aliments « nobles », comme la viande, les légumes et les fruits, et certains fromages. La nourriture est redevenue une préoccupation, surtout quand le prix de l'énergie rend plus difficiles les fins de mois. Les banques alimentaires et les restaurants du cœur n'ont jamais eu autant de travail.

3 millions de personnes ont recours à l'aide alimentaire en France à l'hiver 2022 !

Dans le monde, ceux qui souffrent le plus de la faim, ce ne sont pas seulement les urbains pauvres, ce sont aussi et surtout les petits producteurs ruraux, dans les campagnes oubliées du développement économique, partout dans le monde. Moderniser l'agriculture et produire plus pour moins cher restent donc des priorités. Les révolutions vertes ne sont pas terminées.

> Il faut désormais des révolutions triplement vertes : produire plus, payer mieux le paysan, protéger la nature.

Produire de la nourriture, c'est vital. Longtemps les producteurs de nourriture étaient uniquement de petits paysans, cultivateurs et éleveurs. Beaucoup vivaient au jour le jour, dans la précarité de récoltes aléatoires, soumis aux caprices du temps, aux infestations d'insectes, de moisissures, d'oiseaux, de rongeurs… Les dieux de la pluie et des moissons étaient vénérés dans toutes les civilisations. Pour sortir de terre, le maïs, plante sacrée des civilisations méso-amérindiennes, devait se nourrir du sang des hommes.

Bien sûr, partout, il y a toujours eu des profiteurs, des exploiteurs, constituant d'immenses domaines où ils faisaient travailler à leur service une armée de serfs, souvent misérables. De tels modes d'exploitation existent encore en Amérique latine, au cœur de l'Amazonie.

> Toutes les révolutions ont d'abord été nourricières.

Les bourgeoisies urbaines sont nées de l'affranchissement des paysans, les industries, du bouleversement des techniques de production, qui a permis de libérer de la main-d'œuvre et des capitaux de l'asservissement au travail de la terre.

Hier, presque tout le monde se consacrait à produire de la nourriture, les rendements étaient faibles, un paysan nourrissait tout juste sa famille et mettait soigneusement de côté les denrées qui devaient lui permettre de passer l'année, surmonter la saison sèche ou froide. La peur face à des pluies qui n'arrivaient pas, un hiver qui durait trop longtemps, un été obscurci par une éruption volcanique qui empêche les récoltes de mûrir, ces terreurs-là ont marqué l'histoire de l'humanité et engendré de terribles famines.

La grande mission des gouvernements a toujours été de nourrir leur peuple, d'organiser l'approvisionnement alimentaire des armées, des prêtres, des marchands, quitte à réquisitionner les biens du paysan au point de le faire mourir de faim. Les guerres commençaient toujours par la confiscation des récoltes, et la destruction de celles de l'ennemi, en même temps qu'on empoisonnait ses puits, qu'on confisquait ou tuait le bétail, qu'on brûlait les champs. Asservir passe toujours par la nourriture.

À l'inverse, un pays prospère et en paix est un pays dont l'agriculture se porte bien, faisant éclore une classe moyenne confiante en l'avenir. Mais il faut pour cela de bonnes politiques agricoles. Un gouvernement qui respecte et protège ses paysans.

Il existe toujours dans le monde près d'un milliard de petits producteurs familiaux. Leurs récoltes sont obtenues au prix d'un travail acharné, rarement dignement rémunéré. Elles restent maigres et aléatoires, faute de bonnes semences, d'outils performants, de moyens efficaces de transport, de stockage et de commercialisation, d'une protection contre les attaques des parasites et les aléas du climat. La situation de ces petits producteurs se dégrade parce que leurs écosystèmes, trop sollicités, s'appauvrissent, parce qu'ils sont de plus en plus nombreux sur des terres dégradées.

Mais la paysannerie, ce n'est pas que ce tableau misérabiliste, que tant de peintres ont représenté. Défricher, désherber, récolter, le vieillissement précoce, la pauvreté. Encore au début du XXe siècle, les médecins connaissaient bien le dos prématurément tordu des gens des campagnes, qui vieillissaient courbés et mouraient épuisés. La maladie avait un nom : plicature champêtre.

Les enfants et les femmes aux champs, les hommes au corps supplicié, les logis insalubres et glacés… ce passé-là n'est pas révolu dans une partie du monde, mais il ne correspond plus à la réalité agricole partout où les paysans se sont organisés, pour faire entendre leur voix, défendre leurs droits, s'organiser collectivement, en coopératives, en syndicats, en corporations puissantes et déterminées.

C'est le Béarnais Louis Bidau qui, dans les années 1930, organise les producteurs de maïs du Sud-Ouest, transformant une plante fourragère peu productive en un fer de lance de la modernisation agricole. De bonnes semences, une diversification sans cesse croissante des débouchés, et voilà la plante sacrée des Mayas devenue un pilier des industries agroalimentaires, du développement de l'élevage, de la chimie verte.

C'est le Breton Alexis Gourvennec, confronté à l'éloignement et à la pauvreté des petites fermes bretonnes en polyculture, qui met en place les conditions de leur modernisation, créant en 1972 la compagnie maritime Brittany Ferries, organisant le port en eau profonde de Roscoff pour ouvrir le débouché britannique aux coopératives breizh.

Aujourd'hui les agriculteurs bretons se nourrissent et nourrissent le monde. Imaginez que s'ils étaient restés sur leurs débouchés locaux – ces fameux circuits courts, qui sont certes nécessaires pour recréer de l'autonomie alimentaire et maintenir vivants les territoires, mais ne peuvent pas être considérés comme suffisants et uniques –, 7 % seulement de la production bretonne trouverait un débouché ! Non seulement Paris aurait faim, car les trains et les camions de légumes bretons approvisionnent Rungis, mais la Bretagne retomberait dans cette pauvreté que décrivait Flaubert, déplorant les mendiants l'assaillant lors de son voyage dans le Morbihan au milieu du XIXe siècle.

> Sa prospérité, la Bretagne
> la doit à ses paysans,
> à ses ostréiculteurs,
> à ses pêcheurs.

Tous ceux qui s'y précipitent aujourd'hui pour y acquérir une maison, un terrain, savourer sa beauté, feraient mieux de s'en souvenir !

Dans tous les pays, la paysannerie a ainsi fait éclore des visionnaires. Seul un paysan est exposé à tous les risques, humains et naturels. Organisé, sa force de frappe devient telle que tous les gouvernements ont toujours dû reculer face aux jacqueries. La chevalerie protectrice sait aussi se muer en redoutable armée en révolte, qui change la face du monde.

Et cette chevalerie protectrice s'est engagée aujourd'hui dans la troisième révolution agricole, qui consiste à produire le plus écologiquement possible, avec les moyens les plus avancés possible. Si produire de la nourriture sûre, saine, abondante et abordable, c'est un métier qui demande de multiples compétences, agronomiques, financières, commerciales, les agriculteurs ne doivent plus seulement nourrir, ils doivent aussi protéger la nature, voire l'embellir. On leur assigne de nouvelles missions, soit en les transformant en jardiniers, décorateurs, défenseurs de la biodiversité, créateurs de paysages, soit en attendant d'eux qu'ils résolvent tous les problèmes sociétaux, en produisant une énergie verte et renouvelable, en fournissant ces produits dits biosourcés qui nous permettent de nous libérer des carburants fossiles, en piégeant ces gaz à effet de serre qui réchauffent la planète.

Tous ces défis, ils les relèvent avec brio, mais ces services environnementaux doivent être rémunérés à leur juste valeur.

16.

Alchimistes du vivant

Dans l'histoire de l'humanité, le métier essentiel, mais peu considéré, d'agriculteur n'a acquis que tout récemment ses lettres de noblesse. Précisément parce qu'il devenait de plus en plus précieux, avec la croissance démographique, l'explosion des villes, les attentes colossales des urbains, désormais non producteurs de nourriture, contrairement au monde de paysans d'hier, où bien peu de personnes vivaient en ville.

Produire de la nourriture est devenu si stratégique que les licornes de la nouvelle économie se sont jetées sur ce créneau, voulant inventer la nourriture de demain, tandis que les géants de la connaissance se ruaient sur l'acquisition de terres, ce bien non extensible et non délocalisable, puisque nous n'avons qu'une seule planète et que le temps où l'on produira de la nourriture dans l'espace n'est pas encore venu (même si certains y travaillent sérieusement, comme ces Chinois qui envisagent de coloniser la lune ou Elon Musk lorgnant sur Mars).

(La nourriture,
c'est le nerf de la guerre.)

Et, après un demi-siècle de progrès continu, qui a vu le nombre de malnutris passer du tiers de la population mondiale en 1960 à 10 % en 2019, les 3 C (Covid, Conflits, Crise climatique) ont remis les questions alimentaires au premier plan. Aujourd'hui, tout le monde s'en empare à sa façon, le vieux monde comme le nouveau monde. On nous parle insectes, viande cellulaire, algues nourricières, photosynthèse sans lumière... Il existe même, désormais, des imprimantes 3D alimentaires !

Mais toutes ces inventions présentées comme miraculeuses ne parviennent pas à rivaliser avec le repas le plus simple du monde, celui qui vient de la terre, du travail des hommes et des femmes. Face à la plus modeste des cuisinières – car ce sont encore très largement les femmes qui cuisinent, même si les « chefs » sont majoritairement masculins –, une imprimante 3D, même alimentaire, ne vaut rien. N'importe quel paysan a plus de savoir qu'elle. De même, que vaut la food tech, qui croit inventer l'alimentation de demain en déployant un maximum de moyens, financiers et techniques, de chimie pour reproduire (mal) le mets issu du travail humain ?

Comparée à l'éleveur, qui valorise la beauté et la biodiversité des prairies, la viande de synthèse n'est qu'une apologie de la tumeur cellulaire, factice, froide, effroyablement compliquée et coûteuse. Au robot, au labo, comment ne pas préférer la vache, la poule et la brebis ? Le marché des substituts à la viande montre d'ailleurs ses limites : il reste cantonné à quelques populations très spécifiques, aisées, engagées, qui font de leurs choix alimentaires un acte politique. Mais, quand le prix de la nourriture flambe, le nombre réel des « consom'acteurs » se révèle très limité.

Le burger végétal, la ferme verticale, les légumes et les champignons biologiques vendus dans les nouvelles halles des grandes villes du monde, où les jeunes, les bobos et les intellos adorent communier dans l'invention d'une nouvelle société, c'est d'abord de la high tech, du hors-sol. L'icône du petit paysan bio figure certes sur les étiquettes, mais le nouvel épicier et le restaurateur étoilé ne nourrissent qu'une élite ayant les moyens de vivre bien au cœur des nouveaux quartiers écologiques des villes, où l'entre-soi se cultive jusqu'à la ségrégation, comme le montre l'instauration de ces nouvelles zones dites à faible émission, qui, en interdisant les villes aux voitures des pauvres, seront d'abord et surtout des zones de forte exclusion.

Celui qui nous nourrit appartient à une chevalerie protectrice. Il détient la science la plus précieuse au monde, celle du vivant. Et il ne cesse de se remettre en question et de progresser pour répondre à la totalité de nos attentes : nous nourrir en toute sécurité de produits beaux, sains, abondants et peu chers, façonner et préserver ces paysages que nous aimons tant, en veillant à la santé des abeilles, des oiseaux, des sols, des arbres, capter, grâce à la photosynthèse, ces gaz à effet de serre qui accélèrent le changement climatique, stocker dans les sols le précieux carbone, mais aussi produire de l'énergie renouvelable et de la chimie verte, pour nous débarrasser de ces carburants fossiles qui ont exercé depuis un siècle une telle pression sur l'humanité.

> Le « biosourcé » est le nouveau graal.

Dans ce mot abscons, entendez ce qui est issu du végétal mais aussi de l'animal, et qui nous apporte aujourd'hui toutes les réponses aux enjeux du développement durable. C'est finalement un retour à l'histoire, quand le cheval, le bœuf, le cochon, le mouton, mais aussi le yack, le buffle, le dromadaire ou le lama assuraient la vie des communautés d'hier, par l'alimentation, le transport, les vêtements, l'énergie, le bât… Dans les campagnes, se réinvente le monde de demain, celui où l'on produisait local et naturel (aujourd'hui on dit « décarboné »).

Prenez ainsi un œuf, ce petit miracle de la nature, un litre de lait, un kilo de maïs, de blé, de betterave à sucre, de pommes de terre, ou bien encore un hectare de luzerne, de lin, de riz, ou un panier de pommes, et vous pouvez y puiser, grâce à l'ingéniosité sans cesse en mouvement de l'humanité, non seulement des produits alimentaires fondamentaux pour notre santé et notre espérance de vie, mais aussi de nouveaux plastiques végétaux qui n'engendrent ni déchets ni gaz à effet de serre grâce aux miracles de l'économie circulaire, des produits indispensables pour fabriquer les cosmétiques, les médicaments, les revêtements de demain… 1 500 utilisations pour un simple grain de maïs ! Pas seulement le pop-corn ou la tortilla, l'alimentation du cochon (100 kg de maïs permettent d'obtenir 60 kg de porc, 80 kg de volaille, ou bien 1 000 œufs), mais des gélifiants, des solvants, des peintures, des conservateurs comme l'isoglucose, des excipients pour les médicaments, des carburants, des sacs en plastiques végétaux, et toute une gamme de produits tellement inouïs que l'inventaire de Prévert occuperait un annuaire – si un tel objet existait encore. Quant au lait, cet élixir de vie, son « cracking » – terme emprunté à l'industrie pétrolière – permet d'obtenir les protéines les plus précieuses, pour nous nourrir bien sûr, sauver ces bébés que toutes les mères ne peuvent allaiter, mais aussi nous protéger du cancer, du diabète et même du Covid. Tout en fournissant des plastiques végétaux, ou cet ivoire de lait appelé galalithe, un polymère thermodurcissable.

La vache et la brebis, l'épi de maïs, le lin, la pomme, l'œuf, le lait, l'huître ou la betterave nous libèrent du fossile ! De chaque denrée d'origine végétale ou animale peuvent être tirés mille produits, richesse inépuisable du « biosourcé », qui ne cesse de s'agrandir au fil de nos connaissances.

Le paysan est un alchimiste du vivant, il transsubstantie la nature sauvage en de beaux fruits comestibles et nourriciers, des espèces sauvages, agressives et à l'espérance de vie limitée, en de braves bêtes domestiques, fournissant du lait en abondance, de la viande de qualité, des œufs toute l'année, et un nombre incalculable d'objets quotidiens, dont la liste s'allonge au fur et à mesure de nos recherches.

Depuis que je parcours le monde, je n'en finis pas de m'émerveiller devant les solutions innombrables que ceux qui nous nourrissent savent mettre en œuvre pour satisfaire tous nos besoins. Et de déplorer la suffisance et l'aplomb de ceux qui leur donnent des leçons, prêts à bannir le maïs pour le remplacer par du sorgho, sans savoir à quel point le maïs est la plante la plus généreuse du monde sur tous les plans, à supprimer l'élevage et la consommation de viande pour végétaliser le monde, sans se demander si toutes les steppes, les montagnes, les marécages, les mauvais sols peuvent accueillir des cultures, à accuser le pin maritime d'être responsable des incendies estivaux pour lui substituer des feuillus, sans comprendre qu'il a été l'or végétal d'une des terres les plus pauvres et insalubres du monde, ces marécages des Landes que les pèlerins en route pour Compostelle redoutaient de traverser, craignant autant la fièvre que le brigand, prêt à les détrousser pour lutter contre la pauvreté…

Tous ceux qui versent dans la saccharophobie, cette fameuse haine du sucre, ont oublié qu'il était hier si rare qu'on le vendait en pharmacie (dans *Madame Bovary*, le pharmacien Homais est très fier de mettre ses produits sucrés en vitrine !). Savent-ils seulement, tous ces contempteurs à la bouche devenue si sucrée qu'ils s'inventent des interdits, que le monde continue de manquer de sucre (et de lait, et de viande !), qu'une simple betterave apporte toutes les réponses à nos pénuries, non seulement de nourriture, mais aussi d'énergie, d'engrais, d'aliments pour les animaux ? Pulpe, vinasse, mélasse, bagasse, autant d'engrais et de biofertilisants pour les sols, tandis que l'éthanol fait rouler les voitures sans concurrencer les usages alimentaires, et que le gel hydroalcoolique nous a épargné bien des contaminations lors des grandes vagues de la pandémie de Covid.

Tous issus du monde agricole !

> Oui, je n'en finis pas de m'émerveiller de toutes solutions que les paysans tiennent entre leurs mains.

Il m'a fallu, pour mesurer l'ampleur de mon ignorance, les rencontrer, les écouter, ces professionnels de la nature cultivée, dont la technicité du métier et le savoir sont tels qu'ils n'arrivent même plus à le communiquer aux donneurs de leçons, ceux qui vivent dans les villes et osent désormais toiser la campagne comme si elle se résumait à un cul-de-sac d'arriérés ignorants. C'est l'éternelle histoire du rat des villes et du rat des champs, cette incompréhension mutuelle entre deux univers qui dépendent pourtant l'un de l'autre.

17.

Frère Pou ?

En 2017, éclate le « scandale du fipronil » : des élevages bio du nord de l'Europe auraient osé utiliser une substance interdite en élevage pour débarrasser leurs volailles de poux rouges proliférants qui leur causent de lourds problèmes sanitaires. Les Français ont-ils été exposés à des œufs « contaminés » ? Abomination ! Toutes les structures opportunistes se jettent sur ce nouvel os à ronger, qui leur permet une fois de plus d'occuper le terrain médiatique en jetant l'opprobre sur les paysans.

Pourtant, nos chers animaux domestiques se voient régulièrement administrés entre les épaules des pipettes de ce fipronil que les éleveurs n'ont pas le droit d'utiliser. On peut caresser le petit chien tout juste traité, mais il faut laisser le poulailler se faire infester, de peur que l'œuf ne porte une trace infinitésimale de cet insecticide, que les enfants avalent en enlaçant Médor !

Quant aux têtes de nos enfants, elles sont débarrassées à grands coups de produits chimiques de ces terribles poux, qui diffusaient le typhus dans les tranchées. Taïaut contre les ennemis de nos chérubins !

Pourquoi, lorsqu'ils sont confrontés aux mêmes soucis que les paysans, les citadins n'hésitent-ils pas une seconde à adopter les mesures radicales qu'ils dénient aux campagnes ? Face aux rongeurs qui prolifèrent en ville, les campagnes d'éradication sont menées sabre au clair (ou plutôt poison à foison) ! Face aux tiques et aux puces, les animaux de compagnie ont droit à des substances interdites en élevage.

Les paysans appellent-ils alors les citadins à pactiser avec Frère pou ? Ou Frère rat, qui prolifère à Paris – comme le souhaitent d'ailleurs certains élus écologistes parisiens ? On ose pourtant appeler les bergers à pactiser avec « Frère loup », ce loup qui a fait son retour en force et massacre désormais en meutes brebis, chèvres, veaux et même poulains nouveau-nés, de plus en plus présent dans des territoires péri-urbains comme en Provence, et gagnant petit à petit toute l'Europe, menaçant le pastoralisme des Cévennes, pourtant inscrit au Patrimoine mondial de l'Unesco ?

De qui se moque-t-on ? Les exhortations à vivre avec le loup, accompagnées de négations pures et simples de son rôle meurtrier et terrifiant dans l'histoire des campagnes du monde, se multiplient, comme si le risque de déprise massive des campagnes et le découragement des éleveurs ne méritaient pas d'être entendus, alors que le recul pastoral engendre le retour de la friche, de l'embroussaillement, donc de l'incendie.

Les poulaillers de plein air, en plus de la grippe aviaire et de toute la pression parasitaire à laquelle sont exposées les volailles (ce qui oblige à les confiner en cas de menace), doivent subir la prédation de multiples agresseurs qui viennent du ciel, comme les buses, ou de la terre, comme les belettes et les renards. Plus stressées, toujours en train de se déplacer, les poules mangent plus, mais pondent moins. Les dominantes se chargent de régler leur compte aux dominées, c'est le picage.

Tout va bien si nous avons les moyens de regarder les poules comme nos nouveaux animaux de compagnie. Mais ce n'est pas le cas : la faim est là, et le loup, le renard et la belette vident les assiettes. D'ailleurs les campagnes d'adoption enthousiastes visant à donner une nouvelle famille aux poules pondeuses réformées ont rapidement trouvé leurs limites : aux adoptions ont succédé des abandons massifs (ou des poules au pot). Comment placer des millions de poules ?

Et quand un agriculteur veut implanter un élevage en plein air, même bio, il faut voir la levée de boucliers qu'il rencontre, les plaintes en mairie, les attaques en justice !

Combien d'urbains dans leur résidence secondaire, choisie pour la beauté des paysages qui l'entourent, lavande en Provence, tournesol dans le centre, ou le beau bocage arboré et fleuri des prairies normandes, hauts lieux d'élevage, critiquent les paysans qui les entourent parce qu'ils traitent leurs champs, tout en gorgeant leur piscine de chlore et d'anti-algue ? Ces piscines, dont, avec 3 millions d'unités, la France détient le record mondial par habitant… alors que le paysan se voit, lui, dénier le droit à une retenue de substitution, pour stocker en hiver l'eau dont il va manquer en été, en la qualifiant d'un méprisant « mégabassine » ?

Pourquoi les éleveurs n'auraient-ils pas le droit – et le devoir, car notre santé en dépend – de protéger leurs bêtes contre les épizooties, alors que Minet et Médor sont aspergés, au nom de la lutte contre puces, tiques et autres parasites, de substances bannies des étables et des poulaillers ? Pourquoi les châteaux et les parcs obtiennent-ils des dérogations pour lutter chimiquement contre la pyrale du buis, alors que les maïsiculteurs se sont fait traiter de tous les noms quand ils ont prétendu se défendre contre la pyrale du maïs, avec des méthodes qui sont désormais considérées comme écologiques ? On vend aujourd'hui dans les jardineries des produits de lutte Bt en les présentant comme bons pour la nature, alors que le maïs Bt a été interdit ! Ce double standard, les paysans ne le supportent pas.

> Jamais les fractures territoriales et sociales, jamais le racisme de classe ne se sont aussi bien portés.

Il est urgent de permettre aux agriculteurs de travailler sereinement. La tâche est difficile, car la ville ne connaît pas la réalité de leur métier, sa complexité et la technicité qu'il suppose. Il existe ainsi un double standard assez ahurissant entre ce que les citadins s'autorisent pour eux-mêmes et ce qu'ils imposent aux paysans qui pourtant les nourrissent. Il faudrait que l'agriculteur désherbe à la main, puisque les herbicides sont désormais regardés comme des poisons, qu'il ne « traite » pas ses champs et ses bêtes, qu'il préserve les animaux sauvages qui viennent lui voler le fruit de son travail au nom d'une vision édénique de la biodiversité. Soit.

Ce sont pourtant les paysans qui tiennent le monde. Ceux qui cultivent la terre et élèvent les bêtes sont les plus admirables et les plus méconnus des chevaliers de notre prospérité. Mais l'époque est à leur mise en accusation.

> Quand on n'a plus peur
> de manquer, on mord
> la main qui vous nourrit.

À écouter certains médias, certains prophètes autoproclamés d'une vie régénérée en harmonie avec la Nature, les agriculteurs seraient responsables de tous les maux qui accablent cette planète, la pollution, les poisons, l'épuisement du vivant.

Le discours perché des privilégiés sur le retour nécessaire à une humanité vivant modestement, des jardiniers vivant sobrement au cœur de petits lopins cultivés avec amour, prétendument reconnectés à une nature prodigue qui pourvoirait miraculeusement à leurs besoins, occupe des livres et des livres. Couper des forêts pour exalter leurs bienfaits et appeler à revenir s'y lover en câlinant les arbres est devenu le meilleur investissement pour qui rêve de reconnaissance et de succès.

Les recettes sont innombrables et toutes aussi déconnectées des réalités (qui se nomment pénibilité, précarité, pression parasitaire, pauvreté). Prenons la même lettre initiale, pour la décliner en cette permaculture tant vantée, qui fait beaucoup mieux vivre ceux qui la promeuvent à longueur d'ouvrages inspirés que ceux qui tentent de s'y adonner concrètement.

Pourtant, confondre philosophie et agronomie, idéologie et réalisme mène tout droit à la famine. Peu importe à ceux qui conspuent à longueur de temps l'agriculture performante pour promouvoir de micro-modèles, en les prétendant généralisables et universels : ce ne sont jamais eux qui souffrent des conséquences de leurs grandes envolées lyriques et indignées contre les prétendus pollueurs. Les conseilleurs ne sont jamais les payeurs. Ceux qui préconisent la toute petite agriculture n'en subissent pas concrètement les conséquences : une nourriture qui devient rare, chère, alors que ceux qui souffrent de la faim sont ceux qui n'ont pas les moyens de l'acheter.

Le prix, le prix, le prix. Partout dans le monde, la question du pouvoir d'achat est redevenue lancinante. Plus l'offre est abondante, plus les prix baissent. Au contraire, la loi dite de King nous enseigne que toute variation même minime de la production agricole entraîne une flambée disproportionnée des prix. Parce que la peur de manquer incite à faire des achats de précaution (la moitié des stocks mondiaux de céréales se trouve ainsi en Chine). Parce que les pays exportateurs cessent d'exporter pour réserver leur production à leur marché intérieur. Parce que la spéculation aggrave les tensions dans ce monde financiarisé.

On peut dire qu'il faut donc revenir au local. Mais les grandes villes du Sud et les pays structurellement déficitaires ont besoin des quelque

500 millions de tonnes de céréales exportées sur les marchés mondiaux.

> Le prix de la nourriture
> conditionne la paix sociale.

Quand elle augmente, quand elle manque, c'est la révolution.

Partout, il faut des agricultures performantes, ce qui n'exclut nullement d'autres formes de production agricole, à condition de ne pas les présenter comme la panacée devant être généralisée, voire imposée. Je ne supporte plus d'entendre le terme d'agriculture « productiviste », forcément péjoratif, alors qu'il s'agit juste de nourrir le plus grand nombre de la façon la plus sûre et au plus bas prix possible. Tout en faisant vivre décemment celui qui la fournit.

18.

Mortelles courgettes

Être paysan, c'est rendre des comptes. Toujours. Ses biens – la nature, désormais vénérée – et ses pratiques sont scrutés en permanence. Ses méthodes, critiquées, parce que le rat des villes se croit toujours beaucoup plus intelligent que le rat des champs, même s'il reconnaît, avec une certaine condescendance toutefois, l'existence d'un « bon sens paysan ». Mais il existe aussi un racisme de classe qui pousse le rat des villes à donner des leçons de nature au paysan, pris pour un bouseux, voire un pollueur irresponsable.

Pire encore : à cause de ce mépris fondamental pour celui qui nous nourrit, payer le juste prix pour cette nourriture que le paysan nous procure a toujours été contesté.

Dans les pays pauvres, où ils continuent de former la majorité de la population, et comptent souvent parmi les plus pauvres, on les surveille, on s'en méfie, on les jalouse. Dans les pays riches, quand l'agriculture est prospère, celui qui en fait profession n'est pas mieux traité. Parce que l'agriculteur a accès à ce qui compte le plus, la nourriture, mais aussi la terre, et que la permanence de ce vieux racisme de classe fait que son enrichissement dérange, payer correctement celui qui nous nourrit est difficile à faire accepter socialement. Comme si la nourriture ne devait rien valoir, puisqu'elle est vitale. Une sorte de service public dont il faudrait bénéficier automatiquement sans en payer le prix.

Quant aux paysans qui vivent bien, s'habillent avec de beaux costumes, roulent dans de belles voitures, ils suscitent la suspicion, voire la colère : ce sont forcément des profiteurs. Des chasseurs de primes et de subventions qui s'enrichiraient sur le dos du bon peuple. C'est ainsi que les journaux, qui bénéficient pourtant d'aides publiques conséquentes, adorent s'en prendre aux aides de la Politique agricole commune.

Informer, enseigner, soigner, nourrir, il est normal que l'État mette la main au portefeuille. Dans nos États providence, sa mission n'est pas seulement régalienne. Mais que la culture, largement subventionnée pour continuer d'exister, vilipende le paysan, accusé de recevoir de l'aide pour nous nourrir à prix abordable, c'est un scandale. Une place de théâtre à la place de cent baguettes de pain ? Non ! Le théâtre et le pain ! Mais que les comédiens nous épargnent leur promotion perpétuelle du « petit » producteur, celui qui s'échine à travailler la terre en regardant passer leurs carrosses en grand équipage.

Nous marchons sur la tête. Il existe même aujourd'hui tout un courant de pensée qui dénonce les méfaits de l'agriculture, présentée comme la source de tous les maux de l'humanité depuis son apparition au néolithique : domination des femmes, inégalités sociales, violence, malnutrition, destruction de la planète… Si le monde en était resté aux chasseurs-cueilleurs d'hier, prétendument égalitaires, pacifiques, bien nourris, heureux, humanité préadamique qu'il n'aurait jamais fallu quitter, tout irait bien, nous assène-t-on. Le drame serait venu de ce que les hommes aient voulu cultiver la terre. L'agriculture serait donc à l'origine des désastres de l'humanité, et d'abord du « dérèglement climatique », qui aurait commencé avec les premières houes, les premiers grains semés dans les sillons.

Comment peut-on, par idéologie ou par cécité, proférer de telles inepties ? Les chasseurs-cueilleurs d'hier, comme ceux de maintenant d'ailleurs, vivaient dans la plus grande précarité. Peu de tribus nomades tirent leur épingle du jeu dans le monde d'aujourd'hui, même si certains écrivains ont bâti leur fonds de commerce sur leur prétendue liberté – en se souciant généralement très peu du sort des femmes et des enfants. L'apologie des grands espaces et de la nature sauvage fait recette auprès de ceux qui peuvent venir s'y ressourcer (« s'y reconnecter ») pendant une durée limitée, assurés de bénéficier d'un rapatriement express au moindre pépin.

En se sédentarisant grâce à l'agriculture, les hommes ne dépendaient plus d'une ressource fluctuante, dangereuse, incompatible avec la croissance démographique. Plus vous vous accroissez sur un territoire où vous ne faites que prélever, plus sa capacité de charge se réduit. Soit vous migrez, soit vous mourez de faim, soit vous changez vos techniques pour permettre d'accroître la capacité de charge de ce territoire sans le dégrader. L'agriculture et la paix, plutôt que la faim et la mort, le choix paraît évident : dans l'histoire de l'humanité, les migrations guerrières étaient toujours dictées par le dessein de conquérir de nouvelles terres, y compris en volant à d'autres leurs biens, les massacrant au passage pour réduire le nombre de bouches à nourrir. Attila, la terre brûlée, la technique est documentée. Au Darfour il y a moins d'une décennie, les Janjawids soutenus par Khartoum empoisonnaient les puits et détruisaient les récoltes pour chasser ceux dont ils convoitaient les territoires. En Syrie, dans l'est du Congo, en Centrafrique, au Mali, la guerre pour les ressources n'a pas cessé.

Cultiver la terre pour en tirer des fruits plus abondants que ce que l'on obtient par simple prélèvement, élever des animaux au lieu de les chasser dans la nature, c'est le moyen le plus intelligent d'accroître sans guerre le nombre des hommes. Même si la croissance démographique est en réalité un souci majeur pour ceux qui détestent l'humanité, ne voyant dans l'humain qu'une espèce invasive, proliférante et destructrice. Aménager la nature, stocker la nourriture par la création de greniers et d'entrepôts, former une police pour protéger les stocks de la convoitise des pilleurs (ceux qui ne possèdent pas le savoir agricole), a été le fondement de la naissance des villes. À l'origine de toute ville, de ce rassemblement des hommes créateur d'innovations et d'urbanité, il y a l'armée pacifique des producteurs de nourriture, qui permet de créer des biens à échanger, des marchés, des lieux de sociabilité. La ville se nourrit de la campagne et la campagne permet l'éclosion des villes, qui la font vivre en retour.

Comment en sommes-nous arrivés à considérer que l'agriculture est toujours coupable ?

Parce que les paysans ont si bien réussi leur affaire que les villes sont devenues de plus en plus grosses, de plus en plus avides, et que tous ces urbains, nourris en toute sécurité grâce aux campagnes qui les entourent, grâce aux formidables progrès qu'elles ont réalisés, en viennent à remettre en question l'existence même de la ruralité, qui ne serait pour eux qu'un gaspillage d'espace, une concurrence déloyale à la nature sauvage, forcément préférable.

Pourquoi, se disent-il, des champs et des prairies, alors que, dans un monde parfait, des villes high-tech pourraient côtoyer des forêts naturelles, associant ainsi la culture et la nature en parfaite harmonie ? N'est-ce pas ce que préconisent ceux qui voudraient mettre sous cloche le tiers des terres émergées, au nom de la sanctuarisation de la biodiversité sauvage, et chassent le paysan et l'éleveur des terres où ils ont toujours vécu, prétendant « renaturer », ensauvager en le rendant à la nature ce que l'espèce nuisible qu'est l'homme lui aurait dérobé ?

Mais deux tiers des êtres humains vivront en ville dans trente ans (ils sont déjà plus de la moitié). Qui les nourrira, sinon ceux qui sont capables de produire beaucoup en respectant la nature ? Utiliser de la façon la plus intelligente et optimale les terres cultivées permet au contraire de respecter les forêts, les marais, tout ce que nous jugeons utile de préserver. Les grandes cultures occupent près d'un milliard d'hectares et nourrissent l'humanité. C'est une plaisanterie que de vouloir transformer en jardin foisonnant un champ de maïs ou de blé. Ou alors on revient à l'agriculture traditionnelle des champs africains, défrichés par le brûlis, grand émetteur de gaz à effet de serre, et où cohabitent en effet les plantes utiles, dans une stratégie de minimisation des risques plutôt que de maximisation des rendements.

Mais les villes africaines se nourrissent en important leurs denrées de l'étranger, et les paysans africains vivent précairement, voire meurent de faim.

L'agroécologie moderne, pourquoi pas, à condition de ne pas renvoyer le paysan à la pénibilité. Pour cela, il faut des machines high tech, intelligentes, autonomes, avec des capteurs intégrés, pour sélectionner les plantes utiles à collecter, les ravageurs à éliminer, les plantes toxiques à arracher. Ça demande des moyens, de gros moyens, et ça passe par un préalable : rendre à celui qui nous nourrit sa dignité. Reconnaître sa compétence, respecter son travail, et le rémunérer dignement.

« Land sharing » versus « land saving », le débat date d'une dizaine d'années maintenant : dans le premier cas, le partage, l'agriculture est extensive, elle associe les espèces, réintroduit le sauvage… et produit peu, consommant beaucoup d'espace (et supposant une main-d'œuvre abondante pour s'y consacrer) ; dans le second, l'agriculture performante et intensive économise l'espace et permet la persistance de milieux non cultivés, récréatifs, « sauvages », mais c'est au prix d'une uniformisation de chaque parcelle (ce qui n'empêche pas la diversité des parcelles).

Parce que nous ne vivons plus dans des communautés agraires, mais dans des villes, le land saving a toute sa légitimité. L'idée que les gens vont retourner massivement vivre à la campagne ne correspond pas à la réalité : oui, le péri-urbain s'étale, mais les déserts ruraux s'accroissent en France, et on y vit de plus en plus mal.

Pourtant, le land sharing, par l'agroécologie et l'agroforesterie, est aujourd'hui brandi comme le nouveau graal. Pourquoi pas ? Ils ont toute leur place, particulièrement dans les milieux difficiles, pentus, marécageux, peu fertiles, dont il faut préserver les paysages et la biodiversité par une utilisation légère. À condition de trouver des volontaires prêts à y vivre à l'année, loin des services médicaux, avec des réseaux internet faibles, voire inexistants, et beaucoup d'isolement (la soirée au théâtre n'est pas envisageable).

Mais il ne faut pas oublier que pour nourrir les presque 10 milliards d'humains de 2050, il faudra produire 3,4 milliards de tonnes de céréales (contre 2,7 aujourd'hui). Peut-on sérieusement penser qu'en mélangeant le maïs ou le blé aux arbres et au délicieux fouillis du jardin agroécologique, la performance pourra être relevée ? Disqualifier la performance pour prôner l'extensif, est-ce une idée à généraliser alors que les besoins ne cessent de s'accroître ? C'est au contraire quand l'agriculture est peu productive, extensive, minière, comme en Amazonie, qu'on saccage en poussant toujours plus avant le défrichement pour compenser l'épuisement des sols, que les atteintes à l'environnement sont les plus poussées.

Pour préserver ses cultures et pouvoir en permettre la transformation par l'industrie agro-alimentaire, un agriculteur « conventionnel » veille à l'homogénéité de son champ. Il choisit soigneusement la variété cultivée (et contrairement au discours qui déplore l'uniformisation, il n'y a jamais eu autant de variétés disponibles, 3 000 pour le seul maïs en France !), il veille à combattre les infestations par des actions toujours mesurées, et il met tout en œuvre pour préserver notre santé. Lui préférer les systèmes alternatifs où tout est mélangé méconnaît les problèmes de valorisation des récoltes, qu'il faudra aller sélectionner par la cueillette au milieu d'une parcelle envahie de végétation, y compris, d'ailleurs, de ces mauvaises herbes qu'on appelle des adventices, et qui peuvent être toxiques, voire mortelles, comme le datura ou les mycotoxines. Les problèmes de pollinisation croisée conduisent par exemple des cucurbitacées domestiques, telles que courges, courgettes, potirons, potimarrons et autres légumes d'antan, redevenus à la mode, soit pour des raisons de distinction sociale (manger différemment en réhabilitant les légumes anciens), soit par la renaissance de jardins ouvriers boboïsés, à développer des substances hautement toxiques après s'être hybridées avec des espèces sauvages non comestibles.

> Finir aux urgences pour avoir mangé une courgette, ça redevient une réalité en France !

Il ne faut pas s'engouffrer aveuglément dans la promotion des potagers familiaux, des néo-maraîchers bios et des cuisiniers bobos : masquer le goût amer d'une courgette par de la béchamel, ça peut être mortel.

19.

Mourir de faim, le grand danger de l'humanité

« La nature reprend ses droits », cette formule tant entendue pendant les confinements, avec les reportages sur les canards envahissant Paris, les renards, les sangliers et les rats occupant les villes en toute tranquillité, le chant des oiseaux libérés des bruits urbains… certes.

Mais les refuges se sont remplis d'animaux abandonnés. Parce que leurs propriétaires ne pouvaient plus les nourrir. Parce qu'ils redoutaient de les voir héberger le coronavirus. À Dubaï, des abandons en masse de chiens et de chats, errant dans les rues, affamés. En Thaïlande, les quelque 4 000 éléphants des parcs à touristes mourant eux aussi de faim, les singes envahissant les villes indiennes, agressifs, voraces, faute de trouver leur pitance. Les pumas et les ours en quête de nourriture dans l'Ouest américain. Les chevaux morts de faim dans les villes touristiques du Bangladesh, parce que les guides touristiques ne pouvaient plus les nourrir, devant choisir entre la survie de leurs enfants et celle des montures de touristes désormais absents.

Dans les cliniques vétérinaires, le manque de personnel a conduit à euthanasier beaucoup d'animaux malades : le confinement empêchant les assistantes de soigner les animaux devant subir une intervention chirurgicale, ils ont été condamnés.

La nature a effectivement repris ses droits.

La ruralité, travailler la terre, dégager la forêt, planter des denrées et élever des bêtes, lutter contre les espèces invasives et la pression parasitaire, utiliser des machines, des voitures, est devenue l'ennemie de la ville parfaite, où l'on roule à vélo, achète bio, encensant une nature fantasmée qui n'existe que dans des parcs d'attractions. La disneylandisation du monde contre le paysan, le loup gentil, l'arbre bienfaiteur que l'on câline en l'enlaçant, les coléoptères que l'on célèbre, en oubliant que nos grands-parents, enfants, devaient impérativement faire la chasse au doryphore dans les champs de pommes de terre sous peine de ne pouvoir manger… Qui connaît le redoutable balanin, licorne des coléoptères ? Foreur de coquilles face auquel il n'existe nulle parade, il menace aujourd'hui la filière noisettes et celle des châtaignes. Que devient l'Ardèche sans châtaigniers ? Les marrons glacés de nos fêtes ? La célèbre pâte à tartiner, sans ses fameuses noisettes ?

Déplorer l'effondrement des insectes, c'est oublier à quel point certains d'entre eux nuisent à l'humanité. À commencer par le moustique, auquel Erik Orsenna a consacré son quatrième « précis de mondialisation » en 2017[1]. Sa prolifération entraîne

1. Erik Orsenna, Isabelle de Saint-Aubin, *Géopolitique du moustique*, Fayard, 2017.

aujourd'hui des cas de dengue sur le territoire métropolitain français. Demain, le retour du paludisme, dans des territoires où on a eu tant de mal à faire disparaître cette fameuse fièvre des marais ? « En Camargue, tout le monde grelotte, tout le monde a la fièvre », notait Alphonse Daudet à la fin du XIXe siècle. Aujourd'hui les moustiques se multiplient dans le delta du Rhône et découragent les vacanciers, mais les organisations environnementales refusent d'intervenir, comme si cette terre prétendument naturelle pouvait être abandonnée à une nature si peu attrayante, alors qu'on démoustique à grands coups de deltaméthrine tout le sud de la France pour combattre le redoutable moustique-tigre : sans touristes, la Provence se meurt.

Les accusations et les interdictions se multiplient dans les campagnes. Il faudrait ne plus utiliser de produits de traitements, sanctuariser les territoires au nom de la renaturation, défricher la terre avec ses mains, sa pioche et se casser le dos, au lieu d'utiliser les produits et les machines que nul ne pense à s'interdire dans les autres secteurs de l'économie. Racisme de classe, et surtout méconnaissance des réalités les plus fondamentales :

> nulle ville ne peut
> se nourrir sans le secours
> des campagnes du monde.

Avec la mondialisation, qui universalise les pratiques alimentaires, les préoccupations écologiques, qui viennent percuter la fonction productive, l'acte de nourrir est devenu de plus en plus compliqué. Et convoité. Et aujourd'hui, il n'est plus seulement assuré par les paysans, ces fils et ces filles de la terre. D'autres acteurs ont pris la relève, inventant de nouvelles formes de production de nourriture qui rompent le lien historique avec les campagnes : le hors-sol, la chimie cellulaire, des machines de plus en plus autonomes, et même la quête de mondes non terrestres susceptibles de prendre la relève sont invoqués pour guérir une planète perçue comme malade.

Ces évolutions posent une question essentielle : une agriculture sans paysans est-elle concevable ? Le lien entre la ruralité et le nourricier est-il rompu ?

Ainsi l'extension des aires naturelles protégées, souvent délimitées en excluant les cultivateurs et les éleveurs, accusés de ruiner la nature alors qu'ils sont à l'origine des arbres utiles, des prairies fleuries, des champs et des vignes bien ordonnés, tous ces paysages que nous trouvons si beaux, nous interroge sur ce que sera demain l'acte de nourrir ses concitoyens. Produire pour nourrir reste-t-il toujours une priorité ?

Légitimement pourtant, les agriculteurs s'interrogent : notre mission est-elle toujours nourricière ? Et si oui, comment l'assurer en respectant toutes les autres attentes dont nous sommes l'objet ? Pouvons-nous tout concilier ? Et surtout, pouvons-nous vivre dignement en rendant tous ces services environnementaux qui forment autant de contraintes à l'exercice de notre activité productive ?

Élever des bêtes, au lieu de les chasser et d'accroître les prélèvements sur la nature, travailler la terre, en tirer des fruits, les transformer pour donner de la vie et du plaisir, sublimant le raisin par le vin, le lait par les fromages, le blé par le pain, toutes les productions par la gastronomie, faire que les productions sauvages, souvent limitées, parfois toxiques, deviennent des nourritures sûres et suffisantes, par un acte de sélection et d'amélioration qui ne cesse d'évoluer au fil des siècles, c'est une mission vitale. Et qui ne se résume pas à une fonction nourricière : parce qu'il est aux prises avec le vivant, parce qu'il sublime la nature (ou qu'il la saccage, parfois, dans des logiques de survie, comme ces brûlis en Amazonie) pour qu'elle se mette à son service, l'agriculteur occupe une place fondamentale dans la société. Une place qui n'est pas reconnue à sa juste valeur.

Peut-être justement parce que l'acte de nourrir est si essentiel, ceux qui en font mission ne peuvent jamais travailler en toute liberté, en toute sérénité. « Tous les préjugés viennent des intestins » écrivait Nietzsche, dans *Ecce Homo* (1908), et il appelait à une nourriture saine, déjà ! Pourtant, la faim régnait alors en maître dans le monde. Un tiers de la population mondiale en souffrait encore en 1960, et nous n'étions alors que 3 milliards sur la terre. Aujourd'hui, la nourriture abonde, même si certains d'entre eux n'ont toujours pas les moyens de se la payer. La pandémie et les conflits ont entraîné près de 300 millions d'affamés supplémentaires.

Deux questions essentielles se posent : d'abord, la nourriture sera-t-elle toujours suffisante pour nourrir tout le monde, alors que l'humanité compte désormais 8 milliards d'êtres humains ? Ensuite, qui aura les moyens de se la procurer ?

En Inde, immense producteur de nourriture, on meurt de faim à côté d'entrepôts pleins. Les affamés sont toujours des non-consommateurs, et la production de nourriture s'adapte à la demande solvable, celle de ceux qui peuvent payer. Si vous supprimez par exemple les débouchés céréaliers fournis par l'élevage (les animaux consomment environ 40 % des céréales produites), vous ne disposerez pas de plus de nourriture : elle cessera d'être produite faute de débouchés. Les affamés ne s'en porteront pas mieux… d'autant qu'ils compteront 2 milliards de bouches en plus, tous les éleveurs, les pasteurs, les nomades qui vivent dans des milieux difficiles, où seul l'élevage permet de valoriser des terres impropres à la culture en fournissant des protéines animales de premier choix, mais aussi de l'énergie, du cuir, de l'engrais. La beauté du héron pique-bœuf perché sur le dos du taureau camarguais ou du buffle thaïlandais, entouré d'une nuée d'insectes qui font le bonheur des mésanges, c'est un raccourci saisissant des atouts de l'élevage pour permettre que les territoires restent vivants.

(Oui, il ne faut pas opposer agriculture et élevage.)

Ils sont complémentaires, parce que la terre associe de bonnes terres cultivables à des steppes, des montagnes, des semi-déserts, où seul celui qui vit avec et de l'animal peut subsister, parce que la protéine animale est irremplaçable, parce que l'agriculture biologique ne peut se passer d'engrais organiques –, mais se demander comment tout concilier pour que notre planète reste vivante et accueillante pour l'humanité.

Or la nourriture est devenue conflictuelle. Il y a ceux qui n'en ont pas, soit parce qu'ils vivent dans des milieux trop difficiles pour en trouver, soit parce qu'ils sont trop pauvres pour se la procurer, quand bien même elle abonde. Mais il y a aussi ceux qui en ont tellement qu'ils ont oublié à quel point pouvoir se nourrir sans souci est une victoire pour l'humanité. Ne pas manger certains aliments est devenu, pour certains d'entre nous, souvent les plus aisés, une véritable hantise, qui porte un nom : l'orthorexie, que les Québécois définissent comme un comportement névrotique caractérisé par l'obsession d'une alimentation saine.

Entre la segmentation des régimes alimentaires (sans gluten, sans lactose, sans viande, sans produits d'origine animale, bio, locale, en circuit court…), particulièrement marquée au sein des populations urbaines, éduquées et à pouvoir d'achat élevé, et les peurs de citoyens tisonnés par les médias et des organisations sentinelles, qui les rendent obsédés, désormais, par la question des pollutions chimiques, tout en oubliant le danger des contaminations bactériologiques d'hier, produire de la nourriture en répondant à la fois aux attentes des marchés et à des normes de plus en plus exigeantes, est devenu de plus en plus compliqué.

Et pris en étau au cœur de ces attentes contradictoires, il y a le paysan.

20.

Le grand basculement alimentaire

Enfants gâtés de la croissance, nous avions cru que la faim était vaincue. C'était très égoïste de notre part puisqu'une partie du monde continuait de crever à petit feu, faute de pouvoir se remplir l'estomac au quotidien.

Et puis, le réel est venu cruellement bousculer notre confort. La faim, ce n'était pas le passé. Et au lieu de nous demander en permanence quoi ne pas manger, faisant de plus en plus les difficiles devant nos supermarchés remplis, nous devions revenir au principe de réalité :

se nourrir
quotidiennement
et en toute
sécurité
pouvait redevenir
un problème.

Un énorme problème.

Incroyable : des rayons vides ! Dès les premiers confinements, en mars 2020, les pénuries ont commencé.

Partout, les gens se précipitaient pour remplir leurs chariots, de pâtes, d'huile, de farine... au point qu'il fallait imposer des quotas, rationner : pas plus de deux paquets de riz ! Une seule boîte d'œufs !

Dès qu'il a été question de manquer, les vieux réflexes sont revenus à toute vitesse : stocker, faire des provisions, remplir les placards. Comme on pouvait s'y attendre, ces achats de précaution ont vidé un peu plus les rayons des supermarchés, aggravant la peur de manquer.

Pourtant, les agriculteurs n'ont jamais cessé de travailler, eux. Alors que les pays riches se mettaient en pause, confinant leur population active pour bloquer la contagion pandémique, stoppant l'économie, les transports, les écoles, assignant à domicile des populations entières au nom de la guerre sanitaire, les paysans continuaient de produire, de transformer, d'acheminer.

Et heureusement ! S'ils s'étaient arrêtés eux aussi, c'était la famine assurée. Les interminables queues devant des magasins vides, comme pendant les guerres, comme à Cuba ou en URSS pendant la guerre froide, comme... dans une grande partie du monde en réalité.

« Nous préférons le virus à la faim ! », voilà les cris qui se sont élevés partout dans les villes des pays pauvres, ces immenses mégalopoles où des masses miséreuses tentent de survivre en consacrant une grande part de leur maigre budget à nourrir leur famille. Pour les habitants des bidonvilles indiens, nigérians, équatoriens, la pandémie a été un choc terrible. Non pas sanitaire, même si les morts ont été nombreux, et souvent sous-estimés faute d'enregistrement statistique, de tests et de traitements. Mais économique, social : d'un seul coup, les villes se mettaient en pause, tout s'arrêtait.

Les autorités allaient jusqu'à cadenasser les quartiers pauvres pour empêcher les gens de retourner dans les campagnes, comme elles continuent de le faire en Chine deux ans après l'apparition de la pandémie, causant la colère de citadins qui remettent en question la violence des confinements.

Les activités informelles qui assurent la survie des habitants des bidonvilles étaient brutalement stoppées, ce va-et-vient permanent entre les villages et la grande ville, qui permet aux familles pauvres de garantir leur sécurité alimentaire en échangeant avec ceux qui sont restés au pays. Plus de petits marchés, des villes entières bouclées, plus de mendicité, plus d'organisations humanitaires. L'enfer. « Nous préférons le virus à la faim ! » Laissez-nous travailler, gagner notre pain, nourrir nos enfants, sinon nous allons mourir à petit feu, certes sans tousser ni nous étouffer, mais en perdant inexorablement nos forces vives, faute de pouvoir nous nourrir quotidiennement.

Au-delà des dizaines de millions de morts que la pandémie de Covid a suscitées dans le monde, la faim, ce tueur silencieux et implacable, a fait son grand retour. 300 millions de personnes supplémentaires sont venues s'ajouter aux quelque 750 millions qui vivaient déjà dans l'insécurité alimentaire. Et des famines terribles, méconnues. Privées du secours des ONG, les populations victimes de la guerre, au

Yémen, en Syrie, au nord du Nigeria, en Somalie, sont mortes massivement.

Mais ce génocide silencieux est passé à travers nos écrans : nous ne parlions que de notre guerre à nous, contre la maladie. De ces personnes âgées qui mouraient massivement, faute de respirateurs et de traitements, de ces personnes à risques, que le virus tuait en quelques jours, des milliers de personnes en réanimation, des transferts spectaculaires de malades intubés en avion, et puis de l'hélicoptère monétaire des pays riches pour compenser les pertes de revenus, cette distribution massive d'argent dans les économies développées qui allait préparer le grand retour de l'inflation et une crise mondiale.

Mais nous ne le savions pas encore. Le virus avait envahi toute l'actualité et occulté la marche terrible du monde, où les guerres, la faim, mais aussi les autres maladies n'avaient pas désarmé. Combien d'enfants morts de n'avoir été vaccinés contre les principales maladies infantiles, combien de petites filles déscolarisées et précocement mariées, parce que leurs familles ne pouvaient plus s'en occuper... Combien de cancers non détectés et non soignés, d'AVC et de crises cardiaques non pris en charge à temps, de personnes âgées mourant solitaires dans des maisons de retraite transformées en prisons, au motif bien dérisoire de protéger nos aînés...

Les paysans, eux, continuaient de travailler. Parce que quand on a des bêtes, il ne faut jamais s'arrêter. Alors que dans tous les marchés vivants bouclés en Chine, des milliers de bêtes sont mortes lentement de faim, parce qu'on faisait la guerre au pangolin, les éleveurs, eux, ont continué de nourrir leurs cheptels. Une vache, une brebis, une chèvre doit être traite quotidiennement. Nous n'avons pas manqué de lait, de fromage, de viande. Les animaux sauvages envahissaient les villes désertées en quête de poubelles désespérément vides, les animaux domestiques, ceux qui assurent notre alimentation quotidienne, continuaient d'être choyés. Pas un éleveur n'a laissé mourir de faim ses bêtes, malgré les chaînes logistiques en panne, les abattoirs fermés ou au ralenti, qui obligeaient à les nourrir plus longtemps, sans la certitude de gagner sa vie quand enfin on pourrait vendre le fruit de son labeur acharné. Aujourd'hui, le prix de la viande flambe : elle risque de manquer car les éleveurs ont dû se résoudre à décapitaliser. Les bêtes ne connaissent pas les congés payés. Ni les confinements imposés aux humains pour les protéger. Les éleveurs, eux, savent à quel point il leur faut être vigilants, confinant les volailles pour les protéger de la grippe aviaire, les lapins, du virus hémorragique, protégeant leurs cheptels de maladies mortelles terriblement contagieuses, et si angoissantes que, pour protéger la santé des hommes, on n'hésite pas à abattre préventivement des millions de volailles, mais aussi de vaches ou de cochons, sur une simple suspicion d'influenza aviaire, de tuberculose bovine, de peste porcine ou d'ESB. C'est d'une immense violence pour un éleveur que de voir son troupeau entier abattu. Certains s'en suicident. Mais les trois quarts des maladies humaines sont des zoonoses, transmises par des animaux, et elles peuvent être redoutables, car sans traitement possible, comme

> Éleveur, jamais de vacances, de jours fériés.

ces coronavirus venus d'Asie, H1N1, SRAS, ou bien le MERS transmis par les dromadaires, qui a fait des ravages dans les pays du Golfe. L'humanité a toujours été confrontée à ces risques, depuis la peste noire véhiculée par les rats, qui tua la moitié de la population de l'Europe au XIVe siècle, jusqu'à Ebola, le virus de Marburg ou la fièvre de Lassa[1] qui continuent de tuer massivement les humains en Afrique.

Soigner ses bêtes quand elles sont malades, afin de leur épargner des souffrances inutiles et la mort, mais aussi pour nous protéger, nous, c'est une évidence pour un éleveur, même en bio où il demande une dérogation pour pouvoir leur administrer les antibiotiques salvateurs. Pourtant, alors même qu'ils sont régulièrement accusés de bourrer leurs animaux de médicaments, les éleveurs ont au contraire mis en œuvre une démarche exemplaire, dont les urbains devraient s'inspirer pour eux-mêmes et pour leurs animaux de compagnie. On ne traite plus préventivement. Les médecins confrontés à la montée des antibiorésistances devraient prendre exemple sur les vétérinaires et les éleveurs qui ont mis en œuvre des pratiques de plus en plus vertueuses.

Mais inlassablement les critiques continuent de s'abattre sur ceux qui, pourtant, nous protègent et nous nourrissent…

---

1. Marianne Besson, *La fièvre de Lassa, état des lieux et perspectives de contrôle*, thèse pour l'obtention du grade de docteur vétérinaire, Université Claude Bernard, 2020.

21.

Il n'y a pas de bombe P

Paix et chimie, les deux prix Nobel qui ont été décernés en 2020, alors que la pandémie de coronavirus battait son plein dans le monde, nous renvoient aux vrais enjeux de l'humanité. Tous deux concernaient l'alimentation.

Le premier était celui de la paix. Il est allé à la plus grande organisation de distribution alimentaire au monde, le Programme Alimentaire Mondial, que l'on désigne souvent sous ses initiales anglaises WFP (World Food Program). Pendant la pandémie, cet organisme de l'ONU a essayé de prendre en charge, par des distributions d'urgence, les 100 millions de victimes de crises alimentaires aiguës. Il a ainsi pu atténuer localement les ravages de la famine et il faut saluer son action. Mais aussi être conscient que dans les pays les plus atteints par la guerre, les victimes sont, hélas, inaccessibles : personne ne peut secourir les affamés assiégés et pilonnés du Yémen, les villageois pris au piège de Boko Haram au nord du Nigeria, ou bien de l'Armée de la résistance du Seigneur en Centrafrique, les populations prisonnières des régimes totalitaires de la Corée du Nord ou de l'Érythrée. Nous entendons parler sporadiquement de leurs drames quand elles parviennent à s'échapper, au compte-gouttes et au prix de mille souffrances, en devant laisser derrière elles des proches, qui sont alors punis de la défection d'un des leurs par l'emprisonnement et la torture.

Le WFP essaie de mobiliser l'aide alimentaire internationale, mais sa tâche est difficile : la pandémie, la guerre et les crises climatiques multiplient le nombre des victimes et ses agents risquent leur vie pour les secourir.

Qui se souvient de la mort au nord du Kivu, de Luca Attanasio, l'ambassadeur d'Italie, la veille de Noël 2021, assassiné par des bandes armées avec les membres du convoi du WFP qui acheminait l'aide alimentaire, dans cette région de la République démocratique du Congo en proie à de terribles convulsions politiques depuis plus de trente ans ? L'est du Congo, qui aurait dû être un paradis vert, fertile, riche en faune sauvage, est, hélas, à la fois décimé par les braconniers, au point que le Rwanda voisin a dû édifier des sanctuaires pour les gorilles (qui représentent pour lui une immense ressource touristique), et un enfer quotidien pour les villageois qui y vivent, pris en étau entre rebelles, armées, et gardiens des parcs naturels, dont la tâche consiste, non à les protéger, mais à les empêcher de se nourrir de viande de brousse.

L'ONG Survival International, créée en 1967 pour défendre les Indiens d'Amazonie, s'insurge contre ce renversement des priorités, dénonçant une « conservation forteresse » de plus en plus militarisée contre les populations pauvres. En RDC, les taux de malnutrition chronique sont parmi les plus élevés au monde, alors que tout pousse dans ce paradis équatorial. La faim y est aussi présente que dans la Corne de l'Afrique, où les conflits, les sécheresses, le Covid, les criquets et les difficultés d'approvisionnement se liguent pour priver plus de 20 millions de personnes de nourriture. Même si les crises climatiques se multiplient dans des écosystèmes de plus en plus dégradés à travers le monde, ce n'est ainsi pas forcément le climat ou la densité de population qui expliquent la faim, mais le mépris envers les populations pauvres, le désintérêt, voire la prédation dont elles sont victimes dans les pays où elles vivent.

Face à cette augmentation du nombre des pauvres, victimes de crises politiques et climatiques dont la fréquence s'accélère, au point de les muer en migrants environnementaux, en de précaires réfugiés de la faim face auxquels les pays riches édifient, partout dans le monde, des murs militarisés de peur de se voir submergés par des hordes de misère, il faut trouver des réponses.

> Et les réponses sont dans l'agriculture, dans la capacité de ceux qui nous nourrissent à pouvoir dresser des remparts face à l'insécurité alimentaire du monde.

Ce qui m'amène au second prix Nobel de novembre 2020, celui de chimie, qui a été décerné à deux jeunes femmes, une Américaine, Jennifer Doudna, et une Française, Emmanuelle Charpentier, pour leurs recherches sur les ciseaux moléculaires – ce qu'on appelle aussi les nouvelles techniques d'édition du génome – qui permettent d'aller très vite pour sélectionner les gènes utiles dans les plantes, les animaux… ou les organismes humains, comme ces thérapies géniques qui ouvrent de nouveaux espoirs dans la lutte contre les cancers. Si l'humanité a pu relever le prodige de pouvoir répondre, en quelques mois seulement à l'apparition soudaine de cette nouvelle maladie meurtrière qu'était le Covid-19, être capable de vacciner des milliards de personnes (surtout des pays riches, hélas) grâce à de nouveaux vaccins, dits ARN messager, c'est parce que des chercheurs comme Jennifer et Emmanuelle travaillent depuis des années sur le décryptage du génome et donc la capacité de renforcer les résistances des organismes humains, végétaux et animaux, et même de les améliorer. Le Crispr-Cas 9, ces ciseaux moléculaires primés par le Nobel de chimie 2020, c'est une véritable révolution pour sauver l'humanité de la faim et de la maladie.

Ce que le jury de Stockholm a récompensé en primant ces jeunes femmes, c'est donc une technique révolutionnaire pour gagner du temps dans la course de vitesse engagée entre les ressources alimentaires et le nombre des hommes, dont le pasteur Malthus nous expliquait en 1798 qu'elle était irrémédiablement vouée à l'échec. Dans son *Essai sur le principe de population*, Malthus fait le constat suivant : alors que le nombre des hommes s'accroîtrait géométriquement (2, 4, 8, 16, 32…), donc de manière exponentielle, les ressources, elles, ne pourraient progresser qu'arithmétiquement (1, 2, 3, 4, 5…) ; l'écart croissant entre les premiers et les secondes conduit donc inévitablement à la famine généralisée, sauf si on réduit autoritairement le nombre des hommes, et particulièrement des moins favorisés d'entre eux. « Au banquet de la terre, les pauvres ne peuvent avoir leur place. »

Le bon pasteur Malthus recommandait ainsi de leur imposer le mariage tardif, mais aussi d'accepter l'existence implicite d'un régulateur inévitable : la famine, qui, en entraînant la mort des « surnuméraires », ces pauvres trop prolifiques, permettait de rétablir les équilibres naturels. C'est cette vision du monde qui explique notamment que, face à la grande famine d'Irlande, de 1847 à 1853, les Anglais, pas mécontents de briser le nationalisme irlandais, ont continué à exiger des livraisons de nourriture de leur colonie, jusqu'à provoquer plus d'un million de morts et autant de migrants. Ou qu'ils ne soient pas intervenus face aux grandes famines de l'Inde à la fin du XIXe siècle, car secourir, c'était à leurs yeux juste reculer le problème : sauvés, les pauvres, des paysans endettés à mort par les usuriers, mais aussi les artisans, métallurgistes, potiers, ruinés par les importations massives en provenance des manufactures anglaises, allaient de toute façon continuer à faire des enfants, jusqu'à la prochaine crise alimentaire. Mieux valait laisser les « régulateurs » agir, donc la famine et la mort, qui diminuaient leur nombre. Les Anglais qualifiaient ces pauvres, qu'ils voyaient de toute façon condamnés, de « *starving sections* ». Ils représentaient alors environ 20 % de la population indienne…

Mais c'est aussi cette réponse implicite que formulent tous ceux qui nous disent que nous vivons dans un monde fini, que l'humanité menace la terre, que nous devons donc, par des mesures autoritaires, réajuster l'écart croissant entre la consommation vorace d'une humanité qui ne cesserait de croître, et des ressources en nombre limité.

Il serait certes criminel de nier les ravages causés par les hommes, la destruction de certains écosystèmes, la disparition de certaines espèces, les pollutions, la brutalité des crises, la rapidité du changement climatique. Mais il faut changer de focale et regarder différemment l'avenir du monde.

La géographie a un axiome, formulé par Erich Zimmermann en 1952 :

> les ressources ne sont pas, elles deviennent.

Une ressource n'est limitée que tant que l'innovation, les découvertes ne permettent pas de l'accroître, ou de la remplacer. Elle est ainsi non un stock, mais un flux. Et c'est l'intelligence des êtres humains qui a toujours permis de remettre en question cette notion de finitude des ressources, leur capacité à trouver des réponses, à innover, à s'adapter. Nos ressources sont dans nos têtes, et il vaut mieux faire appel à l'intelligence des hommes que vouloir brutalement leur imposer des régulations violentes, discriminatoires, et source de révoltes de tous ceux qui se sentent exclus du banquet de la terre.

Si nous étions restés des chasseurs-cueilleurs, ou même si nous avions continué à pratiquer l'agriculture sur brûlis, qui est le meilleur système quand les hommes sont peu nombreux et les disponibilités en terres immenses, le surpeuplement et l'épuisement des ressources auraient très rapidement conduit à la famine, à la guerre, à l'exode. Il n'est plus possible aujourd'hui de défendre de tels systèmes, qui continuent pourtant d'être pratiqués en Amazonie, dans les campagnes africaines peu peuplées ou même dans le grand Nord : peu d'hommes vivant sur des ressources qu'ils voient comme illimitées, ce qui les conduit à les gaspiller et à pousser toujours plus loin leur consommation d'espace. Ce n'est plus possible aujourd'hui.

Et c'est précisément autour de cette notion de ressources que se focalisent les tenants de concepts erronés comme l'empreinte écologique, qui alloue à chaque territoire une « capacité de charge » limitée. Mais la terre n'est que ce dont nous décidons d'en faire, pas un gâteau dont l'humanité devrait s'allouer des parts de plus en plus petites au fur et à mesure que le nombre des hommes s'accroît. Non, la terre n'est pas un gâteau. Il faut arrêter de dire aux pauvres du monde qu'ils n'ont pas leur place au banquet des ressources, mais au contraire changer notre façon de cohabiter, en entendant l'aspiration des plus démunis à vouloir sortir de cette misère abjecte qui les abaisse et n'est nullement une fatalité.

L'histoire de l'humanité doit être celle d'un progrès partagé, et les paysans pauvres, qui sont aujourd'hui paradoxalement les premières victimes de la faim, doivent être reconnus pour ceux qu'ils sont : de potentiels sauveurs de l'humanité. Non pas des miséreux qu'on peut piller, mépriser et maltraiter, mais des fils et des filles de la terre qui doivent se voir reconnus et respectés, car ils tiennent non seulement leur avenir, mais le nôtre, entre leurs mains.

> Nourrir l'humanité intelligemment aujourd'hui, c'est sauver la planète.

Changeons radicalement de regard sur la question des ressources de l'humanité !

Du temps de Malthus, au début du XVIIIe siècle, nous étions un milliard sur la terre. Aujourd'hui, nous sommes 8 milliards, parce que nous vivons trois fois plus longtemps : la mortalité infantile au XVIIIe siècle était telle que l'espérance de vie moyenne ne dépassait pas 25 ans ! Non pas qu'il n'y avait pas de vieillards, mais chaque humain était un survivant : la mort en bas âge éliminait près d'un bébé sur deux ! Aujourd'hui, les femmes ne meurent plus massivement en couches et, voyant leurs enfants survivre, ayant accès à l'éducation qui leur permet de prendre leur destin en main, elles choisissent de faire moins d'enfants. Chaque petite fille d'aujourd'hui mettra trois fois moins d'enfants au monde que sa grand-mère ! Au point que l'humanité s'achemine non vers l'explosion, mais vers l'implosion : les deux tiers de la population mondiale vivent dans des pays qui n'assurent plus le renouvellement des générations !

Il n'y a pas de « Bombe P ». Contrairement à ce qu'écrivait Paul Ehrlich en 1968, redoutant l'apocalypse démographique. Cessons par conséquent de penser que la terre va crouler sous le nombre des hommes : notre problème sera surtout celui du vieillissement.

Alors bien sûr, il va y avoir un demi-siècle difficile à affronter : l'élan démographique (le nombre de femmes en âge de procréer issu de l'explosion désormais passée) fait que l'humanité va continuer de s'accroître. Il faut donc résoudre le problème de cette pression des hommes, de l'élévation de leur niveau de vie et de l'accroissement de leurs besoins alimentaires. Nous produisions un milliard de tonnes de céréales en 1960, pour trois milliards d'êtres humains dont un tiers souffrait de la faim. Nous produisons aujourd'hui 2,8 milliards de tonnes de céréales pour 8 milliards d'êtres humains, dont, hélas, un sur dix continue de souffrir de la faim, alors que trois sur dix vivent dans l'insécurité alimentaire. Et comme 160 millions de personnes environ quittent chaque année les classes moyennes, il va falloir produire environ 3,4 milliards de tonnes de céréales en 2050 pour nourrir des gens dont les deux tiers vivront en ville, contre la moitié aujourd'hui. Elles voudront faire trois bons repas par jour, ce qui exercera indéniablement une pression accrue sur les ressources alimentaires, l'accès à l'énergie, les écosystèmes.

Faut-il pour autant entonner l'antienne terrible de Malthus et croire que le monde court inévitablement à la famine ? Bien sûr que non, il faut éviter au contraire la guerre, tous ces conflits nés de la peur de l'avenir, guerre entre générations, les jeunes accusant les vieux de leur avoir légué une planète pourrie, guerre entre riches et pauvres, les premiers craignant l'aspiration à vivre mieux des seconds et les seconds accusant les premiers d'égoïsme, et d'avoir volé à leur profit des ressources en nombre limité. Oui, il faut éviter les guerres, parce que même si nous avons le sentiment que la planète suffoque et que ses coutures craquent,

nous avons les moyens
de répondre au défi
alimentaire,
au défi du développement,
mais aussi au défi
écologique,
et nous ne le ferons pas
sans les paysans.

22.

Rendre confiance à la jeunesse

Nous ne mesurons pas suffisamment la menace que représente pour nos sociétés l'éco-anxiété qui étreint aujourd'hui la jeunesse, convaincue d'être face à un mur, son sentiment d'inutilité, du « tout est foutu ». Plus que la démographie, cette colère constitue un véritable facteur d'explosion de nos sociétés développées.

Grèves pour le climat, mises en accusation du secteur productif, actions de plus en plus violentes, les nouveaux écoguerriers canalisent leur angoisse de l'avenir par des gestes qui expriment surtout un désespoir profond face à l'avenir. Il faut en finir avec les accusations, la haine, le découragement, que les réseaux sociaux exacerbent et que certaines organisations entretiennent, parce qu'elle garantit leur audience, et même leurs financements.

Dans ce livre, je préconise la mise en place d'un service civique agricole pour canaliser l'énergie de la jeunesse vers un projet de société constructif, lui montrer qu'elle peut agir immédiatement, en s'engageant, au service de la planète, aux côtés des agriculteurs.

Les paysans peuvent endosser cette mission fondamentale, qui délivrerait un message d'espoir et de confiance à la jeunesse en lui montrant que les problèmes écologiques peuvent être résolus. Le monde agricole, à travers la planète, forme une grande confrérie, unie par des réseaux de solidarité, d'échange et de coopération. S'il ouvre de nouveaux chantiers de coopération et d'entraide internationales à la jeunesse, ses angoisses écologiques trouveront un déversoir concret et positif.

Il y a tellement à faire pour enclencher le développement ! Le local, ou plutôt le « glocal », le local dans la mondialisation, la « glocalisation », c'est la démultiplication à l'infini d'expériences concrètes d'amélioration des conditions de vie. Lorsqu'une population quitte la pauvreté, lorsqu'elle entre dans la classe moyenne, elle a non seulement envie d'améliorer son quotidien, celui de ses enfants, mais aussi son environnement. Dans tous les pays émergents, le développement durable, l'écologie sont devenus des préoccupations exprimées par les jeunesses urbaines. Il faut les aider à franchir ce cap essentiel d'accompagner l'entrée dans l'âge adulte par une mise en œuvre concrète de la transition écologique : dans les pays en développement, les carburants fossiles assurent toujours 80 % de la demande en énergie et les émissions de CO_2 sont devenues bien supérieures à celles des pays développés, non pas par habitant, mais dans le volume global. Aujourd'hui, si l'on admet que le réchauffement climatique est d'origine humaine et qu'il est dû aux gaz à effet de serre, ce sont les pays émergents qui y contribuent le plus : la Chine est passée en 2006 devant les États-Unis et envoie dans l'atmosphère près du tiers du total. L'Europe au contraire, qui se veut exemplaire, n'émet que 8 %, et la France 0,8 %. Les émergents ne demandent pourtant qu'à franchir le « saut de grenouille » : adopter le plus rapidement possible les meilleures méthodes pour respecter leur environnement, produire propre, permettre d'atteindre la sécurité alimentaire grâce à des producteurs respectés pour leur travail et soutenus dans leurs efforts. Ils ont exigé lors de la dernière COP, en Égypte, que les pays riches s'engagent financièrement à les aider dans cette transition, en transférant les technologies *ad hoc*, mais aussi en mettant en place un « bouclier climatique » pour aider leurs territoires à s'adapter.

La marche du monde n'est pas aussi affolante que chaque crise météorologique tend à nous le faire croire. En sortant de la pauvreté, l'humanité devient de plus en plus soucieuse des atteintes à l'environnement et se dote des moyens de les réparer. Bien sûr, le climat change, bien sûr les risques augmentent : il y a de plus en plus de monde sur des territoires de plus en plus vulnérables ! La mondialisation, c'est la littoralisation et la maritimisation : un rôle sans cesse croissant des rivages, des littoraux, des multiples fonctions assurées par l'eau, du transport à l'eau potable, en passant par l'irrigation. Mais aussi des risques liés à l'eau, dont le cycle s'accélère avec le réchauffement climatique. De plus en plus d'êtres humains s'entassant sur des rivages, cela veut dire une humanité croissante soumise à la montée des mers, aux menaces de submersions et de tsunamis, de précipitations brutales, d'inondations.

La mondialisation, c'est aussi l'urbanisation : plus de la moitié des humains vivent désormais dans ces milieux hautement artificialisés, bétonnisés, que sont les grandes villes. Où il faut se protéger contre les risques de l'eau, mais aussi de la chaleur, du froid, des pollutions, acheminer et distribuer de la nourriture et de l'eau potable pour tous. Maintenir les mobilités. Un air respirable. Une qualité de vie acceptable.

La géographie, c'est à la fois
la science des risques
et des possibilités.

Elle convoque l'histoire pour mettre en perspective les phénomènes, les replacer dans un temps long qui permet de les relativiser. D'abord, nous avons levé ce que l'on appelle le frein malthusien, c'est-à-dire le rapport forcément défavorable, selon Malthus, entre le nombre croissant des hommes et les ressources limitées dont ils disposent. Mais Malthus méconnaissait deux faits essentiels : la transition démographique d'une part, puisque le nombre des hommes n'est pas indéfiniment voué à s'accroître, les révolutions agricoles d'autre part. La vraie question aujourd'hui est de savoir si la terre peut porter les 11 milliards d'êtres humains environ, qui seront l'apogée de l'humanité avant sa lente et inéluctable diminution, et s'il est possible d'espérer que ces êtres humains puissent vivre bien et en paix, sans crouler sous leur nombre et s'affronter pour la satisfaction de leurs besoins.

La réponse est oui. La planète peut parfaitement porter 11 milliards d'hommes. Mais il nous faut changer notre regard et nos pratiques. Ne plus condamner, ne plus stigmatiser, ne plus accuser, ne plus se désespérer. Ne pas regretter le passé en l'idéalisant, ne pas croire qu'il a existé un âge d'or vers lequel il faudrait renvoyer l'humanité, en la sanctionnant de s'être accrue (grâce aux progrès de la médecine et de l'alimentation !). Il n'existe pas de planète de rechange et probablement aucun autre lieu dans l'univers aussi miraculeux et propice à l'épanouissement de cette vie qui est la nôtre que la Terre. Alors nous devons retrouver sérénité et confiance en l'avenir. Pour notre jeunesse d'abord, à qui nous devons montrer que rien n'est foutu.

Ce que ni Malthus, ni les Anglais n'avaient pris en compte, quand ils refusaient de secourir les pauvres de peur qu'ils ne se multiplient, c'est la capacité inouïe de l'humanité à trouver des réponses face aux grands défis qui se présentent à elle. Et d'abord, la question de la nourriture. Comment peut-on aujourd'hui exalter le monde des premiers hommes, celui des chasseurs-cueilleurs, en prétendant que les sociétés auraient été pacifiques et équilibrées, en discréditant l'apparition de l'agriculture, il y a environ dix mille ans, qui aurait entraîné les guerres, l'esclavage, les inégalités, la destruction des écosystèmes et même le changement climatique ? Comment oser désigner la sédentarisation comme le mal originel ? Il est irresponsable de dénoncer l'agriculture et le stockage de nourriture en leur opposant une ère édénique, où les hommes et les femmes auraient vécu sereinement et dans une parfaite égalité de ce que la nature leur offrait. Irresponsable d'oser faire l'apologie de régimes alimentaires aussi discutables que le crudivorisme ou le paléolithique, c'est-à-dire inciter des âmes crédules et fragiles à se nourrir comme l'auraient prétendument fait les hommes préhistoriques, en proscrivant tous les produits transformés, cuits, issus de l'agriculture, de l'élevage et de l'industrie agro-alimentaire, comme les céréales, les produits laitiers, le sucre ou l'huile. C'est un acte criminel qui expose leurs adeptes à de graves problèmes intestinaux pour le crudivorisme, des carences graves et des maladies cardiaques pour le paléolithique, mais aussi, dans les deux cas, des empoisonnements potentiellement mortels, que la cuisson aurait permis d'éviter. Ces dérives quasi-sectaires reposent sur de dangereux présupposés idéologiques, totalement erronés.

Bien sûr, aucun des aliments que nous consommons aujourd'hui ne ressemble de près ou de loin à ce que nos lointains ancêtres pouvaient trouver dans la nature. Des innombrables variétés de légumes et de fruits, notre alimentation est le fruit du travail de paysans qui, de tout temps, ont essayé, par la sélection variétale, par des pratiques culturales et d'élevage sans cesse remises en question au fil des expériences et du savoir acquis, d'améliorer les plantes et les animaux qu'ils élevaient, pour produire plus de nourriture et vaincre les toxines mortelles qui pouvaient les contaminer. Si le porc a été proscrit par l'islam et le judaïsme, c'est probablement en raison des innombrables parasites que ce mammifère omnivore héberge à l'état naturel, et que l'on retrouve aujourd'hui dans son foie lorsqu'il n'a pas été protégé comme il le faudrait.

Et cette constatation ne vaut pas seulement pour les cochons : qui se souvient que l'élevage des poules en batterie a été préconisé il y a un demi-siècle pour combattre les salmonelles, dont mouraient massivement les personnes vulnérables, et notamment les gens âgés, mais aussi pour accroître la production d'œufs, cette protéine idéale, peu chère et accessible à tous, car, sans conditions optimales, les poules pondent épisodiquement, et très peu en hiver ? Il faut d'ailleurs, contrairement à un préjugé tenace lié au fait que les magasins les stockent en dehors des frigos pour éviter les chocs thermiques, conserver les œufs au réfrigérateur une fois achetés, car leur coquille poreuse les expose à toutes les contaminations.

Nos fruits, nos céréales, nos légumes sont issus de la sélection variétale ! À l'origine, le maïs n'était qu'une plante malingre, la téosinte, toujours présente aujourd'hui au Mexique dans des espaces protégés. Ses rendements étaient dérisoires, ses graines tombaient à maturité, rendant impossible toute l'alimentation de populations nombreuses et, bien sûr, toutes les valorisations agro-industrielles, contrairement au grain de maïs d'aujourd'hui qui peut avoir plus de mille destinations différentes : gastronomie, nourriture animale, chimie verte, production d'énergie. Un champ de téosinte produit moins d'une demi-tonne de grains à l'hectare, alors qu'un champ de maïs peut en donner jusqu'à quarante fois plus ! Comment s'étonner, dans ces conditions, que le maïs soit devenu, et de très loin, la première céréale mondiale, dont la production atteint presque celle du blé et du riz réunis ? Mais il faut faire progresser les rendements dans les pays pauvres où sévit la faim paysanne : un hectare de maïs en Afrique nourrit à peine une famille pendant un an. Un hectare de maïs en France peut permettre d'obtenir 24 000 litres de lait quand il est valorisé en alimentation animale. Un hectare de blé, 25 000 baguettes !

Nous ne pratiquons plus l'agriculture sur brûlis, sauf dans de rares endroits où il faudrait absolument que ces pratiques disparaissent, dans le monde équatorial notamment, victime d'immenses feux de brousse à la fin de la saison sèche, pour ouvrir les champs juste avant la saison des pluies. Ces feux de brousse, en Amazonie, en Afrique centrale ou en Asie de l'Est, engendrent d'immenses émissions de gaz à effet de serre (12 % du total mondial), qui parcourent la planète, obscurcissent les villes et accélèrent le réchauffement, mais ils sont les vestiges d'un mode de production résiduel, lié à cette nécessité pour les pauvres de consommer d'immenses espaces afin d'en extraire de maigres ressources qui leur permettent tout juste de vivre. Il n'est pas plus pauvre qu'un Indien ou un *posseiro* (ces Brésiliens sans titres de propriété qui consomment la forêt pour survivre) confrontés au manque de ressources de l'Amazonie. Voilà pourquoi ils coupent les arbres de la forêt, tuent la faune sauvage. Cessons d'opposer la prétendue sagesse de l'Indien, gardien immémorial de la forêt, au « méchant » planteur de soja du cerrado, ces grands plateaux des lisières australes de l'Amazonie ! L'Indien aussi veut des pirogues à moteur, des smartphones, de la nourriture moderne qu'il n'a pas à chasser pour vivre, et des vaccins contre le Covid pour ne pas mourir. Et le producteur du soja des cerrados met en œuvre des critères de durabilité, comme le producteur d'huile de palme en Indonésie pour protéger l'orang-outan, le forestier d'Afrique centrale pour préserver le gorille. Bien sûr, il faut se battre contre les entreprises destructrices (souvent chinoises, hélas), la déforestation sauvage, les chercheurs d'or clandestins intoxiquant au mercure les milieux naturels, les mafias trafiquant les espèces exotiques. Le président Lula aura une lourde tâche pour réussir à mieux protéger la forêt qu'elle ne l'a été sous Bolsonaro (et sous Dilma Rousseff, qui, par le code forestier de 2012, a amnistié en grande partie la déforestation des réserves légales, cette part importante de sa parcelle que l'exploitant ne doit pas toucher en forêt).

> Pour les pauvres du monde, prélever est souvent une question de survie.

Mais ne mettons pas tout sur le même plan ! Au contraire, certains riches dilapident sans conscience au détriment de l'humanité. Il faut une coopération intelligente et altruiste pour permettre aux plus démunis de vivre mieux sans saccager leur espace, et une prise de conscience des privilégiés du monde que des inégalités croissantes et cruelles ne peuvent être que source de conflits, ces fameux « conflits redistributifs » que dénonçait l'économiste d'origine indienne Amartya Sen, prix Nobel d'économie 1998. La très petite élite des très nantis doit cesser de vivre comme si la terre lui appartenait, dans le gaspillage et la consommation effrénée, combattre son inclinaison assez immature pour les monstres énergétivores et pollueurs, yachts, jets et autres gros engins ridicules. L'éthique du protestantisme combattait ces dérives, tout en valorisant l'effort individuel source d'enrichissement. Les nouveaux milliardaires appartiennent souvent à d'autres mondes, et la misère subsiste à leurs portes. Ils doivent faire d'une philanthropie sociale et verte un nouveau critère de distinction. Les pays du Golfe sont d'ailleurs devenus de très importants donateurs d'aide publique au développement, certes d'abord pour des raisons de soft power, mais aucune aide n'est jamais, de toute façon, désintéressée.

La coopération, la justice sociale, la nécessité de partager l'innovation, c'est le contraire de la guerre des technologies vertes, où l'on édifie des barrières protectionnistes contre l'aspiration au développement des pauvres, au lieu de transmettre les procédés vertueux qui permettraient de protéger ensemble la planète. C'est l'édification de murs, la haine de l'Autre, la promotion de la décroissance contre l'aspiration des pauvres à quitter leur misère. Il faut au contraire un progrès partagé mis au service de l'humanité.

Il faut cesser d'opposer public, perçu comme forcément bénéfique, et privé, dénoncé comme maléfique. Dans un État redistributif et bienveillant, la loi du marché est plus efficace que la planification forcée, l'incitation positive plus suivie que la coercition, qui engendre toujours des conduites d'évitement ou de révolte. Faire l'apologie du petit, du modeste, du traditionnel contre le grand, l'ambitieux, le moderne, n'a pas lieu d'être : il faut au contraire être capable de réaliser des synthèses unificatrices dans des sociétés apaisées, associer les modèles de production au lieu de les opposer. Il y a de la place pour tout le monde ! Les entreprises contribuent autant à l'intérêt général, la mise en œuvre du progrès social et, surtout, de l'innovation décisive, que la somme des initiatives individuelles et des organismes de solidarité collective. Substituer de l'argent public à de l'argent privé en créant des administrations hypertrophiées, des armadas de contrôleurs aussi tatillons qu'improductifs, vouloir tout contrôler au nom d'une bien-pensance officielle érigée en dogme, c'est l'inverse de l'État facilitateur et bienveillant. La dictature des petits gestes, la culpabilisation permanente du producteur comme du consommateur, l'apologie du petit jardinier, humble mais courageux, nous conduisent tout droit à la faim.

23.

Une petite agriculture familiale paysanne qui souffre

Environ deux milliards de personnes vivent dans des campagnes pauvres, où elles souffrent de l'insécurité alimentaire, mais aussi souvent politique, avec des mouvements armés qui les prennent en otage et se paient sur la bête en pillant leurs ressources. Pris en étau entre les armées, voire les forces paramilitaires, comme en Amérique du Sud ou au Sahel, qui les soupçonnent d'abriter les rebelles, et les guérillas qui les menacent s'ils ne se montrent pas suffisamment coopératifs, les paysans n'ont souvent que le choix de quitter des campagnes dégradées. Ils s'accumulent alors à la périphérie des villes ou dans des camps de déplacés et dépendant des distributions alimentaires pour survivre. Il en résulte une insécurité plus grande encore.

Bien des campagnes du monde sont dégradées, leurs terres épuisées et livrées à l'érosion. Plusieurs raisons à ce terrible constat du « brunissement » (donc de la dégradation) des terres aux basses latitudes, dans la zone intertropicale. La poursuite de l'agriculture sur brûlis avec une déforestation massive liée à une agriculture minière, où survivre passe, comme en Amazonie, par la destruction de la forêt tropicale pour en tirer le bois d'abord, pour installer des bœufs ensuite. Mais aussi la difficulté, pour des populations de plus en plus nombreuses, à tirer leurs ressources de sols érodés, de cheptels malingres et malades, que les sécheresses et autres aléas climatiques font terriblement souffrir.

Si la planète brunit aux basses latitudes, elle verdit en revanche aux hautes latitudes, où la concentration croissante de dioxyde de carbone dans l'atmosphère liée au réchauffement climatique, beaucoup plus rapide près des pôles, booste la photosynthèse, permettant l'augmentation des terres cultivables et l'apparition de nouvelles cultures.

Mais les populations les plus nombreuses ne se trouvent pas aux hautes latitudes ! Que la Sibérie, donc Poutine, le Groenland ou l'Alaska bénéficient aujourd'hui d'opportunités de mises en culture nouvelles (tout en souffrant des ravages provoqués par la fonte du permafrost, qui déstabilise les sols et libère des quantités colossales de méthane dans l'atmosphère, accélérant le changement climatique) ne résout pas le problème des masses rurales très pauvres dans les pays les moins développés.

> Dans ces pays pauvres, le petit paysan est tout en bas de l'échelle sociale.

Il subit à la fois des aléas climatiques récurrents et une pression parasitaire particulièrement intense en milieu tropical, le manque de moyens techniques pour cultiver ses champs, de maigres rendements faute de bonnes semences et d'engrais, une grande difficulté à commercialiser le fruit de son travail de façon rémunératrice, et la concurrence déloyale des produits importés.

Aucune des raisons de la pauvreté rurale n'est insurmontable. Et, comme le montre le rapport de la FAO de 2014, année internationale de l'agriculture familiale[1], bien des pays, tels le Rwanda, le Kirghizistan, le Guatemala, le Maroc, et même la Chine, avec ses villages Taobao, qui misent sur l'e-commerce pour vendre directement leurs produits dans les villes, mais aussi la force des réseaux ruraux de la Via Campesina ont fait le choix de miser sur le développement de l'agriculture familiale paysanne, obtenant des résultats prodigieux en peu de temps. Soutenir et protéger le secteur agricole est un choix judicieux pour un gouvernement car créer une paysannerie dynamique bénéficie à l'ensemble du pays en le dotant d'un marché intérieur et en limitant sa dépendance aux productions importées, qui s'est révélée particulièrement coûteuse et dangereuse au cours des dernières années.

La modernisation rurale ne doit donc pas reposer uniquement sur l'économie : si un gouvernement veut miser en priorité sur les recettes fournies par l'agriculture et sur son indépendance alimentaire, il va s'appuyer sur le secteur le plus performant de son secteur agricole, les grands propriétaires les plus prompts à la modernisation, les investisseurs étrangers prêts à acquérir des terres et à les améliorer, les entrepreneurs marchands très dynamiques des périphéries urbaines. Mais si les résultats s'avèrent positifs en termes de productions agricoles, de ressources

1. https://www.fao.org/3/i4171f/i4171f.pdf

financières, le pays perd au passage une partie de sa souveraineté alimentaire, avec de plus en plus de terres détenues par d'autres, la Chine en Afrique et en Océanie, les pays du Golfe en Afrique de l'Est. Et surtout, la question sociale reste entière : tout un pan de la société, la petite agriculture familiale paysanne, dans les milieux ruraux éloignés des villes ou dans des provinces périphériques, reste misérable, oubliée, en proie aux conflits, aux maladies, à la malnutrition chronique, à la vulnérabilité face aux aléas climatiques. D'autant que les mentalités y restent généralement très traditionnelles, enfermant les femmes dans un statut peu valorisant, mariages précoces, faible accès à l'éducation. Elles continuent donc à faire beaucoup d'enfants, ce qui accroît la pression démographique dans des espaces surexploités et dégradés.

On trouve de telles configurations au Sahel, en Afrique centrale, au Soudan du Sud et en Somalie, en Asie du Sud (Inde du Nord et centrale, Pakistan, Bangladesh), dans les montagnes andines, en Amérique centrale… Mais la vision classique de l'agriculture, fondée sur un dualisme qui opposerait des agricultures du Nord modernes, performantes et bien gérées, à des agricultures du Sud forcément pauvres et archaïques, n'est plus de mise : partout, il existe des propriétés dynamiques, bien gérées, ultramodernes dans leurs techniques de production, et de petites fermes où la terre manque, mais pas les bras, poussant les jeunes, soit à fuir dans l'espoir d'une vie meilleure, soit à se laisser séduire par les prédicateurs, les chefs de guerre, les leaders populistes. Cette opposition existe certes toujours, mais l'agriculture ne se résume pas à ce manichéisme : partout, différents modes de mise en valeur de la terre cohabitent. L'agriculture familiale n'est pas forcément petite et pauvre, les grands domaines de moins en moins extensifs. Il y a bien des fermes et des firmes, un nouveau capitalisme agricole[2], mais l'agriculture de bien des pays, comme la France ou la Nouvelle-Zélande, continue de reposer sur des exploitations familiales et performantes, bien gérées et d'une taille suffisante pour les rendre viables. Contrairement à un discours toujours tenu, ce n'est pas la petite agriculture paysanne qui nourrit le monde – elle peine déjà à se nourrir elle-même –, mais les systèmes dynamiques, innovants, évolutifs, bien intégrés dans les circuits de transformation et de commercialisation, quelle que soit leur forme juridique.

Même s'il existe des tendances générales liées au passé des différents pays, à leur histoire, avec, par exemple, l'attribution de très grands domaines aux Européens lors de la colonisation de l'Amérique latine ou des Philippines, ce qui laisse perdurer une très forte inégalité foncière, source de fortes tensions sociales, ou bien les collectivisations brutales du monde communiste, qui ont éradiqué la petite agriculture familiale en léguant d'immenses exploitations, en Ukraine ou au Kazakhstan par exemple, des modèles agricoles très différents se juxtaposent dans le monde entier, y compris au sein du même pays : grandes exploitations là où la terre abonde et les mains manquent, ce qui pousse à la mécanisation, petites structures performantes en périphérie urbaine,

---

2. François Purseigle, Geneviève Nguyen, Pierre Blanc, *Le nouveau capitalisme agricole : de la ferme à la firme*, Presses de Sciences Po, 2017.

morcellement toujours plus poussé des exploitations dans les campagnes pauvres en tension démographique, fermes basées sur la valorisation à haute valeur ajoutée de productions locales à proximité de marchés porteurs, touristiques ou urbains, firmes utilisant le high tech pour produire de très gros volumes à bas prix, structures fondées sur une forte intensité de main-d'œuvre et des productions variées, mais aussi aux volumes limités, comme les systèmes communautaires, souvent à fondement religieux (les « talibés » du Sénégal), serres et structures hors-sol en milieux urbains (où la terre manque, imposant la verticalité) ou dans des climats difficiles, très secs ou très froids… L'agriculture est par essence le domaine de la complexité, à la mesure de la diversité des histoires, des terroirs, des décisions politiques, de la géologie et des climats, mais malheureusement nous continuons trop souvent à l'appréhender à travers des lunettes idéologiques.

Le bio et le conventionnel
ne s'opposent pas.

Ils peuvent être pratiqués autant dans de grandes exploitations que dans de toutes petites, voire cohabiter au sein de la même structure : les agriculteurs sont tous des expérimentateurs dans l'âme, en quête systématique de nouvelles opportunités. On teste sur quelques parcelles et on avise : ce qui pousse, combien ça se vend, quelles perspectives de marché. Autant une culture arbustive nécessite un investissement long, autant la majorité des productions végétales, céréales, légumes, légumineuses, peut varier considérablement d'une année sur l'autre. Si le marché demande du blé dur ou de l'huile, on essaie. Le souci, c'est qu'entre le moment où on plante et le moment où on récolte, il se passe de longs mois pendant lesquels le marché peut se retourner. Surtout si tout le monde a cru bon de s'engouffrer dans ce qui paraissait le plus porteur. Voilà pourquoi la France croule sous les œufs ou le lait bio, dont les consommateurs ne veulent pas payer le prix. Ou que les États-Unis, qui ont pris le tournant des succédanés végétaux à la viande et au lait, découvrent que le marché n'est pas extensible, car les consommateurs se lassent de ces aliments ultra-transformés, coûteux, et dont les bénéfices pour la santé commencent à être remis en question. Il faut se méfier des modes, ne pas s'engouffrer dans les injonctions de marchés car les consommateurs sont versatiles et infidèles. Des produits hier discrédités, comme le beurre, au profit de l'huile et de la margarine, son substitut végétal, reviennent en grâce. Les études montrent que les succédanés de synthèse du sucre provoquent maladies cardiaques et AVC sans permettre de lutter contre le diabète. Les œufs sont revenus au premier plan, même consommés quotidiennement. La viande et le lait, réhabilités. « De tout un peu », disaient nos grands-mères, il n'y a pas de meilleure règle nutritionnelle. Le fameux bon sens !

> Pour un agriculteur, vouloir suivre les modes est épuisant, risqué et dangereux.

Le marché se retourne en quelques mois et les productions lui restent sur les bras. Mais les pouvoirs publics en quête de légitimité suivent les diktats d'une opinion publique versatile, et enjoignent au monde agricole de se conformer à de prétendues attentes sociétales, qui ne cessent d'évoluer. Il fallait généraliser le bio, l'inflation et les coûts de production ont transformé cette injonction en impasse. J'entends les médias déplorer que d'autres formes de production, comme la Haute valeur environnementale et le « zéro pesticide », aient concurrencé « déloyalement » le bio. Quelle est cette aberration qui les conduit à regretter que les niveaux d'exigence se soient élevés sous la poussée du bio, mais en conservant les performances du conventionnel ?

En agriculture, la simplification et la caricature ne sont pas de mise. Il faut analyser à la fois les volumes produits, leur prix unitaire, la quantité des soutiens financiers reçus par rapport à ce qui est effectivement produit, en tempérant cette analyse financière brutale par l'ampleur des services non nourriciers rendus : une exploitation peut très bien produire peu en volume, mais rendre des services environnementaux considérables, maintenant des territoires vivants, donc permettant que l'école, l'épicerie, la poste du village ne disparaissent pas, luttant contre l'embroussaillement et l'incendie, favorisant la biodiversité… Combien chiffrer l'intérêt de maintenir des paysans ?

Une chose est sûre : lorsqu'ils partent, pour cause de retraite ou de découragement, les coûts directs et indirects de la disparition d'une ferme sont colossaux. Et durables. Les territoires se meurent. La terre se ferme et s'embroussaille. Un savoir-faire est perdu.

Et une ferme sur trois ne trouve pas de repreneur en France.

« Je veux que vous paniquiez », nous alertait la petite Suédoise à Davos en janvier 2019 à propos du changement climatique. Mais un pays qui perd ses paysans a aussi de bonnes raisons de paniquer.

Et il en est rarement conscient.

24.

La sécurité alimentaire, c'est une question de volonté politique

La sécurité alimentaire ne dépend pas d'abord des atouts du climat ou de la qualité des terres, mais des politiques de mise en valeur et de soutien à l'agriculture qui sont, ou non, menées. Sinon la République démocratique du Congo, dont le climat chaud et humide toute l'année pourrait permettre de faire trois récoltes par an sur la même parcelle, ne serait pas le pays au plus fort taux de malnutrition au monde, et le Maroc, pourtant caractérisé par un territoire montagneux, avec peu de plaines fertiles, et un climat marqué par la semi-aridité, n'aurait pas pu devenir un grand pays producteur et exportateur de nourriture, depuis le lancement du plan Maroc vert en 2008.

> Ce ne sont pas les pays les mieux dotés qui s'en tirent le mieux, mais ceux qui mènent de véritables politiques agricoles.

Il n'y a pas de déterminisme physique dans la capacité de pouvoir se nourrir, sauf bien sûr dans les zones polaires ou dans les déserts, mais même à Abou Dhabi, l'utilisation intelligente de la ressource pétrolière a permis de créer une agriculture nationale, fondée sur le bio, le local, un certain nationalisme alimentaire qui pousse les Émiratis à choisir ce qui est produit chez eux, même plus cher… Leur pouvoir d'achat élevé leur permet d'importer du monde entier le reste, tout en développant de grandes exploitations agricoles au Soudan du Sud, ce « pays des rivières », richement doté en eau et en bonnes terres, dont, là encore, la population souffre massivement de la faim en raison des conflits.

Certains pays – le Brésil, le Zimbabwe, l'Afrique du Sud – ont cru pouvoir résoudre la question de la pauvreté paysanne et des inégalités foncières par des réformes agraires brutales, confisquant la terre aux grands propriétaires pour la redistribuer aux sans-terres, aux pauvres ruraux. Mais cette réponse qui se voulait d'abord politique n'a pas toujours été un succès, loin s'en faut : il ne suffit pas de se voir attribuer des terres pour être capable de les valoriser et d'en tirer des revenus. Si vous n'avez ni la formation requise, ni la filière de commercialisation nécessaire, vous ne ferez rien du potentiel dont vous avez été doté par la volonté publique. Rappelons nous de l'adage géographique : « Les ressources ne sont pas, elles deviennent. » On a ainsi vu les terres prospères d'Afrique du Sud et du Zimbabwe gagnées par la friche une fois redistribuées, les récoltes et donc les recettes du pays s'effondrer. En quelques années, le Zimbabwe a ainsi basculé de statut de grenier de l'Afrique australe à celui de pays affamé, dépendant de l'aide alimentaire pour survivre.

Lutter contre la pauvreté paysanne suppose de concilier à la fois une approche économique, une approche environnementale et une approche sociale. C'est le principe de la révolution triplement verte. Il faut élever le revenu rural en créant des débouchés aux petites structures, puisque la petite agriculture familiale paysanne continue dans le monde d'être un grand réservoir de malnutrition et de pauvreté, lui donner accès, à la fois, à des intrants subventionnés et à des circuits de commercialisation sécurisés. Assurer l'autonomie alimentaire du pays passe par le développement de bonnes filières de transformation des produits locaux et de bons circuits de distribution. Mais pour dégager des surplus, sécuriser l'approvisionnement des villes, il faut aussi miser sur la productivité des exploitations les plus avancées, tout en exigeant d'elles le respect du Code du travail pour leurs personnels et la réalisation de performances environnementales. Même si elles supposent de relever des défis techniques : les grandes exploitations ont les moyens de mettre en œuvre une économie circulaire, de limiter leurs émissions de gaz à effet de serre, de créer des énergies renouvelables. Une unité de méthanisation n'est pas à la portée d'une petite exploitation, sauf si plusieurs exploitants se regroupent pour mener leur projet à bien et solliciter des subventions publiques.

Même si des programmes de commerce équitable sont mis en œuvre par des organisations de solidarité, voire par de grandes entreprises agro-alimentaires soucieuses de développer leur responsabilité sociale et environnementale, ils ne représentent qu'une part dérisoire des échanges internationaux (moins de 2 %) et restent trop souvent anecdotiques, quand ils ne sont pas de purs projets vitrines, un « greenwashing » masquant des pratiques moins reluisantes au quotidien. La réalité de tout producteur agricole, c'est une immense difficulté à obtenir une rémunération juste de son travail. Et plus vous êtes petit, isolé, plus vous êtes vulnérable. « Un paysan seul est un paysan spolié » avait coutume de répéter le président d'une des plus grandes coopératives agricoles françaises.

La petite agriculture paysanne reste la première exposée, partout dans le monde, à la précarité et aux aléas climatiques. Pour la protéger, il faut investir dans les infrastructures – routes, silos, magasins –, faciliter l'organisation collective, avec la création de coopératives, de syndicats, de banques agricoles, mais aussi lancer des politiques d'éducation et de santé. Ainsi mieux soignées, plus éduquées, les femmes, qui sont souvent les premières productrices des cultures alimentaires, peuvent prendre leur destin en main. Elles font moins d'enfants, auxquels elles assurent une meilleure vie car elles ont plus de temps pour s'en occuper, et elles s'autonomisent en créant des coopératives de commercialisation, dans l'arganier au Maroc, les cultures maraîchères dans la grande muraille verte, au Sénégal et en Mauritanie, le karité en Afrique de l'Ouest.

Il n'est aucune fatalité
à la pauvreté rurale !

Et quand on est bien organisés, on peut aussi s'armer pour faire face aux aléas climatiques : revégétaliser, puisque l'arbre fixe les sols tout en rendant de multiples services nourriciers et écologiques, créer des retenues et des puits, lutter contre les sécheresses par l'irrigation, contre les inondations et la salinisation par le drainage, contre les infestations parasitaires par des interventions ciblées, et de bons produits utilisés avec mesure, au lieu de mobiliser les enfants dans les champs pour en chasser les rongeurs et ramasser les chenilles.

Au Bénin, les paysans déplorent le manque de ce qu'ils appellent des « cides » (pesticides, fongicides, insecticides), mais quand ils en ont, l'usage qu'ils en font n'est pas toujours approprié : utilisant les produits de traitement destinés aux cultures commerciales, comme le coton, pour traiter leurs champs vivriers et accroître leur capacité à cultiver les zones de brousse, ils en font un emploi détourné et nocif pour leur santé. Quant aux conditions d'application, elles sont bien loin des normes en usage dans les pays développés : pas de combinaisons de protection obligatoires, pas de pulvérisateurs contrôlés et ciblés, pas de dosages calculés au plus précis.

Au contraire, torse nu sous un soleil accablant, sans rien pour se protéger le visage, ou juste avec un masque chirurgical maintes fois réutilisé, le pulvérisateur en bandoulière, les travailleurs pauvres sont particulièrement exposés. Les organisations qui combattent l'usage de ces produits ont beau jeu d'en dénoncer les ravages dans les pays pauvres, mais s'en passer ne résout rien, car la pression parasitaire est bien là, qui ruine les cultures sur pied et fait s'effondrer les récoltes. Plus de la moitié de la production mondiale est ainsi perdue dans les champs et les greniers, faute de moyens de protection adéquats !

En avril 2021, alors que le Covid avait fait fuir les touristes, privant le pays d'une partie importante de ses recettes, le gouvernement du Sri Lanka a cru bien faire en bannissant les pesticides de synthèse et les engrais minéraux importés, imposant à ses agriculteurs le passage brutal à une agriculture présentée comme biologique (ce qui n'est pas tout à fait exact car en bio aussi, on doit se protéger contre les infestations). Le résultat a été désastreux : l'infestation parasitaire a fait s'effondrer les rendements des plantations de thé, pourtant la première exportation agricole du pays, abandonner des terres agricoles devenues incultivables. La flambée du prix des produits alimentaires et de l'énergie et l'explosion du chômage ont provoqué de violentes révoltes populaires qui ont renversé le gouvernement. Un désastre économique total, qui a accentué la dépendance du pays à l'égard de la Chine.

Préserver sa souveraineté alimentaire, c'est un enjeu stratégique.

25.

Réussir à tout concilier

En agriculture, un seul adage s'impose donc : revenir au principe de réalité. Nourrir ses concitoyens, c'est un travail compliqué, où il faut être bon partout.

C'est aussi un travail harassant si on n'est pas aidé, comme ces femmes épuisées par toutes les activités de la campagne et qui les ont fuies dès qu'elles l'ont pu, après la Seconde Guerre mondiale, pour prendre des emplois salariés en ville. Il faut des machines, qui évitent de tout faire à la main, défricher, sarcler, désherber, récolter. Ou alors on embauche des migrants prêts à se coltiner le dur travail de la terre pour pas cher. Il faut aussi des produits de traitement pour lutter contre les moisissures, les pourritures, les insectes perforeurs… tout en sachant que le voisin – qui a bâti sa maison à côté de votre champ – ne veut plus en entendre parler. Même s'il apprécie la beauté des lavandes, du colza et des tournesols, n'hésitant pas à l'occasion à aller se servir dans votre verger ou à cueillir les melons en toute impunité, pas question de voir le paysan traiter ! Même attitude du consommateur urbain, inquiet pour sa santé, ce qui ne l'empêche pas d'exiger des aliments à la fois beaux, bons, sains. Et pas chers bien sûr.

Comment concilier toutes ces attentes certes contradictoires, mais que toutes les classes moyennes du monde expriment de façon unanime ? Ne pas traiter ? C'est ne pas manger. Et avoir beaucoup de mal à vendre des aliments imparfaits.

Non, il faut sortir du dilemme par le haut. Trouver des réponses par la sélection variétale, des plantes résistantes à leurs principaux bioagresseurs. Mais aussi par ce qu'on appelle les « outils d'aide à la décision », la cartographie satellitaire des parcelles pour n'intervenir que là où c'est nécessaire, des pulvérisateurs sans dérive pour ne viser que la plante atteinte, et pas le jardin du voisin mécontent.

Les fameuses ZNT (zones de non-traitement) sont très compliquées à mettre en œuvre concrètement, et l'agriculteur craint toujours de mal faire. La société arrive à le faire se sentir coupable en permanence !

Même en bio, même en permaculture, il est confronté aux invasions. Un été humide, comme en 2021 ? Le mildiou ronge les vignes, les pommes de terre, les tomates. Cette pourriture a provoqué la grande famine d'Irlande. Elle peut gâcher aujourd'hui les plus belles vendanges, comme l'oïdium. Un été très sec, comme en 2022 ? Cette fois, ce sont les insectes qui font bombance. Face à tous ces périls que le paysan connaît bien, les outils d'aide à la décision permettent d'agir vite au bon moment. Numérique, robotique, mais aussi génétique sont les grands piliers de la troisième révolution agricole.

> La profession agricole
> est l'une des plus équipées
> au monde.

Preuve supplémentaire de l'incroyable réceptivité à l'innovation de ce métier de chef d'orchestre nourricier. Le producteur vit de plus en plus, dans le monde entier, l'œil rivé à son smartphone. Agriculteurs ? Non, ageekulteurs ! Même les éleveurs du Sahel, pourtant encore largement analphabètes, utilisent de plus en plus leur téléphone, pour connaître les prix de leurs produits au lieu de se faire escroquer par le commerçant ambulant. Ils photographient les bêtes à destination des acheteurs urbains, qui peuvent ainsi effectuer leur achat à distance. Pas besoin de se déplacer. Une fois que tout le monde est d'accord, sur la brebis et sur le prix, on peut la charger dans un camion et l'envoyer en ville !

De nombreuses start-up éclosent aujourd'hui dans l'agriculture. Les outils d'aide à la décision rendent des services dans tous les domaines, surveillance du troupeau à distance (inutile de se lever la nuit si la vache n'est pas prête à vêler), stations météorologiques pour connaître la vitesse du vent (si elle dépasse certains seuils, il est interdit de traiter), l'imminence de l'orage – il faudra alors moissonner rapidement, mettre à l'abri les bêtes, ou déployer le filet anti-grêle sur le verger. La météo, c'est le souci permanent du paysan. Tous les systèmes d'alerte lui sont utiles. Mais ils coûtent cher.

Et quand les évènements météorologiques se multiplient et qu'ils deviennent plus violents, le producteur ne peut pas toujours se protéger. Quelle tristesse de voir une pluie de grêlons hacher brutalement le travail d'une année, les pommes ou les raisins prêts à être ramassés !

Un agriculteur est non seulement un chef d'orchestre mais un combattant qui doit lutter en permanence contre tout ce que la nature invente pour voler aux humains leur nourriture, contre tout ce que la planète déclenche – et elle se montre de moins en moins clémente dans certaines régions – pour détruire le patient travail des hommes. D'où la création de boucliers assurantiels qui permettent d'être indemnisés après la destruction de ses vignes, de ses vergers, de ses moissons. C'est cela, la réalité quotidienne de celui qui nous nourrit. Alors quand en plus on le critique, comprenez qu'il se décourage !

Avec un incroyable paradoxe : idéalisant les bienfaits de la nature « naturelle », bien des jeunes urbains des pays développés souhaitent aujourd'hui s'installer en agriculture pour renouer avec ce qu'ils pensent être la « vraie vie », authentique et saine. Produire avec amour des aliments de qualité choisis dans des activités de niche, permaculture, petit élevage, maraîchage bio. Aller les vendre dans de jolis paniers d'osier au marché du coin. C'est une belle idée, qui séduit un nouvel agriculteur sur trois en France. Les pouvoirs publics financent ces nouvelles installations, parce qu'elles créent des territoires vivants, du lien social. Les projets qu'ils retiennent leur plaisent car ils affirment choisir de bannir les produits chimiques et les machines modernes pour revenir aux méthodes traditionnelles : désherbage et cueillette manuels sur de petites surfaces, bio, circuit court, local.

De beaux projets en effet... Mais combien tiennent sur la durée ? Travaillant sans compter leurs heures, les nouveaux paysans découvrent la dureté du travail agricole traditionnel. Au début, ils sont tout feu, tout flamme. Les journalistes viennent faire de magnifiques reportages enthousiastes.

Et puis, les mois passent. Les ventes s'effilochent en même temps que les productions : les acheteurs enthousiastes du début sont retournés faire leurs courses au supermarché, car leur portefeuille souffre ; les touristes de l'été ont disparu avec les premiers frimas, mais pas les corbeaux, ni les limaces, qu'on hésite à éliminer parce que, quand même, c'est la biodiversité. On voulait reproduire le système maya, avec les fameuses trois sœurs, le haricot qui s'enroule autour du maïs pendant que la courge couvre le sol. Mais les courges se vendent mal. Un joli datura passé inaperçu a poussé au milieu des haricots et le contrôleur exige que la totalité de la récolte soit arrachée et détruite : si beau soit-il le datura empoisonne irrémédiablement ceux qui entrent en contact avec ses feuilles... sans même parler de les avaler. Ce n'est pas pour rien qu'on l'appelle herbe du diable, ou herbe à sorciers !

L'année suivante, on a fait attention au datura, mais des mycotoxines ont contaminé le maïs, tandis que les pucerons envahissent les haricots – les coccinelles sur lesquelles on misait n'ont visiblement pas fait le boulot. Quant à la lentille verte du Puy, comme toutes ces légumineuses que nous aimons tant porter au pinacle, car elles nous apportent de précieuses protéines végétales tout en fixant l'azote dans les sols, elle est menacée par un champignon, l'aphanomycès, qui s'attaque à leurs racines et les fait pourrir.

Face à ce redoutable parasite, il n'existe nulle parade.

Sinon attendre que la terre s'en débarrasse. Un cauchemar.

Bref, nos néo-convertis s'épuisent et finissent par se décourager. Au mieux, ils ont une jolie propriété à convertir en chambres d'hôtes, en allant acheter les petits-déjeuners au supermarché du coin, malgré le bol de fraises maison qui permet de vanter les bienfaits de la permaculture. Au pire, ils retournent prendre un job salarié, un de ces fameux « bullshit jobs » qu'ils ne cessaient de conspuer à la sortie de leurs études.

Et une friche, vite envahie d'ordures – il ne faut pas longtemps, en péri-urbain, pour qu'un bout de terre se transforme en décharge sauvage – désespère les voisins, ceux-là mêmes qui avaient chassé le méchant agriculteur empoisonneur quand il osait pulvériser de l'anti-limace ou de l'anti-pucerons. Tout en traitant eux-mêmes généreusement leurs rosiers, leur chat et leur chien contre les puces et les tiques, et leur piscine – anti-algues, anti-verdissement, antitout – à l'eau si bleue que les guêpes n'osent venir y boire, sous peine de périr, mais comment se baigner tranquillement sans un répulsif anti-insectes ? On s'étonne souvent de voir arrachés les vergers abandonnés, c'est pourtant une obligation car ils servent de repaire à tous les parasites prêts à fondre sur ceux qui sont exploités.

Il ne faut pas revenir au passé et faire de l'agriculture des pays riches une nouvelle fabrique de pauvres ! Face aux enjeux de la souveraineté et de la sécurité alimentaire, le retour au principe de réalité s'impose.

26.

Pour pouvoir tous manger, il faut traiter

Exercer le métier d'agriculteur n'a jamais été une sinécure, mais les choses empirent.

Pour protéger les abeilles, il faut traiter la nuit. Mais celui qui voit les phares de votre tracteur dans un champ se dit qu'il y a anguille sous roche : si vous vous cachez, c'est que vous êtes coupable. Alors le quidam appelle les gendarmes, quand il ne menace pas de vous casser la figure, puisque vous êtes en train de pulvériser en catimini du « poison » près de chez lui.

Pour nourrir ses concitoyens, les protéger malgré eux de maladies dont ils ignorent jusqu'à l'existence, puisque vous avez réussi à les faire disparaître (mais elles ne demandent qu'à revenir), l'agriculteur doit affronter la suspicion collective, les accusations – Pollueur ! Empoisonneur ! – voire les coups. Personne sinon le producteur ne vit les affres d'une réglementation de plus en plus draconienne.

Je vous sens tiquer. Vous pensez aux ravages causés par l'agriculture dite « productiviste ». Aux sols qui seraient morts désormais. À la disparition des insectes. Aux terribles pesticides responsables de maladies graves. À la pollution des terres et des eaux…

Stop ! Ces maux existent bien sûr, les paysans eux-mêmes en sont d'ailleurs les premières victimes. Mais ce serait faire injure au monde agricole que de le résumer à cette vision négative, accusatrice. Ils en souffrent, surtout quand leurs enfants rentrent de l'école en disant : « Papa, en classe, on m'a dit qu'à cause de gens comme toi, il y a de moins en moins d'oiseaux dans les champs. »

Vous imaginez ? Avoir choisi de cultiver la terre, d'élever des bêtes, et se voir sans cesse accusé de mal faire ? D'être un pollueur et un empoisonneur ? C'est ce que beaucoup d'agriculteurs vivent au quotidien.

Il faut les écouter raconter ce qu'ils subissent. Dès qu'ils sortent leur pulvérisateur, les voitures s'arrêtent sur la route et on vient les insulter, parfois même les frapper ! On ne leur demande même pas ce que contient le fameux « pulvé », persuadé qu'il ne peut qu'épandre ces prétendus poisons que seraient les pesticides, un mot parfaitement horrible, d'autant qu'on ne l'emploie jamais pour les médicaments destinés aux humains.

Les pesticides
ne sont rien d'autre
que des médicaments
pour les plantes.

Des « médicaplantes », comme les qualifie Patrick Ballu, le fondateur d'Exel Industries. Comme les humains, les plantes ont besoin d'être protégées de leurs agresseurs, soignées quand elles sont malades. Sinon, elles souffrent, ne donnent rien, et peuvent même être toxiques. La santé végétale, la santé animale et la santé humaine forment un tout. Une seule santé. C'est le concept « One Health », lancée au début des années 2000, une approche intégrée et systémique de la santé globale, à toutes les échelles, face aux risques croissants des maladies émergentes.

Pourtant, dès qu'un agriculteur sort son pulvé, le voilà coupable. Même quand il s'agit seulement de nutriments pour les plantes, voire simplement d'eau, parce que le gel menace. Un conducteur pile sur la route qui longe le champ et brandit le poing, lançant des insultes. Ce sont pourtant les mêmes voitures qui, en été, stoppent sans vergogne pour cueillir un bel abricot dans le verger, voire remplir un sac entier pour toute la famille. Des voitures conduites par des personnes qui ont choisi de vivre à la campagne parce qu'elles trouvaient beaux les champs de lavande et la marqueterie cultivée, douce marée des blés mûrs ondulant sous la brise de juin, or du colza.

Qui sait que dans certaines régions de France de petits coléoptères noirs, les altises, dévorent les colzas et que les agriculteurs n'ont plus les produits pour s'en débarrasser ? Ils ont été interdits, poussant certains producteurs à abandonner cette culture, faute de pouvoir la traiter contre ses ravageurs. Alors que la guerre d'Ukraine entraîne une pénurie mondiale d'huile ! Et c'est pareil pour la moutarde, pour les fruits à noyaux, dévorés par une petite mouche, la drosophila suzukii, qu'on ne peut plus combattre : ce qui permettait de le faire, le diméthoate, a été interdit en 2016. Que les blés sont menacés par une moisissure toxique, la septoriose.

Bruxelles menace même de qualifier la lavande de produit chimique en raison de certains composés qu'elle contient naturellement, ce qui obligerait les paysans qui la cultivent sur le plateau de Valensole, où déferlent les touristes en quête de photos souvenirs à apposer une tête de mort sur leurs bouteilles d'huile essentielle ! Les Chinois, quand la pandémie ne les bloque pas chez eux, font pourtant de leur visite dans les champs de lavande un must aussi recherché que la tour Eiffel et le shopping dans les boutiques de luxe…

Un dossier visant à inscrire les paysages de lavande sur la liste du Patrimoine mondial de l'Unesco a été déposé en 2022 par la filière lavande française. Il faudra en moyenne cinq ans pour l'instruire. Si « les paysages olfactifs et poétiques de lavande » sont reconnus comme méritant d'être classés, ils rejoindront deux autres paysages emblématiques français, d'une part, en 2011, les « paysages culturels de l'agro-pastoralisme méditerranéen » des Causses et des Cévennes, où l'élevage de brebis a permis la naissance de la plus ancienne AOP fromagère française, celle du roquefort en 1927, d'autre part, en 2015, « les climats du vignoble de Bourgogne », où d'infimes variations dans la qualité des sols et des expositions donnent les crus les plus prestigieux. *Le vin et le divin*, résume Jean-Robert Pitte[1], président de la Société de géographie et grand amoureux de ces élixirs d'exception, transsubstantiation de simples raisins.

L'inscription sur la liste du Patrimoine mondial de l'Unesco, qui concerne aujourd'hui 49 biens français,

1. Fayard, 2004.

est souvent le point de départ d'une formidable attractivité, qui valorise à la fois les paysages, le patrimoine et les savoir-faire d'une région. Agriculteurs et éleveurs y voient une grande source de fierté… Mais les touristes qui se précipitent dans les sites ainsi labellisés oublient souvent à quel point c'est aux traditions agricoles locales qu'ils doivent la beauté des lieux, dont la tendance actuelle est à la sanctuarisation, voire à l'ensauvagement, au nom d'une « renaturation » qui compromet leur pérennité même.

Ainsi, les bergers des Causses et des Cévennes souffrent du retour du loup et de la réintroduction des vautours, qui menacent les pratiques d'élevage sur les hauts plateaux. Or sans brebis, sans vaches, sans chevaux, les paysages s'embroussaillent, se ferment et l'incendie les guette. Le site de Montpellier-le-Vieux incitait en 2022 les visiteurs de l'incroyable chaos ruiniforme calcaire du Causse noir à cohabiter avec les chenilles processionnaires : « Vous êtes dans un site naturel où se développe un écosystème vivant, nous devons le respecter et apprendre à vivre avec celui-ci », disait la pancarte apposée à l'entrée… tout en interdisant la présence des chiens, susceptibles d'être tués par ces chenilles à la fois très allergisantes et très urticantes.

Peut-on vraiment « vivre avec » les chenilles processionnaires qui emmaillotent les pins de cocons filandreux en les tuant à petit feu ? Peut-on vraiment cohabiter avec les loups, qui ont fait leur grand retour en France depuis 1992 et comptent à présent plusieurs centaines d'individus, provoquant, comme l'ours dans les Pyrénées, des dérochements massifs de brebis affolées, des avortements prématurés, une perte économique et affective colossale pour les éleveurs ? Les organisations environnementales et l'Office français de la Biodiversité, en pointe au sein du plan Loup français, se félicitent que « la dynamique démographique favorable de l'espèce lupine observée depuis dix ans s'accompagne d'un taux de survie de l'espèce satisfaisant et d'une hausse de la reproduction ». Quel mépris pour les éleveurs !

Célébrer le retour du loup, qui a effectivement réussi sa réimplantation, au point de recoloniser la quasi-totalité du territoire français, c'est oublier que l'espèce la plus menacée, désormais, est celle du berger d'alpages. Protéger les troupeaux devient de plus en plus coûteux : le plan Loup français, c'est 30 millions d'euros par an, dont plus du quart est supporté directement par les éleveurs, qui doivent parquer leurs brebis la nuit (moment où elles aiment au contraire se nourrir, car il fait plus frais), installer des clôtures électrifiées, former et nourrir des chiens de défense, les patous, qui mordent à l'occasion les randonneurs… Est-ce que nous ne marchons pas sur la tête en célébrant le retour d'un prédateur dont nous avons tout fait pour nous débarrasser après des siècles de terreur ?

La biodiversité subit une grave crise d'extinction, nous alertent les scientifiques, et cette inquiétude mérite d'être entendue. Mais l'effondrement de certains insectes, comme les poux ou les puces, porteurs de maladies mortelles comme le typhus ou la peste, est aussi une nécessité pour assurer la survie de l'humanité. Il faut alors faire un tri, mais quel tri ? Qui décide ? Aux Seychelles, il existe de monstrueuses bibles[2] sur les moyens d'exterminer toutes les espèces végétales, mais aussi animales considérées comme invasives. La liste des indésirables et des méthodes d'éradication fait froid dans le dos. Les ennemis du sacro-saint endémisme des Seychelles, du perroquet rouge de Madagascar (l'endémique est gris) aux mangoustes importées d'Inde, en passant bien sûr par les rats, mais aussi les chats, sont innombrables, mais à quand le fait-on remonter, ce fameux endémisme (seul ce qui est local a droit de cité), puisque toutes les îles ont été peuplées par importation, les fameux 3 W, les vagues (*waves*), le vent (*wind*), les ailes (*wings*), mais aussi les voyageurs, à toutes les époques ? Quand met-on le curseur ? Transposée à l'espèce humaine, cette vision est-elle acceptable, d'autant que les méthodes d'élimination, qui vont du piégeage suivi d'asphyxie par le gaz, à l'empoisonnement, voire au brisage des nuques, sont de sinistre mémoire.

Qui est indésirable en effet ? Tout dépend des critères retenus. L'Europe a d'abord subi l'invasion des espèces en provenance d'Amérique du Nord, et heureusement pour notre alimentation, car sans maïs, sans pommes de terre ou sans tomates, elle serait bien pauvre. Aujourd'hui, les invasions viennent d'Asie, à l'image du fameux frelon, et elles alimentent le même racisme implicite : tout ce qui vient d'ailleurs est forcément mauvais… jusqu'à ce que l'espèce incriminée trouve sa place dans l'écosystème et

---

2. Gérard Rocamora et Elvina Henriette, *Invasive Alien Species in Seychelles, why and how to eliminate them ?*, University of Seychelles, Biotope Editions – Muséum d'histoire naturelle, 2015.

devienne acceptable, voire utile. Dans le lac Victoria, la perche du Nil a été accusée des pires horreurs. C'était le « cauchemar de Darwin », selon le titre du film à charge d'Hubert Sauper en 2004, mais ce poisson avait en réalité réussi à s'adapter aux eaux polluées du lac en créant de la valeur et des emplois grâce à la mise en place d'une industrie de la pêche. Aujourd'hui, surexploitée, la perche du Nil est à son tour menacée d'extinction. Les silures ont pris sa place. Un nouveau cauchemar de Darwin ? ou bien une nouvelle ressource ?

Dans les années cinquante, quand les doryphores envahissaient les champs de pommes de terre, il fallait les ramasser à la main et se rendre d'urgence en mairie, où l'on vous remettait de la « bouillie arsenicale ». Personne ne s'interrogeait sur l'innocuité de ce moyen de lutte radical : il y allait de la survie alimentaire des Européens affamés. Nourrir à bas prix a nécessité la création de la Politique agricole commune et des lois d'orientation agricole françaises d'Edgard Pisani en 1962. Aujourd'hui, les coléoptères seraient devenus nos amis et le Musée des confluences à Lyon leur consacre une belle exposition en 2019 : couleurs chatoyantes des cétoines, incroyable diversité de formes, ces insectes sont effectivement « extraordinaires », comme le titre l'exposition.

Une biodiversité admirable ? Quand certains insectes prolifèrent, les hommes meurent de faim et de maladies. Comme les puces des rats, vecteurs de la peste noire, qui tue la moitié de la population européenne entre le XIV et le XVIIe siècle. Ou le typhus transmis par les poux, qui fait des ravages dans les tranchées pendant la Première Guerre mondiale. Ou ces criquets qui anéantissent les récoltes en Afrique orientale en 2019 et 2020. La menace des acridiens est ancienne : qu'on se souvienne des sept plaies d'Égypte. Ils prolifèrent de nouveau à la faveur de l'extension des zones de conflits, qui provoque une baisse de la surveillance, mais aussi de notre haine des traitements... Mais si nous ne pulvérisons pas un essaim en voie de formation, le criquet solitaire s'agglutine en milliers d'individus aussi grégaires que voraces, qui dévorent tout sur leur passage.

Les pestes végétales et animales restent innombrables et ne demandent qu'à revenir, pour peu que nous relâchions notre vigilance et nos moyens de lutte. La mondialisation et le changement climatique exacerbent la pression parasitaire.

> Vivre dans un monde sain exige une surveillance constante, et des moyens de lutte adaptés.

Qu'on se souvienne de l'oïdium, ce minuscule champignon qui dévaste les vignes françaises au milieu du XIXe siècle. Le soufre permet d'en venir à bout. Mais espérant éviter de traiter, les sélectionneurs importent des ceps des États-Unis. Las ! Ils ont aussi fait venir en France un minuscule puceron, le phylloxéra, qui ronge les vignes françaises de l'intérieur. C'est une catastrophe nationale. Elle oblige à replanter la quasi-totalité du vignoble à l'aide de porte-greffes américains, naturellement résistants.

Quand l'Organisation mondiale de la santé décrète, dans les années soixante, l'éradication du paludisme, transmis par les moustiques, elle préconise diverses méthodes, dont un insecticide puissant, le DDT, généralisé par les Alliés au moment de la Seconde Guerre mondiale pour combattre le typhus et la malaria qui déciment les militaires sur le front du Pacifique, les civils dans les villes en guerre, comme Naples en 1943, les rescapés des camps de concentrations nazis.

Combattant les moustiques, les poux, les puces, efficace même dans l'eau contre les terribles parasitoses tropicales, le DDT permet de remplacer l'arsenic (qui continue d'être utilisé contre la maladie du sommeil, malgré son effroyable toxicité) et il fait figure de produit miracle, si peu cher et si efficace qu'il est massivement utilisé dans l'agriculture et la santé publique, valant le prix Nobel de médecine à son inventeur, le Suisse Paul Hermann Müller, en 1948.

Mais le prétendu sauveur de l'humanité montre rapidement ses limites : non seulement des résistances apparaissent, chez les moustiques notamment, mais le DDT, rémanent, s'accumule dans les organismes vivants, avec de graves effets toxiques, sur les oiseaux, les poissons, l'organisme humain. En 1962, la biologiste Rachel Carson publie aux États-Unis un terrible livre à charge, *Printemps silencieux*, montrant que les oiseaux disparaissent des campagnes. Le DDT sera progressivement banni de l'agriculture, puis de la santé. Pour le plus grand bonheur du moustique. Après avoir diminué, le paludisme repart en flèche, tuant un million de personnes chaque année dans le monde, principalement de jeunes enfants, jusqu'à ce qu'une nouvelle initiative mondiale, unissant les Nations unies, et des Fondations comme celle de Bill et Melinda Gates, permettent d'en réduire de moitié l'incidence. Ce qui veut dire qu'environ 450 000 personnes meurent toujours chaque année du paludisme. L'OMS préconise aujourd'hui le retour du DDT, certes avec une utilisation très encadrée, pour en finir avec ce tueur silencieux des campagnes tropicales pauvres.

Nous voulons proscrire les produits toxiques de nos méthodes de lutte contre les ravageurs pour éviter l'empoisonnement des organismes, les prétendus « effets cocktail » qui seraient dus à l'accumulation de microdoses, la contamination des sols, de l'eau, de l'air. Plus que jamais, la recherche, l'innovation sont nécessaires. Revenir au passé en l'idéalisant, penser que la nature trouve naturellement des réponses et qu'il suffit de méthodes agroécologiques, de lutte biologique, d'écologie chimique (solliciter les réponses naturelles des plantes face à leurs agresseurs, comme l'acacia, qui diffuse un composé chimique lorsqu'il est attaqué par les grands herbivores africains), c'est oublier à quel point

> l'humanité a de tout temps souffert de la faim face aux infestations.

Les tableaux de Jérôme Bosch montrant les ravages de l'ergot des céréales, mais aussi la permanence des mycotoxines, le plus puissant cancérogène naturel au monde selon la toxicologue Isabelle Oswald. Il faut trouver des réponses, certes écologiquement acceptables, mais des réponses.

Elles résident notamment dans ces nouveaux pulvérisateurs ultraprécis qui diminuent de plus de moitié les doses utilisées, permettant d'atteindre les objectifs du Green Deal, en réduisant en outre les risques de dérive, puisqu'il faut désormais respecter les zones de non-traitement à proximité des habitations ou des écoles, dans des milieux ruraux de plus en plus mités par une urbanisation insuffisamment contrôlée. Les protocoles d'utilisation deviennent de plus en plus exigeants. Les chambres d'agriculture déploient tous les moyens pour rassurer les riverains, avec des chartes de bon voisinage et autres codes de bonne conduite élaborés conjointement. Les syndicats comme la FNSEA mettent en œuvre des contrats de solutions pour montrer leur bonne volonté. Mais la bonne volonté doit aussi venir de la société civile, de ces néo-ruraux trop souvent braqués.

Non seulement l'agriculteur doit acquérir des certificats d'utilisation des produits phytosanitaires, se protéger lui-même avec des tenues adaptées, respecter des conditions d'emploi draconiennes (ne pas traiter quand il y a du vent, veiller à ce que personne ne pénètre dans la parcelle avant un délai très encadré), mais son obsession est d'utiliser le moins possible de produits de traitement, parce qu'ils coûtent cher, demandent de la main-d'œuvre, suscitent la colère des voisins – qui ne comprennent pas toujours qu'on traite pour protéger les plantes, donc pour les protéger, eux, quand ils se nourrissent. Et il ne cesse de s'interroger sur les moyens les plus efficaces de tout concilier.

La baisse des traitements est continue : selon le gouvernement français, en 2022, il est au plus bas depuis 2009, année du lancement du premier plan

Écophyto. Mais les produits utilisés en biocontrôle et en bio progressent.

> Refuser tout traitement serait suicidaire pour notre souveraineté alimentaire.

Quand des colonies de pucerons envahissent les betteraves ou les haricots, les coccinelles ne parviennent pas à juguler le fléau. Il faut agir en traitant, de la façon la plus limitée, courte et réduite possible. Surtout quand les coccinelles asiatiques, initialement importées au nom de la lutte biologique, sont désormais accusées d'évincer la coccinelle européenne.

Face à l'envahissement du sud de la France par les moustiques, non seulement en Camargue, de plus en plus invivable, mais dans le Languedoc et les Bouches-du-Rhône, où ils prolifèrent, avec l'apparition d'espèces potentiellement dangereuses comme le moustique-tigre, les communes sont les premières à solliciter une intervention vigoureuse des pouvoirs publics, sous peine de voir s'enfuir ces indispensables touristes estivaux, qui vous permettent de rester vivre au pays tout le reste de l'année. Pas d'inquiétude pour l'effet dit essuie-glace : les pare-brise des voitures sont bien noirs de moustiques, surtout au crépuscule, quand les insectes piqueurs sortent par millions pour se livrer à la curée ! Certaines personnes doivent être hospitalisées tant elles sont piquées. Si ces moustiques transmettaient le paludisme, nous ne nous poserions pas une seule seconde la question de leur légitimité ! Des cas de dengue, de zika, de chikungunya, de fièvre du West Nile commencent d'ailleurs à apparaître en métropole, comme ils sévissent déjà dans nos îles tropicales. Avec le changement climatique, nous nous tropicalisons petit à petit (certains audacieux se lancent d'ailleurs dans la culture d'espèces « exotiques » comme les mangues ou les arachides), cela signifie que les préoccupations jusque-là ignorées de milliards de gens pauvres à travers le monde deviennent aussi les nôtres.

Nourrir, protéger, soigner.
Ceux qui s'en chargent
sont les vrais sauveurs
de l'humanité.

27.

Quand la planète s'embrase…

Été 2022. Partout, en Europe, en Australie, en Californie, des canicules et des incendies géants. En France, alors que l'été 2021 a été très humide, il n'a pas plu suffisamment au cours de l'hiver suivant. Les nappes, les rivières, les lacs manquent d'eau. Le printemps et l'été se révèlent exceptionnellement secs, avec des déficits de précipitations qui font souffrir les milieux naturels : à la sécheresse météorologique, liée à une pénurie de pluies prolongée, se greffe la sécheresse hydrologique des sols. La chaleur intense accroît l'évapotranspiration des cultures.

Dans un tel contexte, et alors que la canicule s'est abattue sur l'Europe, il suffit d'un rien pour déclencher un feu, que les broussailles et le vent attisent, jusqu'à ce qu'il se nourrisse de lui-même pour prendre des proportions incontrôlables, devenir un de ces « méga-feux » qui semblent se multiplier. 700 000 hectares brûlent au cours de ce terrible été dans toute l'Europe, près du dixième en France.

Les pompiers le savent bien : un feu qui naît, il suffit d'un verre d'eau pour l'éteindre. Quelques minutes plus tard, il faut un camion. Et si on attend encore, les canadairs ne suffisent même pas face aux tornades engendrées par les gigantesques incendies, qui obligent à évacuer des milliers de personnes, brûlant des quartiers entiers, comme en Californie. La faune sauvage qui ne peut fuir est ravagée.

Là où les secours n'ont pu intervenir, des dizaines de vies humaines sont fauchées, par asphyxie ou parce qu'elles ont été piégées par les flammes. L'histoire se nourrit de ces récits terrifiants : en octobre 1970, l'écrivain Martin Gray, rescapé de la Shoah, perd sa femme et ses quatre enfants dans l'incendie du massif du Tanneron, dans le Var, où il s'était installé comme exploitant agricole. C'est en voulant échapper aux flammes que sa famille a été piégée dans sa voiture. Onze personnes trouvent la mort dans ce feu, près de Mandelieu.

En Gironde, en 1949, prises dans un immense incendie, 82 personnes meurent dans les Landes de Gascogne, dont 26 habitants de la seule petite commune de Canéjan. Ce sont principalement des pompiers. Le ministre Paul Ramadier reconnaît alors que les secours ont failli. Après cet épisode dramatique, la France se dote de moyens de secours qui permettent de faire chuter les fléaux du feu, sauf lors d'années exceptionnellement sèches. Les superficies détruites chaque année sont divisées par deux, passant de 30 000 hectares en moyenne à 15 000 (et même moins de 10 000 par an entre 2006 et 2021), tandis que le nombre de victimes humaines s'effondre.

Mais les grands incendies de l'été 2022 en Gironde, à La Teste-de-Buch et à Landiras, qui s'inscrivent dans un contexte de déficit hydrique prolongé, ont détruit 30 000 hectares, sur un total de 65 000 en France. Certes, nous sommes bien loin encore des 88 000 hectares brûlés lors de la sécheresse de 1976, ou des 73 000 de celle de 2003. Mais lors de l'été 2022, des incendies se déclarent partout, même en Bretagne, dans le Morbihan ou les monts d'Arrée, ou dans les Hauts-de-France, régions traditionnellement humides mais qui souffrent d'un déficit hydrique prolongé. Les orages secs (sans pluie) déclenchent aussi de terribles incendies quand la terre est si desséchée qu'un rien l'embrase.

Les lourds dégâts aux forêts, aux landes et aux cultures, et même aux habitations dans les Landes, auraient été plus importants encore sans la mobilisation des pompiers bien sûr, venus de toute la France, et même d'Europe, mais aussi de tout un cortège de bonnes volontés, au premier rang desquelles les agriculteurs. En Gironde, ils se sont massivement mobilisés, acheminant des tonnes à lisier remplies d'eau pour ravitailler les camions-citernes, mobilisant machines, carburant, main-d'œuvre pour débroussailler de vastes lisières et créer ainsi des pare-feu. « La forêt a brûlé, mais les hommes ont tenu », résume Arnaud Desjeans dans le journal *Sud-Ouest* du 23 juillet 2022. En grande partie grâce aux agriculteurs. Ce sont dans leurs réserves d'eau que les pompiers ont puisé pour combattre les incendies. Si elles n'avaient pas été là…

La plupart de ces incendies sont d'origine humaine, qu'il s'agisse de négligences, du mégot jeté par la fenêtre au barbecue des campeurs inconscients, ou d'actes volontaires, avec la multiplication des pyromanes, fascinés par le spectacle du feu. Les incendiaires savent que la priorité des pompiers est de sauver les vies. En Gironde, en juillet 2022, l'incendie se déclare d'abord dans une zone habitée, la Teste-de-Buch, mobilisant les secours. Quelques instants plus tard, c'est autour de Landiras, dans un territoire très forestier, que plusieurs feux partent simultanément. Les soldats du feu sont occupés ailleurs, et la forêt de pins s'embrase. Il existe hélas, même parmi les pompiers, des déviants allumant volontairement les foyers qu'ils combattront en héros. La moitié des feux se déclare à moins de cinquante mètres d'une zone habitée.

Combien de temps tiendrons-nous si nous ne mettons pas en œuvre des mécanismes d'anticipation ?

Accepterons-nous longtemps les terribles feux d'été causés par le manque d'eau, tandis qu'à l'automne et au printemps des inondations meurtrières causées par les méga-pluies, en Australie, en Allemagne, en Chine, en France, submergent des villes entières, emportant routes et ponts, dévastant les sols par le ruissellement, avec des conséquences dramatiques ?

Si le nombre de victimes humaines s'est effondré en Europe, il continue d'être tragiquement élevé dans les pays de grands espaces. En Australie, c'est… 18,6 millions d'hectares qui brûlent entre 2019 et

2020, soit 186 000 km^2, affectant le cinquième des forêts du pays ! 33 personnes meurent dans ces incendies, sans compter toutes celles qui s'éteindront précocement à cause des problèmes respiratoires dus aux fumées. Pendant des mois et des mois, les forêts et la brousse ont brûlé. Le bilan écologique est désastreux. Des milliards d'animaux ont été pris au piège et brûlés, pas seulement les emblématiques koalas, mais aussi toute une faune endémique de l'Australie – reptiles, oiseaux, marsupiaux, batraciens – souvent déjà en situation précaire.

Pourtant, trois ans plus tard, les territoires brûlés ont reverdi. Les scientifiques constatent que les pertes massives de biomasse ont été très rapidement compensées par la résilience de la forêt[1]. Réputés pour leur croissance rapide et leur capacité de régénération post-incendies, les eucalyptus ont repris très rapidement après l'année très humide que fut 2020. Non seulement le stock de biomasse a augmenté, mais cette végétation en forte croissance piège le dioxyde de carbone qui avait été lâché dans l'atmosphère par les grands incendies.

Pourtant, ce message-là, bien que scientifiquement incontestable, n'est pas audible dans les médias. L'été 2022 n'est qu'une longue litanie de plaintes sur les grands incendies, le monde qui disparaît sous nos yeux, l'irréversible « dérèglement climatique » qui nous conduirait tout droit au désastre, à l'effondrement. Pour avoir osé relativiser ce discours sur une chaîne à forte audience en

1. https://www.inrae.fr/actualites/feux-extremes-comment-foret-australienne-renait-ses-cendres

évoquant les fortes températures des climats tropicaux et la capacité de l'humanité à se défendre face à ces assauts de la nature, je suis soudain ostracisée, conspuée. Il ne faudrait que joindre sa voix au chœur des pleureuses.

Pourtant, l'histoire de l'humanité se déroule sur le temps long. Et de tout temps, les hommes ont dû affronter de terribles catastrophes naturelles, avec des moyens bien moindres que ceux dont nous disposons aujourd'hui.

Dans la très vieille histoire du peuplement de l'Australie, qui remonte à plus de cinquante mille ans, les Aborigènes avaient entretenu la pratique des feux volontaires et contrôlés pour empêcher la survenue de méga-feux[2]. Ils incendiaient donc régulièrement le bush pour supprimer les broussailles, créer un tapis de cendres et ainsi fertiliser les sols, donc la végétation – comme le font les bergers en Corse et tous les agriculteurs du monde tropical, qui continuent de pratiquer l'essartage, l'agriculture sur brûlis, engendrant ces immenses nuages de fumées que l'on voit de l'espace au début de la saison des pluies, et qui sont accusés de contribuer activement au réchauffement climatique.

Mais les colons britanniques, qui méprisent les Aborigènes et les maltraitent au point de ne pas les voir comme des humains (au XIXe siècle, il est permis de leur donner la chasse et de les tuer, ils n'obtiendront la citoyenneté australienne qu'en… 1967) interdisent cette pratique des feux de brousse. L'Australie

2. Georges Rossi, *L'ingérence écologique*, CNRS Éditions, 2000.

va alors connaître des incendies gigantesques à la fin du XIXe siècle. Certains durent plus de dix ans !

La culture du feu maîtrisé existait aussi chez les peuples indiens de l'Oregon et de la Californie. Les gardes forestiers des grands parcs américains ont longtemps considéré qu'il fallait laisser faire le feu, car les incendies permettaient de nettoyer la végétation.

Mais la donne a changé. D'une part les habitations ont poussé au cœur même des espaces hier uniquement naturels, et tout feu menace gravement, non seulement les vies, mais aussi les biens : loin des pauvres bûcherons d'hier, ce sont aujourd'hui les plus riches qui se construisent de magnifiques villas au milieu des forêts. D'autre part, les incendies rejettent dans l'atmosphère des milliards de tonnes de gaz à effet de serre, qui contribuent au réchauffement climatique. Enfin, le bilan environnemental de ces feux, et notamment la destruction de la biodiversité animale et végétale, est devenu inacceptable.

Et puis, les catastrophes météorologiques se sont multipliées au cours des cinquante dernières années, comme le montre, dans un rapport publié en 2021, l'Organisation météorologique mondiale (OMM)[3] : une catastrophe d'origine météorologique, climatique ou hydrologique a été enregistrée en moyenne chaque jour au cours des cinquante dernières années, entraînant quotidiennement le décès de

3. *Atlas de la mortalité et des pertes économiques dues aux phénomènes météorologiques, climatiques et hydrologiques extrêmes* (1970-2019), OMM, août 2021.

115 personnes et des dégâts se chiffrant à 202 millions de dollars US. Plus de 11 000 catastrophes attribuées à ces phénomènes ont été signalées au cours de ces cinq décennies dans le monde. Elles ont causé un peu plus de 2 millions de morts et des dégâts matériels s'élevant à 3,64 milliards de dollars US.

Le nombre de catastrophes a donc été multiplié par cinq durant cette période de cinquante ans, sous l'effet du changement climatique et de la multiplication des phénomènes météorologiques extrêmes, qu'un système de notification plus efficace permet aujourd'hui de signaler plus systématiquement. Néanmoins, grâce à une amélioration des systèmes d'alerte précoce et de la gestion des catastrophes, ces catastrophes ont entraîné presque trois fois moins de décès.

Plus de catastrophes météorologiques mais moins de décès, c'est une bonne nouvelle pour l'humanité.

Entre 1970 et 2019, les facteurs météorologiques, hydrologiques et climatiques ont été à l'origine de 50 % de toutes les catastrophes, de 45 % de tous les décès et de 74 % de toutes les pertes économiques dont il a été rendu compte. Plus de 91 % de ces décès sont survenus dans des pays en développement.

Parmi les 10 catastrophes les plus graves au cours de cette période, ce sont les sécheresses (650 000 morts), les tempêtes (577 232 morts), les inondations (58 700 morts) et les températures extrêmes (55 736 morts) qui ont prélevé le plus lourd tribut en vies humaines. Le nombre de décès a toutefois diminué d'un facteur proche de trois entre 1970 et 2019.

Ce rapport le souligne :

> la vulnérabilité face aux catastrophes est étroitement liée au niveau de développement.

La multiplication des méga-feux n'est pas seulement la conséquence de ce qu'on appelle désormais le « dérèglement climatique » (mais le climat n'a en réalité jamais été « réglé »). Bien sûr, plus une terre est sèche, plus elle s'embrase et se diffuse facilement, surtout quand le vent s'en mêle. Mais Corine Lesnes, la correspondante du *Monde* aux États-Unis, relativise ce constat[4] : partout dans le monde, bien plus que le changement climatique, ce sont une fois de plus les activités humaines qui portent la principale responsabilité des incendies. Il arrive souvent que l'homme mène des actions incompétentes et anarchiques. Au Nouveau-Mexique, en avril 2022, deux feux mal programmés par le service fédéral des forêts ont détruit 138 000 hectares et des centaines de maisons, causant l'incendie le plus important dans l'histoire de cet État ! Dans les pays où les pompiers sont en

4. Dans un article intitulé « Mégafeux en Californie : le réchauffement climatique a bon dos », *Le Monde* du 31 juillet 2022.

nombre insuffisant, mal payés, mal équipés et mal formés, ce qui est le cas dans de nombreux États américains où les autorités fédérales et nationales se renvoient la patate chaude,

(les méga-feux
naissent d'abord
de l'incurie des hommes.)

28.

Contre les incendies, les paysans

Les incendies, l'homme en est responsable quand il cesse de débroussailler, abandonne la pratique des coupe-feux, néglige l'entretien des abords des lignes électriques et des voies ferrées (en bannissant par exemple le glyphosate, dont la SNCF est en France la principale utilisatrice), cesse de financer les services publics de défense de la forêt contre l'incendie, ou en diminue drastiquement les effectifs. Le refus de créer pistes, puits et citernes au cœur des massifs, au nom d'une défense mal comprise de la biodiversité, comme cela s'est passé dans les Landes, a aggravé la vulnérabilité de cette immense forêt plantée au XIXe siècle pour fixer les dunes et lutter contre la pauvreté des hommes. Le sous-sol abrite des composants hautement inflammables, tels le lignite, la tourbe ou l'alios, qui peuvent couver des feux invisibles pendant des semaines.

Face aux canicules de l'été 2022, des voix dites scientifiques se sont élevées, affirmant qu'elles préfigureraient l'avenir. Ce que le GIEC avait annoncé quand nous serions à 2 °C d'augmentation des températures terrestres (par rapport au milieu du

XIXe siècle) se produisait déjà à + 1,2 °C ! « L'été de la fin de l'insouciance » titre un grand quotidien du soir à la fin du mois d'août, mêlant allégrement le beluga trouvé dans la Seine (et promptement euthanasié après une immense débauche de moyens, dont bien des paysans endettés auraient aimé bénéficier) à la sécheresse exceptionnelle des sols et des rivières. Selon l'une des personnalités, française, du GIEC, « les gens doivent faire le deuil de paysages qu'ils aiment et qu'ils ne retrouveront plus ».

Dès l'automne 2022, le retour des pluies fait reverdir les prairies et les forêts.

Même si, hélas, certains arbres semblent n'avoir pas supporté la sécheresse et la canicule de l'été. Pourtant, la chute précoce de leurs feuilles, comme s'ils avaient déclenché en avance le mécanisme automnal pour protéger leur structure, ne signifie pas qu'ils sont définitivement morts, il faut attendre.

Mais pour les éleveurs, la situation est difficile : ils ont dû consommer précocement les stocks de fourrage hivernaux, ce qui compromet l'année à venir. L'inflation, l'explosion des prix de l'énergie, du transport et des grains alourdissent considérablement les charges. Beaufort, cantal, laguiole, reblochon, salers ou saint-nectaire, de nombreuses appellations d'origine – la France, pays des 1 500 fromages, s'enorgueillit de ses quelque 50 AOP fromagères, un record en Europe – demandent une modification temporaire de leurs cahiers des charges pour pouvoir nourrir leurs bêtes avec d'autres aliments que le fourrage local. Dans le cas du saint-nectaire d'ailleurs, la canicule n'est pas en cause : c'est la prolifération des campagnols dans les prairies auvergnates qui a provoqué l'effondrement de la production d'herbe…

Pour chaque situation, il est ainsi important d'examiner de très près le géosystème, afin de ne pas systématiquement imputer au climat des difficultés d'une autre origine. Même si le réchauffement des dernières années est incontestable. Dans un rapport intitulé *État du climat mondial*, publié en mai 2022, l'OMM observe que les 7 dernières années ont été les plus chaudes depuis le début des observations, après la Seconde Guerre mondiale. Le 6e rapport du GIEC note, lui, que le réchauffement est plus rapide en Europe et que la France est un des pays les plus exposés, avec une augmentation de +2,4 °C en un siècle. Contenir les émissions de gaz à effet de serre en dessous de 450 ppm (270 en 1850, 350 en 1950, 400 en 2000) pour limiter l'augmentation de la température en dessous de +1,5 °C ne devrait plus permettre d'enrayer la tendance.

Ce qui ne signifie pas qu'il faille renoncer à agir. Tous nos paysages sont d'abord, particulièrement dans un continent aussi anthropisé que l'Europe, le fruit du patient travail humain. Il faut faire face aux nouveaux défis que le réchauffement nous pose sans basculer dans la dramaturgie permanente. Oui, les températures très élevées en été font souffrir les paysages et les cultures, avec des risques d'échaudage des céréales accrus, des forêts dont les arbres enclenchent précocement la chute de leurs feuilles pour se protéger, et même le dépérissement de certaines vignes, pourtant habituées à la sécheresse, au point qu'un plan national de lutte contre le dépérissement du vignoble a été initié en 2016.

Mais ces dégâts sont-ils conjoncturels ou structurels ? Définitifs ou temporaires ? Doivent-ils vraiment nous conduire à faire le deuil des paysages, de notre alimentation, voire de l'humanité ? Il y a une sorte de « Schadenfreude » (joie du malheur) chez certains à prédire le pire, à décourager la jeunesse, voire à la rendre hostile à ces aînés qui leur auraient légué une planète abîmée par leur impéritie. La volonté de placer un tiers des terres émergées en aires naturelles protégées, objet des COP biodiversité, s'inscrit dans ce discours inspiré des théoriciens de la *wilderness* venus du Nouveau monde, les Muir, Emerson, et autre Thoreau, ces privilégiés qui sacralisaient une prétendue nature sauvage dont les premiers occupants, les civilisations amérindiennes, avaient été chassées avec d'inacceptables violences.

Ce puissant mouvement d'éviction, qu'on appelle la conservation forteresse, militarisée, se déploie aujourd'hui dans le monde au détriment des éleveurs et des agriculteurs autochtones, les Masaïs dans le Serengeti, les Pygmées en Afrique centrale, les paysans indiens, dayaks ou boliviens. Il faudrait désormais sanctuariser la terre au nom de tiers absents devenus tout puissants, ces fameuses générations futures, dont personne ne sait en réalité ce dont elles auront besoin pour vivre, et comment elles le feront. Imaginez le physiocrate Turgot – qui voulait à la fin du XVIIIe alléger la contrainte pesant sur les paysans et libéraliser le commerce des grains pour rendre l'agriculture plus prospère – sommé d'effectuer ses choix en fonction des Terriens du XXe siècle, dont il n'avait pas la moindre idée de comment ils vivraient et sur quelles richesses reposerait leur économie ! Et quand Colbert reboise la France un siècle plus tôt, il le fait pour la marine marchande, dont il ne peut imaginer qu'elle se passera totalement de bois deux siècles plus tard. Et que les forêts sont au XXIe siècle bien plus étendues en France qu'elles ne l'étaient après le grand reboisement du XVIIe : près du tiers du territoire français est couvert de forêts, recrû dû à la déprise rurale dans les régions en dépeuplement du Massif central, forêts cultivées des Landes et des Vosges, forêts plantées dans les Cévennes lors des grands reboisements du XIXe siècle…

> Tous nos paysages
> sont des héritages,
> qui ne cessent d'évoluer
> au gré de nos priorités.

La France, comme l'Europe, est totalement anthropisée. Les hommes sont certes capables du pire, mais ils façonnent aussi le meilleur. C'est grâce à l'action aménageuse des sociétés humaines, au premier rang desquelles les paysans et les éleveurs, que notre terre est belle et attirante.

Permettre le maintien d'activités pastorales en moyenne montagne évite l'embroussaillement et la fermeture des paysages. Les troupeaux entretiennent la strate herbacée. Leur disparition se traduit par le retour de taillis et de forêts, qui donnent prise à des feux immenses, meurtriers, tels ceux que les régions en déprise du Portugal intérieur connaissent régulièrement. Dans le Var, lors de l'été 2021, les grands incendies de l'arrière-pays ont été attribués au recul du pastoralisme dû au retour du loup, dont la France compte désormais plus de 1 000 individus.

Quand le berger est présent, il surveille la nature et peut donner l'alerte, ses troupeaux maintiennent une pelouse rase et des prairies naturelles, favorisant une grande diversité florale et évitant l'embrasement. Les narcisses de l'Aubrac ou l'arnica jaune des Vosges n'existeraient pas sans le secours de la brebis et de la vache. Le roquefort et le munster non plus. Pas plus que l'abondance des Alpes ou le comté du Jura.

Pourtant, nous sommes en train d'effectuer un immense retour en arrière, une terrible régression au nom d'une vision erronée de nos paysages. Sans la constitution de réserves d'eau, sans les grandes opérations d'irrigation et de drainage, qui se sont donné pour but, dès le Moyen Âge, de combattre l'insalubrité des marécages, que seraient aujourd'hui les Landes, la Camargue, la Dombes, le Marais poitevin, que certaines organisations voudraient aujourd'hui sanctuariser, en chasser les principaux aménageurs, les agriculteurs, les forestiers, les éleveurs ?

L'immense œuvre de remodelage du territoire français qui a fondé la politique française sous Napoléon III, puis tout au long du XXe siècle, se voit désormais remise en question au nom du changement climatique. En choisissant de subir plutôt que d'agir, la France effectue un grand bond en arrière. Dépendre des caprices météorologiques en déplorant l'effondrement, plutôt que d'organiser l'aménagement des territoires, la défense des littoraux, la transformation des milieux et la maîtrise de l'eau, c'est une grande démission, un renoncement. Un suicide.

Oui, le climat de la terre se réchauffe, particulièrement en Europe, où les semailles et les vendanges se produisent désormais trois semaines plus tôt que dans les années soixante. La fréquence des sécheresses s'est accélérée. En Somalie, OCHA, cet organisme de l'ONU consacré à l'aide humanitaire d'urgence, observe plus de 30 risques liés au climat depuis 1990, 12 sécheresses et 19 inondations, c'est treize fois plus qu'entre 1970 et 1990. La Corne de l'Afrique souffre ainsi de sécheresses récurrentes qui dévastent des territoires vulnérables, en raison des 5 C : la Croissance démographique alliée au manque de moyens des éleveurs, le Covid, qui a déstabilisé des circuits d'approvisionnements déjà mis à mal par la guerre, les Conflits locaux, régionaux et mondiaux, avec l'invasion russe de l'Ukraine à partir de février 2022, alors que Somalie et Érythrée s'approvisionnaient presque exclusivement dans ces deux pays pour leurs achats de céréales. Et puis la pression parasitaire, avec ces gigantesques nuages de Criquets qui s'abattent sur des milliers de kilomètres carrés, parce que la surveillance s'est progressivement relâchée quand le danger a paru écarté, que l'insécurité empêche la surveillance, que les pesticides dont de petits avions pulvérisaient les essaims en voie de formation (c'est quand l'acridien cesse d'être solitaire pour devenir grégaire et s'agglutiner en masses affamées et grouillantes qu'il devient dangereux, un peu comme les humains d'ailleurs) sont désormais proscrits.

Il vous manque un C ? Ne cherchez pas très loin : c'est le Climat bien sûr, avec ces multiplications des sécheresses liées à des anomalies climatiques corrélées aux terribles enfants du Pacifique, le Niño et la Niña.

Mais le climat n'est qu'un facteur aggravant. Un déclencheur de catastrophes qui n'attendaient qu'une étincelle pour s'abattre sur les hommes. Celle de notre amnésie, de notre peur, de notre cécité.

29.

L'alibi commode du climat

Mamadou Minthé, un de mes étudiants à la Sorbonne, est né en 1992 dans une famille d'agriculteurs du bassin arachidier du Sénégal, dans le Ferlo. Pendant la pandémie de Covid, alors qu'il était bloqué en France par les confinements, il a perdu brutalement son père sans pouvoir se rendre à ses funérailles. Alors son mémoire de master il a décidé de le consacrer à l'agriculture du Sénégal, mêlant son expérience personnelle à celle de son pays, à mi-chemin entre l'Université et le Village. Ce tissage de l'intime et de l'académique donne à mieux comprendre les problématiques réelles des paysans sénégalais, dans ce pays dont les deux tiers de la population continuent de dépendre de l'agriculture.

Au Sénégal, près de la moitié de la population a moins de 15 ans et près du cinquième, moins de 5 ans ! 5 % seulement a dépassé les 60 ans. Le père de Mamadou, à la fois agriculteur et commerçant en noix de cola – une denrée socialement toujours très recherchée en Afrique subsaharienne –, a eu 3 épouses, qui lui ont donné 10 enfants. Dès le plus jeune âge, tous ont été mis au travail dans l'exploitation familiale. Dans le monde paysan, l'adage dit que les exploitations familiales, c'est l'exploitation de la famille…

> Les femmes notamment, qui contribuent aux trois quarts de la production vivrière du pays, donc à l'alimentation vitale des Sénégalais, triment dur sans bénéficier d'aucune reconnaissance.

Elles n'ont même pas accès à la propriété des terres ! Le contraste entre le labeur harassant aux champs et le manque de reconnaissance et d'écoute dont les femmes, les dominés et les cadets souffrent de la part des Anciens conduit les adolescents à quitter les campagnes – qui, de ce fait, se féminisent et vieillissent – pour essayer de trouver des revenus en ville pendant la saison sèche. Comme l'écrit le géographe Jean-Louis Chaléard[1], en ville, les citadins ont toujours « un pied dedans, un pied dehors ».

Les liens avec les campagnes restent très forts, mais cet exode rural des jeunes, au départ saisonnier, facilite la migration vers la côte ou à l'étranger.

Pour pallier leur absence de garantie bancaire qui les prive de l'accès au crédit, les femmes ont recours à des systèmes d'épargne solidaire, dont la forme traditionnelle est la tontine (*mbootay* dans le bassin arachidier), indispensable pour faire face aux besoins sociaux (obsèques, mariages, cérémonies rituelles) et aux petits investissements. Mais elles ont beaucoup de mal à sortir de la pauvreté,

1. *Temps des villes, temps des vivres*, Karthala, 2004.

surtout quand elles se trouvent en situation monoparentale.

Près des deux tiers des ruraux vivent sous le seuil de pauvreté au Sénégal, offrant une proie facile aux organismes de micro-crédits, dont les représentants, dans toute l'Afrique subsaharienne, écument les quartiers traditionnels de leurs propositions incessantes de prêts, à des taux en réalité usuraires, qui contribuent au surendettement des foyers.

En trente ans, la famille de Mamadou s'est appauvrie. Le recours à une main-d'œuvre abondante et gratuite a en effet permis la pérennité des techniques traditionnelles (charrette, houe, araire, hilaire – bâton à fouir...). Au contraire, chez les Sarr voisins, famille monogame – dont l'unique épouse a quand même eu 6 enfants, 3 garçons et 3 filles ! –, le chef de famille a voulu permettre à sa descendance de prendre la relève en la dotant des moyens techniques et intellectuels pour moderniser l'exploitation et l'insérer dans les évolutions du marché sénégalais. Chez les Minthé, le « Vieux » tenait tout sous sa coupe. À sa mort, le système patriarcal qu'il avait mis en place s'effondre.

Les deux familles, qui cultivaient sensiblement la même superficie dans les années quatre-vingt-dix, ont vu ainsi leurs destins radicalement diverger. Les Sarr cultivent désormais deux fois et demie plus que les Minthé (150 hectares contre 60 hectares) et leurs rendements ont explosé. Le recours à des moyens modernes, la mécanisation, la formation agronomique, des circuits de distribution efficaces ont permis à la famille Sarr de faire partie des leaders agricoles du pays. À l'inverse, chez les Minthé, les rendements ont baissé. Ils ne produisent plus suffisamment pour vivre de leur terre.

Cette histoire comparée nous montre que la pauvreté des régions les plus exposées climatiquement n'est jamais une fatalité. Bien sûr, quand les écosystèmes sont dégradés, les crises alimentaires se produisent plus vite et plus fréquemment, les familles décapitalisent et migrent vers les villes et les centres de secours. Accuser le climat permet surtout aux pays pauvres d'exiger réparation, en imputant leur pauvreté aux « pertes et dommages » causés par les milliards de tonnes de CO_2 que les pays développés ont envoyées dans l'atmosphère depuis leur entrée dans la révolution industrielle, qui auraient « déréglé » le climat, alors que les émissions des pauvres restent globalement très limitées. C'est le concept de justice climatique, désormais brandi lors des COP. Si le devoir de coopération est indiscutable, en faire une obligation justifiée par une prétendue dette écologique est plus contestable.

La famine du sud de Madagascar en 2021 a ainsi été présentée comme la « première grande famine due au dérèglement climatique ». Ceux qui travaillent dans l'humanitaire depuis longtemps savent que le triangle aride de cette région est régulièrement victime de sécheresses, avec des cycles qui se reproduisent tous les sept ans en moyenne. Certes, ils s'accélèrent. Parce que le gouvernement malgache laisse ces populations s'enfoncer dans la misère et la pauvreté, n'entretient pas les routes qui permettraient des échanges entre zones excédentaires et zones déficitaires, et utilise l'argent de l'aide comme bon lui semble. Là aussi, le climat a bon dos.

Au Kenya, ce sont les pasteurs d'origine somalie du Nord et du Nord-Est qui souffrent de la faim en 2022, la campagne pour l'élection présidentielle rend peu audibles les difficultés de ces habitants de seconde zone, tout en bas de l'échelle sociale, et qui ne comptent pas politiquement.

L'Éthiopie, victime du climat ? Oui, dans la mesure où plus de 100 millions d'Éthiopiens se partagent des terres difficiles où ils sont de plus en plus nombreux dans des écosystèmes dégradés, mais ses gouvernements successifs ont su aussi déployer une diplomatie climatique redoutablement efficace pour recevoir l'aide internationale. En 1974, le Négus est renversé par une junte soutenue par l'Union soviétique pour ne pas avoir suffisamment aidé son peuple victime de la sécheresse. En 1984, cette junte, le Derg, célèbre les dix ans de révolution socialiste tout en pilonnant les provinces sécessionnistes du Nord, invoquant la sécheresse pour mieux détourner l'aide internationale au profit d'un programme meurtrier de déplacement des populations des provinces rebelles.

Pour l'avoir dénoncé, Médecins sans frontières est expulsée en décembre 1988. À la fin de la guerre froide, en 1991, Mengistu, qu'on appelle le Négus rouge, est renversé, balayé par ce que l'on prend bien à tort comme une nouvelle ère de paix et de démocratie (en réalité une nouvelle décennie de guerres civiles et la recomposition progressive des empires d'hier, Chine, Turquie, Iran, Russie…). Les anciennes rébellions tigréennes et érythréennes ont pris le pouvoir, et bien que leurs peuples ne forment qu'une toute petite minorité de la population, majoritairement amhara et oromo, une nouvelle ère de prospérité semble s'ouvrir pour le pays. Sauf que, privant l'Éthiopie de son débouché maritime, l'Érythrée fait sécession en 1993, et transforme son territoire en une immense caserne cadenassée et totalitaire, avec service militaire à vie pour un peuple otage. Les deux frères d'armes, redevenus ennemis, se lancent dans une terrible guerre de tranchée pour quelques arpents de terre désertiques, mais riches en pétrole.

Là encore, le climat a bon dos pour exposer au monde entier les populations affamées par le conflit en les présentant comme des victimes de la sécheresse, et recueillir une fois de plus une aide internationale massive, détournée au profit des combattants. Vingt ans plus tard, en 2019, le prix Nobel de la paix attribué au nouveau chef d'État éthiopien pour sa réconciliation avec l'ancien frère érythréen semble signer la grande réconciliation, l'entrée dans une nouvelle ère de paix. Las ! Voilà le président éthiopien redevenu chef de guerre contre les provinces de nouveau sécessionnistes du Nord, dont il est pourtant issu ! Une guerre totale, où la famine, de nouveau, fauche les vies. Tandis que le monde spectateur déplore le changement climatique responsable de tant de souffrances…

> Là encore, les 4 C sont à l'œuvre : Conflits, Criquets, Covid, mais aussi Carences…

Ce sont ces carences qui expliquent les drames : lorsque les organisations humanitaires peuvent accéder aux victimes, elles

les sauvent. Mais les zones frappées par la famine sont souvent inaccessibles, à cause de la guerre, de l'insécurité, mais aussi de la mauvaise volonté des dirigeants, qui trouvent l'aide beaucoup plus utile pour renforcer leur pouvoir que pour secourir des civils peu dociles, et qui n'ont aucun poids politique.

Fatalité ? Certainement pas ! En 2009, à Copenhague, le principe d'un fonds d'adaptation a été adopté par la communauté internationale : 100 milliards de dollars qui devaient leur permettre de mieux faire face aux crises. Ce fonds a été confirmé en 2015, lors de la COP 21 à Paris, qui a vu l'adoption d'un accord mondial de réduction des gaz à effet de serre, chaque pays devant apporter sa contribution nationale. En 2022, en Égypte, lors de la COP 27, a été de nouveau acté le principe d'un fonds de réparation des pertes et dommages causés par le changement climatique aux pays pauvres.

Mais leur destin dépend d'abord de la façon dont ils gèrent – ou non – leurs territoires. Le Sahel en est l'exemple emblématique.

30.

Sauver le Sahel pour sauver l'Europe

Le Sahel est une loupe qui concentre tous les problèmes du monde : dégradation accélérée des terroirs sur fond de croissance démographique record, insécurité maximale, menaces pour l'environnement régional et mondial. Sa crise nous renvoie aux questions essentielles du développement durable.

En septembre 2018, 12 instituts de recherche français et africains réclament un « Plan Marshall » de la recherche agricole pour le Sahel. L'urgence fonde leur appel : le Sahel sera l'une des régions du monde la plus impactée par le changement climatique, avec un scénario à 6 °C d'augmentation. Et sa population va doubler d'ici trente ans. 300 millions aujourd'hui, 600 millions en 2050, 1,2 milliard en 2100. Une projection démographique affolante. Avec 2,2 milliards d'habitants contre 970 millions aujourd'hui, l'Afrique subsaharienne passerait de 14 à 22 % de la population mondiale en 2050, 40 % en 2100 ! Au Niger, qui n'avait que 3 millions d'habitants en 1960, les femmes rurales continuent d'avoir plus de 8 enfants, ce qui conduira à un doublement de la population (20 millions en 2018) de ce pays d'ici quinze ans. Or un Niger de 40 millions de personnes jeunes, pauvres et rurales (ou péri-urbaines) dans un milieu marqué par l'aridité est perçu comme une bombe explosive.

« Il s'agit de donner un avenir aux enfants du Sahel. La jeunesse n'a que deux options à l'heure actuelle : mourir en mer ou répondre à l'appel des bandes criminelles, responsables du trafic d'armes ou du trafic de drogues. » Ces paroles prononcées le même mois par Mahamadou Issoufou, président du pays, font écho aux appels à l'aide que lance dès 1982 le président du Sénégal Abdou Diouf lors d'une émission de la télévision française au titre prophétique, « L'Heure de vérité » : « On n'arrête pas la Méditerranée avec les bras. »

Pour comprendre le Sahel, il faut revenir à la géographie : nous sommes ici dans un « rivage » (c'est le sens du mot Sahel) entre le désert et la savane, entre le Sahara et ce qu'on appelait « le pays des Noirs », le Soudan. Les géographes définissent le Sahel comme la zone géographique de climat tropical qui se situe entre l'isohyète (la ligne des précipitations) de 150 mm par an, limite de la semi-aridité qui ouvre sur le désert du Sahara, et l'isohyète 700 mm par an, au-delà duquel commence l'aire soudanienne, celle des savanes, puis, au fur et à mesure qu'on se rapproche de l'équateur, des forêts sempervirentes – toujours vertes –, celles que le profane qualifie de « jungles ».

Le Sahel prend l'Afrique en écharpe de la Mauritanie à Djibouti. Cette vaste bande est marquée par une saison sèche et une amplitude thermique diurne (entre le jour et la nuit), qui s'accroissent au fur et à mesure qu'on s'éloigne de l'équateur, tandis que « l'hivernage », la saison des pluies, centrée sur notre été, ne cesse au contraire de se raccourcir. La saison des pluies est cruciale : lorsqu'elle arrive, il faut se dépêcher de planter les récoltes de l'année. Toute la main-d'œuvre est requise car la fenêtre de tir est limitée. Les jeunes vont alors s'employer dans les campagnes pour donner le coup de main nécessaire. Ils reviendront dans les villes pendant la saison sèche.

En Afrique de l'Ouest, le gradient climatique est connu : 160 km vers le nord correspondent à une diminution des précipitations de 100 mm. On considère qu'un mois est sec quand les pluies sont inférieures au double de la température moyenne (si T = 30 °C, P est alors inférieur à 60 mm). Plus on va vers le nord, plus la végétation s'ouvre et se rabougrit. La savane laisse place à la brousse tigrée, puis à la steppe, puis au désert. Les années humides, la végétation se densifie et monte vers le nord. Les années sèches, c'est l'inverse.

Les géographes estiment que la limite à partir de laquelle l'agriculture n'est plus possible sans irrigation est l'isohyète 400 mm : 8 % du territoire nigérien seulement bénéficie de cette pluviosité. Commence alors le domaine des pasteurs, qui pratiquent un élevage nomade, itinérant, et utilisent en se jouant des frontières la complémentarité entre les pâturages. Les pasteurs connaissent parfaitement l'emplacement des mares et des points d'eau. Leurs troupeaux se replient vers le sud en saison sèche, repartent vers les pâturages quand le Sahel reverdit, en commençant par la « cure salée », la recherche des herbes les plus riches en sels minéraux et en vitamines.

Le Sahel est ainsi une région où l'utilisation de l'espace comme le calendrier, à la fois des cultures et du déplacement des troupeaux, ont toujours donné lieu à des règles et des partages très codifiés entre des peuples aux usages complémentaires (cultivateurs, éleveurs, pêcheurs, commerçants, etc.). Pour conserver les récoltes qui devaient nourrir la population toute l'année, il fallait organiser la gestion des greniers, le stockage des céréales, donc disposer d'un pouvoir politique organisé. Les « structures d'encadrement », pour reprendre un terme cher au géographe Pierre Gourou, devaient être efficaces. Le Sahel était un lieu d'interface où se rencontraient les grandes caravanes venues du nord, en quête de l'or et des esclaves du Soudan et les peuples de la savane avides, eux, de sel, et des marchandises en provenance d'Arabie. Or jaune et or noir contre or blanc. De grandes villes marchandes et de grands empires (Mossi, Ghana, Songhaï…) ont prospéré dans ce qui était historiquement une zone carrefour, le cœur d'une mondialisation qui rayonnait sur toute la moitié nord de l'Afrique et s'étendait vers le Proche et le Moyen-Orient, le Sahara étant plus un trait d'union qu'une barrière. L'inconnu commençait avec la forêt, milieu hostile fatal aux chevaux, victimes des trypanosomiases, d'où sans doute le fait que l'islam des cavaliers se soit arrêté à la lisière soudanaise, considérée surtout comme un réservoir d'esclaves potentiels dans lequel s'approvisionnait la traite arabe. Les peuples d'éleveurs et de guerriers étaient dotés de solides réseaux qui jetaient sur leur espace d'itinérance une trame d'allégeances, d'oasis, de clans alliés ou au contraire ennemis. Tous, Maures, Peuls, Touaregs, Toubous, étaient autrefois dotés d'esclaves ou de serviteurs noirs (Bellas, Iklans, Haratines...). Bien que l'esclavage ait été officiellement aboli, il en subsiste des servitudes anciennes au Niger et en Mauritanie, que combat l'ONG Timidria, et la traite se poursuit au Soudan ou en Libye, avec un mépris affiché pour les peaux noires, qui conduit à l'exploitation brutale des migrants.

C'est la conquête européenne, partie des côtes et organisant l'espace à partir des littoraux, qui crée les villes et les ports qui deviendront les capitales des nouveaux États, et renverse les courants d'échange, déclassant petit à petit les grandes villes sahariennes, dont les pouvoirs furent vaincus, déchus par les guerres de colonisation.

Dans la plupart des pays sahéliens, ce sont ces peuples noirs, autrefois méprisés et captifs, mais sur lesquels s'étaient appuyés les colonisateurs pour former une élite d'« évolués », qui ont pris le pouvoir aux indépendances, renversant les hiérarchies anciennes et déclassant les anciennes aristocraties, désormais victimes à leur tour de discriminations marquées dans l'attribution des subsides, notamment en cas de crise alimentaire. Et qui vivent souvent dans des régions totalement délaissées par le pouvoir central. La révolte des Touaregs du Mali, le pays épicentre du chaos sahélien, vient de ce sentiment d'abandon, du non-respect des accords passés avec eux. Elle a scindé de fait le pays en deux.

Centre de la mondialisation africaine, le Sahel est ainsi devenu avec l'arrivée des Européens

> une périphérie délaissée, ravagée par une croissance démographique record.

Les écosystèmes se dégradent, la désertification gagne du terrain. Non pas « l'avancée du désert » comme on le croit souvent, mais la dégradation de territoires trop sollicités, désormais livrés à l'érosion, avec les grands vents de sable poussé par l'harmattan, la « ceinture de la méningite » qui s'abat sur les enfants au cœur de la saison sèche, quand le froid nocturne devient intense et la chaleur de la journée torride, le retour du péril acridien, ces nuages de sauterelles qu'on avait crus éradiqués dans les années soixante, ce qui avait poussé à relâcher la surveillance.

La croissance démographique suscite un manque croissant de terres de cultures et de parcours, les finages des villages se rejoignent progressivement sans plus laisser de terres interstitielles, tandis que les troupeaux piétinent autour des points d'eau. La pauvreté et le manque de moyens, l'absence de perspectives pour la jeunesse aggravent la désespérance et la tentation de l'exode. Conflits communautaires, banditisme, trafics de drogues, de médicaments contrefaits, de voitures et de pièces détachées, d'armes, de cigarettes, mais aussi de migrants, de femmes, d'enfants, et d'organes… la mondialisation criminelle prospère dans ce terreau où les États sont faibles et ne contrôlent pas les confins de leurs territoires.

La crise que traverse aujourd'hui le Sahel est donc à la fois démographique, politique, religieuse, écologique. La zone cumule toutes les vulnérabilités. Le changement climatique a fait reculer les isohyètes de 100 km vers le sud en moins d'une génération : pour retrouver les 400 mm de précipitations qui permettent de cultiver la terre sans irrigation, il faut rejoindre les régions méridionales, en abandonnant le Nord à un pastoralisme difficile. L'irrégularité des pluies aggrave la situation des paysans.

> Aujourd'hui le déplacement des troupeaux des éleveurs est une source de conflits permanents dans les villages.

Les cultivateurs les accusent de piétiner les récoltes et de ne pas respecter le calendrier cultural. Sur les tensions foncières, que le nombre des hommes rend plus aiguës encore, se greffent les conflits ethniques et religieux. Autant hier la « faim de terres » ne pouvait pas exister dans un espace qui semblait infini, autant aujourd'hui la densification des terroirs, alors que les techniques, restées très traditionnelles, supposent toujours de vastes réserves foncières – pour laisser une partie du finage en jachère afin de permettre à la fertilité de se reconstituer et aux troupeaux de pâturer une fois les récoltes effectuées – aboutissent à des blocages de type malthusien : les rendements agricoles décroissent sur des terres trop sollicitées et qui reçoivent peu d'intrants. Ils restent inférieurs à une tonne de céréale par hectare sauf lorsqu'on peut irriguer, utiliser des intrants et de bonnes semences. Mais alors il faut pouvoir vendre à prix rémunérateur.

Cette situation n'est nullement une fatalité. Le Sahel a toujours connu au cours de l'histoire une alternance de cycles de sécheresse et de pluviosité. Les premiers faisaient descendre les éleveurs vers le sud, les seconds remonter les agriculteurs vers le nord, le renversement de la tendance provoquant bien sûr le télescopage, donc de multiples conflits d'usage autour de l'utilisation des terres et des puits. Lors des cycles humides, le Sahel est vert car il bénéficie d'un cycle favorable de pluviosité, et les isohyètes remontent. Au Niger les paysans (90 % de la population) s'organisent : l'initiative 3N (les Nigériens nourrissent les Nigériens) booste le verdissement et la production agricole.

La dégradation des terroirs livrés à l'érosion n'est donc ni irréversible, ni inéluctable. Le CILSS (Comité permanent Inter-États de Lutte contre la Sécheresse au Sahel), fondé en 1973 au moment des grandes sécheresses, et qui comprend 13 États, mobilise des programmes de lutte contre le changement climatique, autant par l'atténuation que par l'adaptation, qui reçoivent de très importants financements internationaux. Quand on peut agir en paix, la situation est encourageante, comme le montre l'initiative de la Grande Muraille verte.

La « Grande Muraille verte » (GMV) est un programme de l'Union africaine destiné à lutter contre l'avancée du désert. Prévue pour s'étendre sur plus de 7 000 km sur une largeur de 15 km, de la Gambie à Djibouti, opérationnelle au Sénégal, dans le Ferlo notamment, où ses résultats sont remarquables, la GMV s'est donné pour but de restaurer 100 millions d'hectares de terres déboisées ou dégradées. En novembre 2015, la COP 21 a entériné son financement au titre des fonds d'adaptation au changement climatique.

La GMV met en place des plantations d'arbres utiles, revivifiant les pratiques anciennes des sociétés agraires qui, par une sélection rigoureuse, ont toujours transformé la steppe sahélienne en un « parc », selon la formule du géographe Paul Pélissier. L'atténuation du changement climatique, avec la recherche d'énergies renouvelables pour éviter le déboisement massif, prend ici tout son sens : un Sahel vert est un Sahel moins torride, puisque la végétation diminue l'albédo et entretient l'humidité.

Les espèces végétales sont choisies avec soin pour leur adaptation au milieu et leurs services alimentaires, pharmaceutiques, écologiques… Elles fournissent aussi du fourrage pour les troupeaux, du bois de feu et de construction pour les maisons, greniers, enclos et autres palissades, destinées à protéger les plantations villageoises des incursions des troupeaux et des bêtes sauvages. Ce sont par exemple des baobabs, différents palmiers et surtout des acacias, l'arbre phare de la GMV, parce qu'il conserve son feuillage en saison sèche, fixe l'azote dans le sol, nourrit les troupeaux, et qu'on en extrait un nouvel or jaune, la gomme arabique, de plus en plus recherchée à l'heure du bio et du naturel, fournissant des ressources précieuses aux familles et aux États.

La muraille verte met aussi en place des jardins familiaux gérés par les femmes rurales, leur permettant de dégager des revenus autonomes, et tente de retenir les jeunes par des programmes de création de revenus, au lieu d'alimenter l'exode rural et des flux migratoires qui déstabilisent autant les régions de départ, privées de leurs meilleurs éléments, les plus audacieux et les plus éduqués – alors que les campagnes ont au contraire besoin d'actifs dynamiques – que les régions d'accueil, confrontées à un afflux massif de jeunes, est devenu une priorité mondiale.

Une partie des jeunes Sahéliens se laisse séduire par l'« aventure » migratoire, ainsi qu'ils la nomment, et les villages sont écumés par des rabatteurs, qui travaillent pour les filières de passeurs, affiliées à la mondialisation criminelle, avec leurs méthodes mafieuses et un trafic éhonté d'êtres humains. Envoûtées par un discours trompeur sur les paradis européens, que les envois d'argent des migrants semblent accréditer, les familles se laissent séduire et s'organisent pour envoyer en Europe leurs meilleurs éléments. Les migrations sahéliennes ont toujours existé, vers les villes, les régions frontalières, mais elles sont devenues une réalité quotidienne face à laquelle l'Europe se déchire, dépensant des sommes toujours plus élevées pour sécuriser ses frontières terrestres et maritimes et contrôler les flux de migrants. Ceux-ci sont alimentés autant par le chômage massif des jeunes que par le mythe de l'eldorado européen, entretenu par ceux qui ont survécu aux multiples périls de la traversée. Les mafias de passeurs, très bien organisées, tirent profit de l'aspiration au départ des jeunes Africains, depuis le camionneur qui les prend en charge à Agadez jusqu'aux affréteurs de bateaux en Libye.

> Mais la route de la Méditerranée est de plus en plus meurtrière.

Un migrant sur 18 y a trouvé la mort en 2018, plus de 2 000 personnes au total. Avec le Covid, les départs se sont ralentis mais la mortalité a augmenté. En 2021, l'ONU dénombre l'arrivée de 123 000 migrants en Europe, et 3 200 décès connus. Connus, car beaucoup de personnes meurent dans des noyades non répertoriées, en traversant le Sahara, et dans les filets des passeurs, en Libye notamment. C'est un cataclysme qui va bien au-delà des tragédies vécues par toutes ces familles et ces villages endeuillés, en Afrique de l'Ouest, dans la Corne et au Moyen-Orient : mortelle pour ses protagonistes, la migration est aussi fatale à l'unité de l'Europe, incapable de se mettre d'accord sur la stratégie à mettre en œuvre, chacun se renvoyant la patate chaude, les murs se multiplient partout.

Déchirée par la montée des mouvements xénophobes, populistes et nationalistes, l'Europe dépense des sommes toujours plus considérables pour tenter d'endiguer le flux migratoire et délègue désormais aux pays du Maghreb la tâche de retenir sur place les migrants. Mais alors même que Mohammed VI avait régularisé en 2014 une grande partie des migrants subsahariens, la deuxième vague de 2018 se heurte à l'hostilité de la population, comme dans tous les pays dont les gouvernements ont ouvert les frontières : l'Italie avec l'opération Mare Nostrum en 2013 a fait émerger la ligue du Nord de Matteo Salvini, et a porté à sa tête un gouvernement d'extrême droite en 2022. En Allemagne, Angela Merkel, qui avait ouvert les portes du pays à un million de demandeurs d'asile en 2015, dont une majorité de Syriens, a dû ensuite composer avec l'extrême droite de l'AfD. Aujourd'hui, les gouvernements anti-immigration sont massivement présents dans toute l'Europe, y compris celle qui fut longtemps la plus accueillante et généreuse. Le Danemark tente de renvoyer ses migrants au Rwanda ou dans d'autres pays lointains les acceptant contre rétribution. La Suède, qui fut pourtant l'un des premiers pays à accepter les migrants dits environnementaux, s'est refermée.

Pourtant, le spectre d'une « ruée » de l'Afrique sur le monde, d'une « invasion » de l'Europe par des hordes venues du Sud ne résiste pas à l'analyse, d'une part parce que l'essentiel des mouvements de population se fait à l'intérieur du continent[1], d'autre part parce qu'il ne faut jamais dresser des projections mécaniques à partir des données du présent : aujourd'hui l'Afrique est pauvre et cherche sa voie, mais qui peut assurer que, comme le montrent les pays du Golfe, passés de la pauvreté à la richesse

1. Selon le FMI, les immigrés subsahariens installés dans les pays de l'OCDE pourraient représenter 2,4 % de la population en 2050 contre 0,4 % actuellement, et en Europe tout au plus 3 à 4 % (*Population et Sociétés*, INED, n° 558).

en moins d'une génération, ou l'Asie du Sud-Est désormais « émergée », elle ne sera pas demain au contraire un continent attractif, dont les ressources considérables attireront les migrants du monde entier, tandis que l'urbanisation et l'élévation des niveaux de vie provoqueront une baisse rapide de la natalité ? Déjà de nombreux « repat », jeunes, diplômés, ambitieux, se réinstallent dans les villes africaines.

Demain, après avoir dû surmonter bien avant le reste du monde les défis du climat et des ressources, le Sahel, avec ses rentes solaires, éoliennes, pétrolières, son or, ses immenses réserves d'eau souterraine, l'expérience acquise dans la gestion de la frugalité, le recyclage des déchets, les techniques de l'agroécologie, mais aussi une jeunesse impatiente et créatrice, pourrait très bien non seulement donner à la communauté internationale des leçons de développement durable, mais aussi accueillir des Européens vieillissants en quête d'une vie meilleure, dans un continent où le grand âge reste vénéré.

L'Afrique nous montrera alors la voie, prouvant qu'aucun échec n'est insurmontable, aucune victoire, définitive. Pour comprendre le monde, le Sahel nous est précieux. Nous ne pouvons pas lui tourner le dos : si nous ne l'aidons pas, son drame nous submergera. Si nous l'aidons, l'Europe pourra alors construire son propre destin, hors des pattes de l'ours russe et de l'étreinte paternaliste et intéressée de l'Oncle Sam, qui nous vend très cher son énergie.

Pour relever le défi du Sahel, il faut bien sûr y retrouver la paix. C'est le premier prérequis, mais il en est un second, essentiel : l'eau. Il nous concerne tous.

31.

Nuages intelligents

« Sans eau, il n'y a pas d'agriculture. Sans agriculture, il n'y a pas d'alimentation. Sans alimentation, c'est la guerre. » Voici la façon dont Bertrand Relave, le directeur général d'Eurea, une coopérative située dans la Loire, résume la question de l'irrigation.

Eurea, ce sont à la fois les jardineries, où nous adorons tous nous rendre pour acheter des plantes, de la décoration pour nos jardins et nos maisons, et de beaux vêtements de « farmers », même d'opérette, mais aussi la lentille verte du Puy, les éleveurs de Charolais, de moutons et de vaches laitières, des cultures qui reviennent en force comme le lin, et même les insectes, puisque la coopérative s'est lancée dans l'élevage de vers de farine, en Auvergne, pour la nutrition animale. Dans cette grande région de gastronomie, les déficits estivaux font souffrir les agriculteurs, mais là aussi, la constitution de réserves d'eau pose problème.

« Si vous me voyez, pleurez. » Les pierres de la faim sont, en Europe centrale, des roches gravées situées dans des cours d'eau. Elles n'apparaissent que lorsque le niveau de la rivière baisse, faisant courir le risque de sécheresse, donc de famine. La plus connue se trouve dans la ville tchèque de Děčín. C'est elle qui porte cette inscription fatidique.

Face au risque croissant de manquer d'eau, sur fond de réchauffement climatique qui multiplie les épisodes extrêmes, l'humanité doit agir. Tout doit être mis en œuvre, dans le cadre d'une coopération internationale intensifiée, comme l'a montré la COP 27 en Égypte, en novembre 2022, pour rendre les sociétés plus fortes face aux risques météorologiques, qui se multiplient avec le réchauffement climatique.

Lutter contre le changement climatique passe par la mise en œuvre, à la fois, de politiques d'atténuation (agir contre les causes du changement climatique en limitant les émissions de gaz à effet de serre) et de politiques d'adaptation (préparer les territoires, les rendre plus solides, plus résilients face à ses conséquences). Il faut donc anticiper, pour ne pas être exposé aux aléas des sécheresses et des inondations en mettant en œuvre des réponses multiples.

Renforcer la résilience de l'agriculture face à l'accroissement de la durée et de l'intensité des sécheresses estivales, c'est élaborer avec les agriculteurs (et non pas *contre* eux ! Ni *sans* eux !) des mécanismes de réponses multifactoriels pour les aider à effectuer cette transition… mais il faut aussi les accompagner dans cette mutation en finançant les conséquences du passage à des écosystèmes plus complexes, qui demandent plus de moyens et plus de travail.

Planter des haies, laisser couvert le sol en se passant des facilités du labour, pour permettre à la terre de mieux retenir l'eau, ce que préconise l'agriculture dite de conservation, introduire des rotations culturales complexes, tenter de nouvelles cultures, modifier les process culturaux et la conduite de l'exploitation, tout cela, les agriculteurs ne nous ont pas attendus pour le mettre en œuvre : ils sont de plus en plus prestataires de services environnementaux, avec les surfaces dites d'intérêt écologique, qui ouvrent la voie à des crédits verts.

Mais l'agriculteur n'est pas juste un décorateur de la nature, sa mission est de nous nourrir.

> Et pour nous nourrir,
> il faut de l'eau.

Lorsqu'il irrigue ses cultures, c'est pour nous, pour notre alimentation, notre bien-être. Pourtant, aujourd'hui, le principe de l'irrigation et la constitution de réserves d'eau sont contestés : ce ne serait que reculer le problème, il faudrait trouver des solutions qui nous passeraient de l'eau, sous peine de « maladaptation », le nouveau terme à la mode. Quelle folie ! Les agriculteurs ont pour mission et pour vocation de nous nourrir. NOUS NOURRIR. Ils ne volent l'eau de personne : rien ne pousse sans eau ! Pour exister, le vivant a besoin d'eau. L'irrigation, le stockage de l'eau, la gestion régulée de la ressource sont les moyens les plus efficaces et les plus durables pour faire face au changement climatique. L'irrigation, c'est la vie.

Bien sûr, son usage doit être encadré, afin que la ressource puisse se pérenniser et bénéficier à tous. Mais croire que les irrigants ne sont pas soucieux d'économiser cette eau qui leur coûte si cher en main-d'œuvre et en énergie, c'est leur faire insulte.

Ils ne cessent d'améliorer leurs pratiques. Meilleure connaissance des besoins des plantes, gestion concertée de la ressource, pilotage très précis des outils d'irrigation font de leur travail une science chronophage et très surveillée.

La réserve d'eau, qu'il s'agisse de la lavogne, cette mare empierrée très ancienne qui permet d'abreuver les brebis dans l'Aveyron, ou ces retenues collinaires qui ont sauvé les cultivateurs et les éleveurs qui avaient la chance d'en bénéficier au cours de l'été 2022, évitant l'hécatombe des troupeaux et la disparition des récoltes, n'est que la gestion intelligente de la ressource. Non seulement pour nous nourrir, mais pour sauver les paysages, la biodiversité, et lutter contre l'incendie… tout le monde en sort gagnant. Comment oser parler de « maladaptation » ? Il ne s'agit pas de vider les nappes phréatiques, juste d'utiliser une ressource de surface qui ruisselle en hiver, en détruisant tout sur son passage si elle n'est pas canalisée, pour manquer cruellement durant les mois d'été. Elle s'évapore ? La belle affaire ! La France, l'Europe ne manquent pas d'eau.

En France, 6 % seulement des terres sont irriguées (comme en Afrique), soit 1,5 million d'hectares sur 27 millions. Sur les 400 milliards de mètres cubes qui tombent du ciel chaque année, l'agriculture n'en utilise que 5 milliards ! Pour continuer d'occuper la première place européenne dans un grand nombre de domaines stratégiques, des semences au blé, au maïs, au lait, à la viande de bœuf, aux vins et spiritueux, aux pommes de terre, au sucre, et bien sûr aux fruits et légumes dont tant de Français doivent aujourd'hui se priver, maintenir la régularité de nos récoltes, bref assurer notre souveraineté alimentaire, alors que la France ne représente que 5 % de la superficie cultivée dans le monde, il faut soutenir l'irrigation.

Et que demandent les paysans ?

Juste pouvoir stocker
10 % de plus !

350 millions de mètres cubes. Pour avoir le droit de nous nourrir et de sauver nos paysages ! Les sols agricoles constituent un stockage intermédiaire de l'eau, ils se rechargent en automne, sont saturés l'hiver, et leurs surplus alimentent les nappes phréatiques. Quand la sécheresse météorologique s'installe, les rivières et lacs manquent d'eau. Il faut anticiper en constituant des réserves, c'est ce qu'a prévu le Varenne de l'eau, cette grande consultation qui a duré plus d'un an en France et s'est achevée en mars 2022. Et aussi mettre en place une assurance récolte universelle et bien financée pour les agriculteurs confrontés à la multiplication des sécheresses estivales. Stocker l'eau, n'est-ce pas la première réponse ?

En France, nous disposons de 2 000 milliards de mètres cubes d'eau souterraine. À cela s'ajoutent les 400 milliards de mètres cubes d'eau de pluie qui tombent du ciel, et dont les deux tiers s'évaporent. Restent environ 175 milliards de mètres cubes qui alimentent les eaux de surface et souterraines. Les besoins du pays sont estimés à un peu plus de 30 milliards de mètres cubes, selon le Centre d'information sur l'eau[1]. Inutile de préciser que

---

1. *Agriculture et Environnement* n° 216, septembre 2022.

chaque Français bénéficie ainsi de près du double de ses besoins hydriques, estimés à 1 700 mètres cubes par habitant et par an ! Mais les résultats du projet Explore 2070, mené par l'INRAE[2] montrent que le débit moyen des rivières devrait diminuer fortement d'ici trente ans, jusqu'à la moitié dans le Sud-Ouest et le bassin parisien, où le sud de l'Oise par exemple connaît déjà des sécheresses estivales marquées.

> Par sa capacité à stocker du carbone dans les végétaux et dans les sols, l'agriculture est une réponse aux défis posés par le changement climatique.

Mais pour que l'agriculture puisse remplir cette mission, il ne faut pas qu'elle soit soumise à une ressource en eau erratique au gré des saisons. Faire face au changement climatique mobilise un éventail de réponses, de l'introduction de variétés plus résistantes au stress hydrique (ce qui suppose de ne pas se priver du génie génétique) à la réutilisation des eaux usées, en passant par de nouveaux modes de production visant à mieux préserver la capacité des sols à retenir l'eau, tout doit être mobilisé.

Mais il y a quand même un présupposé de départ : avoir de l'eau ! C'est-à-dire pouvoir la retenir quand elle abonde pour pouvoir en disposer quand elle vient à manquer. Pourquoi laisser se perdre cette ressource qui est gaspillée une grande partie de l'année pour nous faire cruellement défaut pendant l'été ?

---

2. « L'agriculture va-t-elle manquer d'eau ? », INRAE, avril 2022.

> Construire de nouvelles réserves et stocker l'eau est impératif.

Au cours de son histoire, la France a été marquée par de grands travaux d'aménagement hydraulique, avec le drainage et les étangs de la Venise verte qu'est le Marais poitevin ou de la Dombes, l'aménagement de la Camargue, l'endiguement des fleuves meurtriers qu'étaient le Rhône, la Durance, la Dordogne. Elle s'est ainsi couverte de milliers de plans d'eau, qui ont permis de lutter contre la pauvreté et l'insalubrité, et font aujourd'hui le bonheur des vacanciers. Cet été, ils se sont asséchés en partie et tout le monde a crié au scandale. Au nom d'une improbable « renaturation » (à quand fait-on remonter l'état de nature des pays si anciennement peuplés et humanisés qui caractérisent l'Europe ?), il faudrait ne plus créer de réserves et détruire les aménagements existants.

Les actuelles guerres de l'eau indignent Paul Aimon, 90 ans, qui, toute sa vie, a été paysan dans l'ouest de la France. Il a décidé de l'expliquer dans un petit livre autoédité[3] avec l'aide de son épouse, Hélène, car Paul est aujourd'hui presque aveugle.

Qu'on ose accuser les paysans de voler l'eau, qu'on se permette de saccager leurs réservoirs, dans cette Sèvre niortaise qu'il connaît depuis près d'un siècle, avec ses alternances de très basses eaux et de crues historiques, c'est une aberration pour lui. « L'eau passait par millions de mètres cubes par jour pendant

---

3. *Les paysans se taisent, l'un d'eux ose parler*, Niort, 2022.

une semaine, parfois plus longtemps. Ces millions de mètres cubes de bonne eau douce qui nous manquent tellement en période sèche étaient, trois jours plus tard, transformés en eau salée en arrivant dans l'océan qui, lui, n'en a pas besoin puisque son niveau monte, nous dit-on ! » La construction du barrage de la Touche-Poupard, dont tous profitent aujourd'hui, serait désormais impossible. Comme d'ailleurs le Marais poitevin.

Parce qu'elles stockent l'eau quand elle abonde pour en disposer l'été, les retenues sont d'abord, pour Paul Aimon, des « nuages intelligents ». Et de renvoyer leurs accusations aux accusateurs : les véritables destructeurs de la nature ne seraient-ils pas plutôt ces nouvelles espèces invasives et proliférantes, parties des villes pour dévorer la beauté des campagnes en mordant la main qui les nourrit ? Qui transforme les bonnes terres en lotissements bétonnés, jalonnés d'innombrables piscines aseptisées ? Qui laisse la terre et les animaux périr de sécheresse l'été ? Qui loue le retour du loup et de l'ours, sans égard pour la souffrance des bêtes et de ceux qui les élèvent ? Autour des prétendues « bassines », la vie s'épanouit. Oiseaux, prairies, céréales dorées, vergers… comment oser parler d'agro-industrie ?

> Même le plus modeste maraîcher a besoin d'eau.

Si hier, les aménageurs n'avaient pas créé les immenses réserves de Serre-Ponçon, dans les Hautes-Alpes, Vassivière, dans la Creuse, Truyère, entre Cantal et Aveyron, Mont-Cenis en Savoie, Sainte-Croix dans le Var, Naussac en Lozère, ou cette « mer champenoise » qu'est le lac du Der, constitué après les grandes inondations de Paris en 1910 pour réguler le cours de la Seine, que serait notre pays ? Notre tourisme ? Notre gastronomie ? La beauté de nos campagnes ? C'est vers ces rivages que se précipitent les vacanciers, les pêcheurs, les ornithologues… Tout ce qu'on voudrait interdire aujourd'hui au nom de la « maladaptation » et des générations futures ! Et pourtant, il en a fallu, ennoyer des villages, déplacer des personnes, charrier des mètres cubes de terre et des tonnes de pierres pour réaliser par exemple les grands aménagements du Rhône : on a appelé la construction du barrage de Donzère-Mondragon, dans les années cinquante, le « Suez français », et grâce à ces réalisations pharaoniques, la France peut s'enorgueillir d'avoir une agriculture fruitière et maraîchère de premier plan, une filière semence reconnue comme stratégique (dans la vallée du Rhône, la castration du maïs fournit beaucoup de jobs estivaux aux étudiants…), une énergie renouvelable propre et verte, la première de toutes après le nucléaire : l'hydroélectricité fournit le cinquième de l'électricité française. Et un fleuve navigable jusqu'à ses deux embouchures malgré son impétuosité, des plaines maraîchères et fruitières fertiles et prospères grâce à l'irrigation de la vallée du Rhône. Si Philippe Lamour revenait aujourd'hui, pourrait-il mettre en œuvre la Compagnie d'aménagement du Bas-Rhône et du Languedoc ?

Heureusement que nos aînés ont créé ces réserves dont nous bénéficions aujourd'hui… Il est devenu presque impossible d'en faire de nouvelles, sauf quand il s'agit de protéger les métropoles : en amont de Paris, après les lacs-réservoirs de la Seine, de la Marne, de l'Aube et Pannecière, dans le Morvan, l'établissement public Seine-Grands-Lacs est engagé depuis vingt ans dans la construction de dix nouveaux réservoirs en Seine-et-Marne. Ce programme de la Bassée mobilise des moyens considérables, car l'enjeu est de protéger la capitale de la France du risque de nouvelles crues. Il se situe en zone péri-urbaine et va impacter des milliers d'hectares de terres agricoles. Tout comme le projet de construction du site de Paris-Saclay, sur un plateau maraîcher particulièrement fertile appartenant à la ceinture verte de Paris.

Qui écoute la voix des agriculteurs ? Chaque année, la France perd 30 000 hectares de bonnes terres agricoles, bétonnées au service de l'extension des villes, des zones industrielles, commerciales ou touristiques, des campus et des centres de recherche. La loi adoptée en 2021 sous le terme « Climat et résilience », dite ZAN (zéro artificialisation nette), issue de la Convention citoyenne pour le climat, se donne pour objectif de réduire de moitié ce gaspillage d'ici 2030. Mais elle pose autant de problèmes aux maires ruraux qu'aux agriculteurs, car sa philosophie repose d'abord sur la « renaturation » de terres jusque-là utilisées pour l'agriculture et l'élevage, au nom de la loi Biodiversité de 2016, instituant le retour (la reconquête !) des zones humides naturelles, des landes et des tourbières. Pas les cultures irriguées et les réservoirs ! La loi Biodiversité introduit légalement la notion de préjudice écologique, qui est pourtant très difficile à évaluer et ouvre le champ à une justice émotionnelle.

Ceux qui s'en prévalent pour s'opposer aux prétendues bassines font fausse route : la nature est d'abord une construction sociale, nos paysages sont des héritages, et sans apports d'eau réguliers parce que régulés, les paysages qu'ils aiment tant, issus en réalité de l'aménagement humain, se muent lors des canicules en Sahara assoiffés, avec un coût terrible pour la biodiversité végétale et animale. Avec 6 Agences de bassin couvrant tout le territoire et associant les différents utilisateurs de l'eau autour d'une gestion concertée de la ressource, la politique de l'eau en France fait pourtant l'objet d'un cadre global et participatif. Mais la méconnaissance de certaines administrations et leur vision malthusienne, fixiste, de la renaturation conduisent à rendre très difficile la création de nouvelles retenues. La France a ainsi vu l'utilisation de l'eau pluviale se réduire de 16 % depuis 2011.

Les grandes cultures, le processus de fabrication du sucre de betterave, la production de pommes de terre sont pourtant devenus des modèles d'économie circulaire, avec une amélioration des performances productives sur fond de réduction et de réutilisation des ressources en eau.

Au lieu d'être conspués, les agriculteurs devraient donc être loués pour leur utilisation intelligente des eaux de surface, qui leur a permis de faire face à nos besoins alimentaires sans gaspillage, mais avec une préoccupation d'économie d'autant plus nécessaire que l'eau, le matériel, la main-d'œuvre, l'énergie coûtent de plus en plus cher. Croire que seule une petite minorité d'agriculteurs « riches » seraient les bénéficiaires des programmes d'irrigation est une erreur : quand les systèmes existent, tous en profitent, en bio comme en conventionnel. Et les jeunes peuvent s'installer en sachant que leur exploitation sera sécurisée à l'avenir.

> « On n'irrigue pas
> pour le plaisir,
> mais parce que c'est
> nécessaire ! »

Voilà ce que répètent tous les irrigants à une société aussi amnésique qu'imprévoyante qui se lamente autant face à l'excès d'eau que face à son manque, alors qu'il suffirait de gérer intelligemment la ressource.

32.

Des noix, des truffes et du jambon… grâce à de l'eau partagée

Des sécheresses terribles, les paysans du Périgord en ont connu par le passé. La ressource en eau ne manque pas, mais elle a longtemps été erratique : il a fallu, tout au long du XXe siècle, harnacher la Dordogne, connue pour ses redoutables rapides en hiver, ses étiages si marqués en été qu'on la traversait à pied, de multiples barrages et retenues, pour en régulariser le cours, pouvoir naviguer et surtout irriguer. Aujourd'hui, la Dordogne, c'est une des plus grandes réserves d'eau d'Europe, avec 1 milliard de mètres cubes, et des associations d'irrigants dynamiques et sécurisés, malgré les sécheresses estivales.

Sans l'irrigation, cette région rurale se serait vidée : en dehors des flux touristiques estivaux, seules les productions agricoles de qualité permettent aux habitants de résider à l'année. Qu'il s'agisse de l'agneau fermier du Quercy, premier label rouge ovin français, de l'arboriculture fruitière, du foie gras et des volailles, des noix et des porcs noirs du Périgord, des truffes, des melons, des asperges, des fraises, du vin de Cahors, du chèvre de Rocamadour ou du Roquefort, du maïs doux et du maïs semences, les agriculteurs produisent sous signe de qualité et vendent à des prix rémunérateurs des aliments renommés bien au-delà des acheteurs locaux et des marchés de producteurs de pays, très dynamiques l'été, mais qui doivent s'accompagner de débouchés nationaux et internationaux.

La Dordogne est au premier rang pour le bio en Nouvelle-Aquitaine. Dans le Lot, le quart des exploitations bénéficie de l'irrigation. L'Union des Associations syndicales autorisées (ASA), créée en 1975, compte aujourd'hui 41 associations, dont les techniques n'ont cessé d'évoluer, et le nombre de bénéficiaires ruraux, agricoles et non agricoles, de s'agrandir :

> l'eau d'irrigation
> est devenue de l'eau pour tous,

qui permet de lutter efficacement et rapidement contre les incendies, mais aussi à des jeunes de s'installer. À Baladou, Hervé Clédel, qui préside l'ASA du Pigeon, est fier de l'œuvre réalisée. Pour lui, l'irrigation est la garante de notre souveraineté alimentaire, et la disponibilité en eau, le facteur structurant des territoires. C'est l'irrigation qui sécurise la production, l'emploi, les filières. Qu'on ne vienne pas accuser les agriculteurs de voler l'eau : « Dans notre département, l'irrigation annuelle représente seulement quelques heures du débit moyen de la Dordogne : nous prélevons seulement 0,04 % de son débit annuel. »

Pourtant, ici aussi, l'irrigation est mise en accusation. Toute création de nouveau réservoir suscite de fortes mobilisations sociétales. Les néo-ruraux manifestent, accusent les agriculteurs de voler et de gaspiller l'eau, et vont même parfois jusqu'à détruire les réservoirs construits par les agriculteurs à grands frais dans des propriétés pourtant privées (imagine-t-on des paysans aller détruire les piscines des maisons particulières, dans ce pays qui en détient le record mondial par nombre d'habitants ?).

Les opposants aux « bassines », ainsi qu'ils les appellent, dénoncent l'assèchement des nappes phréatiques, le maintien d'une agriculture inadaptée au changement climatique, avec par exemple la culture du maïs, qu'ils voudraient voir remplacer par d'autres cultures, comme le sorgho.

Mais la France ne doit pas avoir une politique malthusienne à l'égard d'une ressource dont elle ne manque pas et qu'elle mobilise pour l'instant fort peu, utilisant moins de 3 % de l'eau pluviale et irriguant moins de 7 % de ses terres agricoles. Elle ne se situe ainsi qu'au 9e rang pour l'irrigation en Europe, alors même qu'elle se caractérise par un climat en voie d'« aquitanisation » et de « méditerranéisation ». Il est donc impératif de renverser la tendance, en défendant le droit et la nécessité pour ses cultures phares d'avoir recours à l'irrigation : maïs, blé, betteraves, pommes de terre, fruits et légumes, mais aussi fourrages pour le bétail, et semences, dont elle est – pardon de le répéter, mais c'est tellement important ! – la première exportatrice mondiale.

La vision fixiste, voire nihiliste des paysages actuelle conduit des opposants malinformés (avant la maladaptation, il y a la malinformation) à détruire les réservoirs que des paysans bâtissent chez eux, à grands frais. Le respect de la propriété individuelle est saccagé au nom de la vertu supérieure de l'écologie, inscrite dans la Charte de l'Environnement, dont les nouveaux écoguerriers s'estiment dépositaires.

Qu'ils se méfient ! Lorsqu'on commence à bafouer les principes fondamentaux de la propriété privée et des droits de l'homme, il n'y a plus de limite : demain, ce seront leurs piscines, chez eux, qui seront détruites, au nom d'un intérêt supérieur. Puis leurs dispositifs de rétention d'eau de pluie… Comme on détruit aujourd'hui les petits moulins et autres aménagements hydrauliques au nom de la restauration des écosystèmes. L'eau bien commun devient intouchable, et elle peut ainsi couler tranquillement vers l'océan sans plus rencontrer d'obstacle dans sa course tellement destructrice, comme lors des pluies cévenoles ou dans les pays littoraux comme le Bangladesh ou le Pakistan.

Organiser l'eau,
c'est construire la civilisation.

Préserver la végétation en luttant contre l'embroussaillement, hautement inflammable, figure au cœur du travail de l'agriculteur. Face au problème essentiel des littoraux, que la lente mais régulière montée de la mer n'est pas seule à menacer, la bétonisation anarchique au détriment des prés salés et des marais rendant les côtes de plus en plus fragiles (la mondialisation étant synonyme de littoralisation, plus de la moitié de la population mondiale vit à proximité d'un rivage), il faut préserver les exploitations agricoles, comme dans la communauté d'agglomération de Saint-Malo-Cancale, où le Conservatoire du littoral restitue des terres à des agriculteurs dans le cadre du Projet alimentaire territorial. Circuits courts, productions de qualité, forte présence touristique expliquent le choix de productions à haute valeur ajoutée sur des terres fragiles et proches de la mer, pour qu'elles restent vivantes. Au contraire, en Camargue, il les sanctuarise contre les éleveurs, n'entretient plus les digues et laisse entrer la mer, sans aucun bénéfice pour la biodiversité, l'économie et le tourisme, puisque le delta du Rhône se transforme sur ses terres basses en une immense baignoire salée.

En milieu tropical, les mangroves, cette interface entre terre et mer, jouent un rôle essentiel pour amortir les risques de submersion et servent de nurserie à des milliers d'animaux. Au Guyana, qui compte environ 500 km de littoral, elles évitent les inondations dans la partie nord du pays, mais, dans la partie sud, un « seawall », un long mur de mer littoral, a été construit par les Néerlandais – à l'aide d'esclaves importés, hélas. Les conquérants venus des Pays-Bas avaient découvert, dans cette « terre d'eau abondante », étymologie arawak du mot « Guyane » amazonien, des paysages similaires à ceux de leur Zélande natale, qu'ils mirent en culture comme leur berceau originel en bâtissant canaux et polders.

Protéger les cordons dunaires en les végétalisant et en interdisant le piétinement par des sentiers côtiers dont il faut respecter le tracé permet de préserver le travail agricole et la sécurité de tous. En Floride, derrière la digue naturelle constituée par les dunes côtières et la préservation des mangroves, l'urbanisation déserte désormais les rez-de-chaussée des immeubles situés en première ligne face aux risques de submersion. Tout comme les habitations situées en zone inondable en France, au bord des fleuves par exemple, doivent désormais disposer de vides-sanitaires permettant de surélever la partie habitable, tandis que le toit doit être muni de velux pour éviter aux habitants d'être pris au piège à l'intérieur de leur maison en cas de montée brusque et soudaine des eaux. Stocker l'eau, lui ménager des bassins de déversement, la drainer, créer de grands réservoirs, c'est aussi limiter sa capacité destructrice.

Résister aux aléas météorologiques demande une vision d'ensemble des territoires, de leur passé, de leurs vulnérabilités, de leurs modes d'occupation. Les géographes y excellent : ils savent convoquer la comparaison dans le temps et dans l'espace, et ont acquis la mémoire des risques. Comme les paysans.

L'adaptation ne doit pas être seulement réactive (attendre la catastrophe pour décider de mettre en œuvre un plan de résilience), elle doit aussi se montrer anticipatrice. La construction et le renforcement des digues protégeant la Nouvelle-Orléans après le passage de l'ouragan Katrina en 2005, le littoral japonais après le tsunami de 2011, ou encore les îles principales des Maldives, archipel menacé par la montée des mers, préviennent les risques de submersion futurs. Parfois, il est trop coûteux d'agir et on organise alors un repli stratégique, après que des habitations ont été massivement détruites, comme en Vendée en février 2010, par la tempête Xynthia. Cette même Vendée où des citadins se permettent de détruire aujourd'hui des réservoirs privés construits dans des exploitations agricoles au nom d'une vision erronée de la ressource en eau…

Aux Pays-Bas, dont 60 % du territoire se trouve sous le niveau marin, ou au Canada, pays bordé par trois océans et qui possède le plus long littoral du monde, la restauration des marais littoraux permet de créer des zones tampons entre la mer et la société. Mais, comme dans l'agglomération de Saint-Malo-Cancale, l'élevage, les cultures maraîchères et la conchyliculture n'y sont pas bannis, car ils maintiennent les territoires vivants.

Lutter contre les épisodes climatiques violents, c'est travailler de concert avec les agriculteurs, les pêcheurs et les forestiers, à la fois sentinelles du changement climatique, mais aussi en première ligne dans la prévention et la lutte contre les incendies et les inondations. Le monde agricole est pleinement instruit du changement climatique en cours. Il l'observe au quotidien : les vendanges commencent avec près de trois semaines d'avance par rapport aux années soixante-dix et le degré d'alcoolémie du vin est plus élevé. Ce changement de paramètre n'est pas inquiétant en soi, même lors de l'été 2022, si sec et chaud, les vendanges ont été exceptionnelles, autant en Champagne qu'en Bourgogne, mais il oblige à anticiper. Un plan national de lutte contre le dépérissement du vignoble a ainsi été initié en 2016, travaillant sur de nouveaux cépages, de nouvelles conduites de la vigne, posant aussi la question de l'irrigation. Un agriculteur ne peut plus conduire son exploitation comme le faisaient son père, et plus encore, son grand-père.

Parce que produire de la nourriture, élever des bêtes, c'est travailler avec la nature, avec le vivant, les paysans ne cessent de remettre en question leurs pratiques, et de capitaliser les expériences acquises pour préserver leur outil de travail. Pouvoir anticiper afin de garantir à l'avenir leurs récoltes et leurs revenus, transmettre une exploitation viable à leurs successeurs, c'est une évidence pour eux. Les pouvoirs publics doivent les accompagner dans cette démarche en ne laissant pas l'opinion publique s'enfermer dans des analyses faussées. Généraliser les systèmes d'irrigation, constituer des réserves d'eau, ce n'est pas au cœur de la sécheresse qu'il faut agir, mais en amont, quand l'eau abonde et va se perdre dans la mer, lors des saisons intermédiaires, où il tombe suffisamment d'eau du ciel pour recharger les nappes phréatiques et approvisionner les retenues collinaires.

« Oui, mais elles vont souffrir d'évaporation en été ! » protestent les opposants. Oui l'eau s'évapore… puisque c'est de l'eau de surface. Constituées d'eau de pluie, les retenues collinaires ne puisent pas dans la nappe phréatique. Quand il fait très chaud, elles s'évaporent un peu chaque jour… mais si elles n'étaient pas là, la situation serait infiniment pire. « Il ne fait pas sec parce qu'on irrigue, on irrigue parce qu'il fait sec », résume Pierre Blanc, qui dirigea longtemps le syndicat des producteurs de semences de maïs du Quercy, avant de devenir maire de Villebrumier, une petite ville du Tarn-et-Garonne.

Irriguer,
ce n'est pas gaspiller l'eau,
c'est anticiper le changement climatique

et gérer intelligemment une ressource stratégique pour notre souveraineté alimentaire, notre indépendance énergétique, la vie et l'attractivité de nos territoires, le maintien d'une force agricole nourricière.

Avec une meilleure connaissance des besoins des plantes, le recours à la sélection variétale et à la génomique végétale, un pilotage précis des outils d'irrigation, une conduite repensée des exploitations agricoles, des parcelles cultivées et des bassins versants dans leur ensemble, enfin avec une gestion concertée de la ressource entre les différents utilisateurs (eau potable, agriculture, énergie, industrie, loisirs), l'irrigation est un processus qui ne cesse de s'améliorer. L'efficience de la goutte d'eau est ainsi devenue une préoccupation majeure du développement durable.

« Avant on arrosait, aujourd'hui on irrigue » résume Pierre Blanc, qui a cultivé du maïs pendant un demi-siècle : il aime tellement cette céréale, dont il vante sans égal les innombrables mérites, qu'il s'est fait tatouer un immense épi multicolore sur l'épaule, façon de proclamer que le maïs et lui ne font qu'un.

33.

Muer le sable en or… l'irrigation, c'est la vie

Paix aux mânes de René Dumont, ce premier candidat écologiste de France, en 1974, qui avait prophétisé qu'en 1992, la France n'aurait plus d'eau ! Et à tous les prophètes de l'Apocalypse qui annonçaient en l'an 2000 la submersion totale de la Camargue, New York et la Floride envahis par la mer. Les projections terrifiantes d'*Une vérité qui dérange*, le film de 2006 de Davis Guggenheim sur le changement climatique, a valu le prix Nobel de la paix l'année suivante à Al Gore, infatigable propagandiste de la terreur bleue. Le revisionner aujourd'hui nous conduit à relativiser le martèlement quotidien des prédictions apocalyptiques, aux conséquences dramatiques pour la jeunesse.

Croire que la Terre va manquer d'eau avec le changement climatique, c'est oublier que la planète est un écosystème fermé, et que la quantité d'eau disponible sur Terre ne va pas changer. Il va en modifier la répartition et accélérer le cycle de l'eau. La pluie ne tombe pas forcément au bon moment, au bon endroit, et dans la bonne quantité. Il faut donc pouvoir la réguler par une action volontariste, respectueuse et au service de tous.

Il existe des aquifères gigantesques dans le monde entier, qu'il faut mobiliser avec intelligence pour maîtriser le cycle de l'eau. Aux eaux de surface, s'ajoutent les eaux profondes, qu'il faut savoir détecter puis mobiliser. L'hydrogéologue Alain Gachet[1] a ainsi breveté Watex, un système d'exploration des eaux souterraines dont la Terre abonde, faisant jaillir de l'eau dans des régions aussi déshéritées que le Turkana ou le Darfour. L'eau de mer elle-même, qui occupe plus des deux tiers de notre planète bleue, peut être désalinisée, même si c'est un procédé coûteux et responsable de la salinisation des eaux environnantes par le rejet de saumure, comme dans le Golfe persique. La hiérarchie des eaux utiles se définit donc ainsi : d'abord les eaux pluviales, qu'il faut gérer intelligemment pour approvisionner à la fois les systèmes de stockage et les aquifères souterrains ; ensuite les aquifères souterrains qu'il faut mobiliser avec parcimonie pour préserver la ressource ; enfin les eaux marines à dessaler.

> L'eau terrestre n'est pas une ressource rare.

L'eau douce ne représente certes que 3 % de l'eau disponible sur la Terre, mais ces 3 % sont en réalité une quantité suffisante pour une humanité qui ne dépassera jamais 11 milliards d'humains… Seulement, cette ressource, il faut la gérer avec mesure : elle peut en effet à la fois se dégrader, par les pollutions ou la salinisation, comme elle peut

1. *L'homme qui fait jaillir l'eau du désert*, Jean-Claude Lattès, 2015.

manquer au moment où précisément les cultures en ont le plus besoin, lors des semis, de la pollinisation ou du mûrissement.

> Quand se nourrir est vital et stratégique, manquer d'eau n'est pas acceptable.

C'est contre cela qu'il faut agir. Par une irrigation intelligente et généralisée. L'accroissement de la fréquence des sécheresses estivales dessèche les sols. Les vergers, les forêts, la vigne elle-même, pourtant habituée à se contenter de peu, souffrent et jaunissent. Les poules élevées en plein air halètent, maintenant ouvert leur bec pour mieux se ventiler. Les vaches restent immobiles, cherchant l'ombre, elles se nourrissent moins et leur production de lait en pâtit. Pour qu'il y ait élevage à l'herbe, comme avec la tête blanche Hereford qui se contente de sols assez pauvres pour donner une des viandes les plus savoureuses, il faut d'abord qu'il y ait de l'herbe. Et pour garantir la bonne santé des prairies et des vaches qui les broutent en créant de la vie, il faut qu'il y ait des réserves d'eau. Croire que le plein air naturel est toujours la meilleure solution pour l'élevage, c'est oublier que, comme nous, les animaux n'aiment ni le grand froid, ni la pluie battante, ni la canicule. Il leur faut se mettre à l'abri, soit dans des bâtiments bien ventilés, soit sous le couvert d'épaisses frondaisons – mais l'herbe pousse mal sous les arbres ! Pendant l'été 2022, où les températures atteignent 40 °C, Jean-Pierre Faucon, qui élève des vaches laitières en pays de Loire, dans la Mayenne, fait le choix d'installer des brumisateurs dans ses étables. Les vaches savourent cet air humide projeté sur leurs dos.

Le confort des hommes, des bêtes et des plantes dépend de l'apport régulier en eau.

Sans irrigation, il n'est pas de développement durable. Dans l'histoire de l'humanité, c'est elle qui a permis aux civilisations les plus brillantes de prospérer. Et sa disparition qui a entraîné leur effondrement. L'irrigation, c'est à la fois la sécurisation des approvisionnements alimentaires, la régularisation des apports en eau, la création de richesses, d'emplois, la pérennité des installations agricoles, l'existence de paysages verts et riants, riches d'une grande biodiversité animale et végétale (oiseaux, insectes, poissons, batraciens… et toute la chaîne alimentaire qu'ils constituent), la captation de gaz à effet de serre et la lutte contre le changement climatique. Mais aussi l'augmentation de la valeur du foncier, des sites touristiques attractifs où l'on vient en vacances pour se baigner, faire des sports nautiques, rendre heureux les enfants…

Les agriculteurs ne veulent pas confisquer l'eau à leur profit. Au contraire, leurs réserves permettent aux pompiers de disposer d'un recours face aux incendies, aux communes d'avoir accès à des réserves d'eau que l'on peut potabiliser. L'eau d'irrigation, c'est l'eau pour tous. De belles cultures, des cheptels en forme, des vacanciers heureux et un système de stockage contre l'incendie.

Bref, l'irrigation, c'est la vie.

Depuis 1950, c'est grâce à l'irrigation que l'humanité a pu faire face au défi de la croissance démographique et de l'élévation du niveau de vie : si la production agricole a plus que triplé, alors que les surfaces cultivées ont augmenté de moins de 15 %, c'est parce que les superficies irriguées dans le monde sont passées de 55 millions d'hectares seulement en 1950 à 280 millions d'hectares irrigués en 2022. Aujourd'hui, elles ne représentent que 18 % des terres cultivées, mais elles assurent 40 % de la production agricole. Dans le monde tropical, irriguer permet de faire trois récoltes par an sur la même terre !

Partout, les sécheresses prolongées et les excès d'eau hivernaux peuvent être amortis par une irrigation intelligente, qui écrête et régularise la ressource tout au long de l'année, prévenant inondations meurtrières et déficits estivaux tout aussi dramatiques.

Durant l'été 2022, la forêt des Landes connaît de gigantesques incendies. Les pins s'enflamment comme des torches. Cet immense massif qui semble si vulnérable n'est en réalité que le produit du travail humain. D'un milieu hostile de marais où les bergers se munissaient d'échasses, les Landes sont devenues, par un travail intense de boisement au XIXe siècle, une immense forêt prisée des vacanciers, montrant une fois de plus à quel point nos paysages sont des héritages, qui n'ont cessé d'évoluer au fil des siècles et des aménagements humains.

Après ces immenses incendies, les forestiers des Landes s'interrogent sur les espèces avec lesquelles repeupler ce triangle de sable d'un million d'hectares, qui approvisionne la France en carottes (un tiers de la production nationale), maïs doux, pommes de terre, haricots verts, asperges, bulbes de fleurs, cacahuètes, patate douce, graines de chaï… et même gazon. Ces pelouses des stades et des golfs, qu'on a continué d'arroser avec prodigalité même pendant la canicule, alors qu'on interdisait aux agriculteurs d'irriguer leurs cultures, sont pourtant le produit de leur travail… incroyable paradoxe !

Les milliers d'hectares de forêt brûlée pendant l'été 2022 étaient le produit du travail humain. La forêt nourricière et récréative des Landes n'existe que grâce à nous. Et tout comme nous l'avons fabriquée hier, nous avons le pouvoir de la repenser aujourd'hui, malgré les incendies.

L'histoire des Landes de Gascogne, ce triangle de sable d'un million d'hectares, est incroyable et magnifique. Dans les années soixante, des paysans pauvres, venus du nord de la France et de l'Afrique, trouvent ici des terres dont personne ne veut : marécages l'hiver, elles deviennent un Sahara l'été.

Défricher, drainer, irriguer, chauler, amender, ils vont y mener un travail de titan et rendre fertiles les sols acides, pauvres en matières nutritives et très vite limités par l'alios. Seul le maïs permet de les valoriser. L'eau est si ferrugineuse qu'elle colmate les tuyaux !

En 1971, naît le Groupement de recherches sur les cultures et techniques agricoles des sols forestiers d'Aquitaine (GRCETA-SFA), qui vient de fêter son cinquantième anniversaire.

> Pour relever collectivement les défis techniques de l'aménagement, il faut s'unir.

Le génie agricole dans toute sa splendeur. De 14 000 hectares en 1971 à 42 000 en 2021, la superficie des terres cultivées a triplé. Du maïs initial, les cultures se sont diversifiées. Et ce n'est pas terminé.

Le défi aujourd'hui, pour la troisième génération des agriculteurs de la Haute-Lande, c'est la transition écologique. Avec la disparition de la peur de manquer – bien que la pandémie de 2020 et la guerre en Ukraine aient provoqué dans le monde le grand retour de la faim –, les attentes sociétales ont changé. L'agriculture doit désormais s'inscrire dans le Pacte vert européen, les exigences vertes de la nouvelle PAC, la loi Climat et Résilience.

C'est ainsi que la Haute-Lande s'est engagée dans la troisième révolution agricole, produire autant, mais mieux et différemment. Il en faut de l'innovation pour réussir à cocher toutes les cases ! Face à la nécessité de gérer le plus finement possible la ressource en eau, l'irrigation, de plus en plus précise, fait appel à des sondes tensiométriques connectées. La gestion des sols et de leur fertilité est devenue de plus en plus complexe : le temps où l'on appliquait un calendrier systématique de traitements est terminé, mais pas celui des espèces invasives, hélas ! Pour les agriculteurs, en conventionnel, et encore plus en bio, c'est un casse-tête : la mondialisation et le réchauffement accentuent la pression parasitaire, alors que l'interdiction croissante de produits les confronte à de véritables impasses techniques. Certaines « mauvaises herbes » peuvent être très dangereuses pour notre santé, comme le datura. Désherber mécaniquement, à l'aide de herses étrilles, ou de bineuses à guidage caméra, coûte cher, et le bilan environnemental n'est pas forcément meilleur. Certains producteurs s'interrogent : doivent-ils vraiment, pour satisfaire des urbains qui refuseraient, catégoriquement, eux, de s'y coller, revenir au désherbage manuel de leurs champs par des saisonniers étrangers ? Pourtant, le développement durable est une trilogie : protéger certes, mais aussi produire et partager.

Avec 2 000 emplois induits sur le territoire – Bonduelle à Labenne, Géant Vert à Labatut, Antarctic Foods à Ychoux, et puis, pour les semences, Lur Berri, Euralis, Maïsadour, Bayer –, les agriculteurs des Hautes Landes ont su transsubstantier le sable en or. Or jaune du maïs et de toutes les cultures à haute valeur ajoutée, bleu de la maîtrise de l'eau, vert d'une biodiversité de haies nécessaire face aux terribles vents de sable... À ce trésor végétal s'ajoutent la captation de carbone et l'énergie renouvelable (gaz vert, solaire, éolien).

L'agriculture française, qui assure déjà le cinquième de la production nationale d'énergie renouvelable, est indispensable à nos engagements climatiques. Familiale et durable, elle associe chez nous tous les modèles de production dans le même souci d'excellence.

Véritables alchimistes
de la nature, nos paysans
méritent notre respect.

34.

Éloge du pin des Landes

Les incendies ont ravagé le massif forestier des Landes de Gascogne l'été 2022. Des 60 000 hectares détruits en France, la moitié se trouve en Nouvelle-Aquitaine, première région boisée de France. Certes, riche en lignite et en tourbe, le massif des Landes est particulièrement vulnérable, avec ces feux zombies qui couvent sous la terre pendant des semaines, mais face aux terres brûlées, qui ont triplé les émissions de gaz à effet de serre en Gironde, des voix se sont élevées contre le pin maritime, accusé d'avoir facilité la propagation de « mégafeux ».

Alors que la planète s'échauffe, voilà la forêt des Landes, qualifiée de « monoculture industrielle », mise en accusation. Elle a pourtant été salvatrice : sans les grands reboisements du XIXe en pins maritimes, espèce endémique, ce qui, l'été, était un « vrai Sahara français, poudré de sable blanc » (Théophile Gautier) serait toujours l'hiver un marécage insalubre parcouru de bergers à échasses. Le pin a permis de l'assainir et d'y faire reculer la pauvreté.

L'arrivée des plastiques dans les années soixante a sonné le glas de ce qui était alors l'or des Landes, le gemmage.

> Le développement durable redonne au pin maritime un nouvel avenir.

Ses produits « biosourcés », de la résine au bois, permettent de remplacer la chimie de synthèse. Fourniture d'énergie, construction, cosmétiques, agents nettoyants, polymères… et même papier toilette, sur lequel on s'est jeté pendant le confinement, tout est bon dans le pin des Landes, qui arrive à maturité en moins de cinquante ans ! Il répond aux pénuries actuelles par des solutions locales, écologiques et naturelles. La filière bois est ainsi le deuxième employeur de Gironde, derrière la viticulture. Même les troncs superficiellement brûlés pourront être récupérés, en chaufferies et en papeteries, mais il faudra remettre en service les aires de stockage créées après la tempête Klaus : en 2009, elle dégrada 400 000 hectares de forêt !

Le hic, c'est qu'un tiers des parcelles incendiées cet été concernait des arbres de moins de quinze ans. Ceux-là sont perdus et risquent d'être colonisés par des parasites, les scolytes, menaçant même les plantations saines. Pour qu'une forêt joue pleinement son rôle écologique, il faut qu'elle soit entretenue. Celle des Landes appartient essentiellement à une multitude de propriétaires privés, qui doivent tirer des revenus de leur activité pour financer son entretien : pistes, tours de guets, débroussaillage, réserves d'eau…

Il est un adage bien connu dans le domaine de la conservation : « if it pays, it stays ». Et au contraire, quand ça ne rapporte rien, plus personne n'entretient, et ça disparaît. Notre État prodigue adore remplacer l'argent privé, issu du secteur productif, par de l'argent public, multipliant les postes de gardiens, ou plutôt de contrôleurs, de la nature, qui produisent surtout des sanctions et de l'amende. Depuis 2017, l'État n'indemnise plus les propriétaires privés face aux sinistres : ils sont censés s'assurer. Sauf que la moitié des parcelles touchées font moins de dix hectares et que le cycle de vie d'un pin rend l'assurance prohibitive : quand vous avez payé l'assurance pendant un demi-siècle, le bilan financier a du mal à rester positif.

Pour beaucoup de forestiers, ces incendies de l'été 2022 constituent une perte sèche. Le Code forestier leur impose pourtant de replanter. Évidemment, la société s'en mêle : à l'écouter, il faudrait remplacer la forêt par les feuillus. Mais ils occupent déjà le cinquième du million d'hectares des Landes, forêt mosaïque associant des milieux très variés. Et ils souffrent bien plus des sécheresses estivales que les pins ! Ne risque-t-on pas aussi le retour des marécages l'hiver, alors que les lotissements et les parcelles loties se multiplient, au cœur ou en lisière de forêt, dans ce département qui s'accroît de 20 000 personnes chaque année ? D'autres voix prônent la régénération naturelle, mais elle rendra l'exploitation plus complexe, peu rentable.

Si le changement climatique requiert adaptation et résilience, les conseilleurs, dans ce domaine comme dans bien d'autres, sont rarement les payeurs. Ceux qui appellent à la sanctuarisation, voire à la nationalisation, oublient que les fonds publics ne sont pas inépuisables. Pour pouvoir préserver et partager, il faut assurer le premier pilier du développement durable : être en mesure de créer des richesses. Même si elle remplit des fonctions d'intérêt général, la forêt des Landes n'est pas un bien commun, mais un milieu cultivé, soigné, aimé.

> Derrière la beauté parfaite d'une pomme de pin, il y a le patient travail humain.

35.

Le maïs aussi fait tomber la pluie

L'Amazonie n'est plus, hélas, le poumon de la planète : forêt vieillissante, née du recrû végétal après la disparition de civilisations victimes du choc microbien et des conquêtes conquistadores, elle émet plus de gaz à effet de serre qu'elle n'en stocke. Les brûlis de fin de saison sèche, qui ouvrent le calendrier agricole, et la déforestation massive en ont déjà savanisé près du quart. Lula s'est engagé à la protéger. Il doit y arriver, car l'avenir du Brésil en dépend : c'est grâce à l'humidité piégée et renvoyée par ses milliards d'arbres, ce qu'on appelle les fleuves volants, que l'Amazonie permet les pluies sur tout le sud du continent.

L'eau qui tombe du ciel nous vient pour 30 % des océans, et pour 70 %, de l'évapotranspiration des plantes. Ce qui pousse crée de l'humidité.

Comprendre les fonctionnalités des écosystèmes et les secrets de la vie des sols est essentiel pour préserver le climat. Fondateur de Gaïago, start-up présente à Végétaelis, premier salon de l'innovation végétale et de la transition agroécologique, qui s'est tenu à Pau les 24 et 25 novembre 2022, Francis

Bucaille, agronome, y a consacré un livre[1], préfacé par le professeur Marc-André Sélosse, une sommité en la matière. Prônant une approche holistique des sols et de l'agriculture, Francis Bucaille analyse l'importance des micro-organismes pour la fertilité.

Et que fait Bucaille ? Une chose inouïe : il réhabilite le maïs, devenu pourtant le bouc émissaire de nos peurs ! Cette plante, dite en C4, possède non seulement une capacité record de stockage du carbone, mais un champ de maïs évapotranspire autant qu'une forêt. Comme l'Amazonie, le maïs fait tomber la pluie ! Il pleut ainsi plus au-dessus de la Corn belt américaine, grande zone de production intensive du maïs, qu'autour.

Nous l'accusons de consommer trop d'eau, alors qu'il en fait au contraire le meilleur usage, fournissant une quantité inégalable de biomasse, totalement substituable aux carburants fossiles dans la chimie verte et l'énergie, mais aussi des microbiotes essentiels au sol, y compris en monoculture : dans le Sud-Ouest, certaines parcelles en portent depuis un demi-siècle ! En période de canicule, la densité de son feuillage maintient le sol à 25 °C, au lieu de 45° pour un sol nu. Sa prolificité et ses aptitudes en font ainsi une grande alliée du climat et de l'écologie : très peu traités, ses champs accueillent une intense vie végétale et animale. Y compris indésirable, comme ces corvidés, cervidés, sangliers qui font des ravages dans toute la France, et particulièrement en Nouvelle-Aquitaine, où le maïs est la plante reine : cette région assure le tiers de la récolte française. La

1. *Revitaliser les sols, diagnostic, fertilisation, protection*, Dunod, 2020.

France est aussi la première productrice européenne de pop-corn, grâce à une entreprise implantée dans le Gers : Nataïs, qui a fait du développement durable sa marque de fabrique.

Ami des grues cendrées
et des grenouilles,
le maïs
est aussi et surtout
celui des humains.

Assurance anti-famine des pauvres, avec ses rendements inégalés, il peut même se consommer vert en période de soudure. Le maïs doux est d'ailleurs devenu en France un de nos légumes préférés. Céréale la plus échangée sur les marchés mondiaux avec le blé, la céréale des pauvres est aussi celle des riches : grâce à lui, puisque le maïs nourrit les bêtes qui nourrissent les hommes, les classes moyennes ont accès aux produits laitiers et à ces précieuses protéines animales qui manquent tant aux plus fragiles. L'essentiel des navires partis de la mer Noire cet été en acheminait, y compris vers l'Europe, première importatrice mondiale.

Les maïsiculteurs qui se prennent de plein fouet les attaques sociétales et l'explosion de leurs charges ont besoin de se sentir relégitimés pour continuer de travailler… et de nous sauver : la flambée du prix du gaz et de l'électricité menace la pérennité de la filière semences, pourtant stratégique, puisque, et vous le savez par cœur maintenant, la France en est la première exportatrice mondiale !

Alors que les Français se serrent de plus en plus la ceinture, il nous faut donc défendre la plante que les Mayas avaient déifiée. Maya signifie d'ailleurs peuple du maïs. Toutes ces grandes entreprises qui verdissent aujourd'hui leur image par un nouveau culte du lombric devraient lire *Revitaliser les sols*. Et les adeptes du Shinrin-Yoku ou bain de forêt – vous savez, ceux qui font des câlins aux arbres pour se ressourcer –, s'immerger au sein des épis pour sentir vibrer la Terre nourricière.

Remplacer par du sorgho pour faire face au changement climatique, ce serait revenir à la machine à écrire face à l'ordinateur, au téléphone à cordon au lieu du smartphone. Bien sûr, la plante a des atouts et il ne s'agit pas de la discréditer. Mais suggère-t-on aux producteurs de tournesol et de colza, si utiles pour nous fournir cette huile dont le prix a flambé avec la guerre en Ukraine, de se mettre à la cacahuète ? Aux producteurs de blé, de tester le mil ?

Parce qu'aucune céréale n'est aussi adaptable, prolifique et utile, le maïs est devenu l'or jaune du monde. La première céréale mondiale, extraordinaire par ses performances, avec ses 1 200 millions de tonnes produites chaque année, soit presque la production de blé et de riz réunis, dans plus de 150 pays, du Danemark à l'Afrique du Sud, du Mexique à la Chine, en passant par les îles du Pacifique ou l'Éthiopie.

Pourquoi cette plante méconnue et mal-aimée est-elle victime d'un tel racisme végétal ?

Parce qu'en France, nous adorons détester le maïs, sans le connaître. Son grand défaut est d'abord de venir d'ailleurs. Quand Christophe Colomb la rapporte en Europe, cette plante bizarre effraie. Elle pousse si vite qu'on la dit diabolique. La ville de Bayonne interdit d'en planter à ses portes de peur qu'une armée ennemie s'y dissimule. Mais pour le paysan, au ventre trop souvent vide et toujours prêt à l'innovation, le « blé de Turquie » est une providence nourricière, sur laquelle il n'a pas à payer la dîme, contrairement au blé. Le célèbre Parmentier (qu'on connaît plus comme l'homme de la pomme de terre) lui consacre un mémoire, couronné en 1784 par l'Académie royale de Bordeaux, qui commence ainsi : « Dans le nombre des biens que la conquête du nouveau monde a valu à l'Europe, sans coûter de crimes ni de larmes à l'humanité, il faut compter le maïs. »

Les Amérindiens le cultivent depuis six mille ans. Il existe des milliers de variétés. Dans le monde, le maïs est partout. Si cette plante, d'origine tropicale donc, craint le grand froid, la sélection variétale permet d'en faire pousser de plus en plus au nord. Violet en Équateur, géant au Pérou, blanc en Afrique, le maïs reste la plante anti-famine des pauvres, mais les meilleures tables le mettent aussi à leur carte. Et ceux qui veulent bannir le gluten.

Il accompagne l'émergence des nouvelles classes moyennes du monde, en quête de protéines animales. Le porc, le poulet, les œufs ? Du maïs transsubstantié ! Pour avoir un lait de qualité, l'ensilage nourrit les vaches en hiver ou en ville. Même les producteurs de comté s'autorisent non l'ensilage, mais le maïs entier quand il faut supplémenter l'insuffisance d'herbe. Tous les producteurs en AOP ont dû d'ailleurs, en 2022, obtenir des assouplissements de leurs cahiers des charges, car la sécheresse avait durement éprouvé la production de fourrage dans les fermes. Le maïs aussi a souffert : en France, le quart seulement de la sole est irrigué. Ceux qui n'avaient pas la chance d'avoir pu stocker l'eau ont récolté des épis peu fournis. La filière semencière a dû assumer des coûts trop élevés par rapport au prix payé et aux contraintes de la politique française : « sans eau, sans gaz, sans génie génétique, sans fertilisants de synthèse, sans moyens de protection des cultures, l'agriculture est-elle encore possible ? » demande Céline Duroc, directrice de Maiz'Europ'.

Avide de maïs, la Chine en est devenue le deuxième producteur mondial, derrière les États-Unis, elle y consacre le cinquième de ses terres cultivées. Les routes de la soie sont d'abord les routes des estomacs, car il faut sécuriser l'approvisionnement de ce pays de plus d'un milliard d'hommes dont les deux tiers font aujourd'hui partie des classes moyennes. Et les routes du maïs. Elles conduisent la Chine à développer de grandes installations partout dans le monde, et d'abord en Afrique, où les États manquent de moyens financiers et sont à la merci d'offres faussement généreuses, qui les conduisent à s'endetter en les dépossédant de leur souveraineté alimentaire. Alors que la transition énergétique devient une priorité, la richesse en amidon de maïs en fait le pilier de la chimie verte, nous épargnant le plastique. Il remplace le pétrole en fournissant une énergie renouvelable et propre. On estime qu'il existe plus de mille utilisations pour un seul grain de maïs, dans l'alimentation humaine et animale, la chimie verte, l'énergie, les isolants, les cosmétiques, les médicaments, le bâtiment, tout le « biosourcé ». Qu'il s'agisse de gastronomie, d'énergie ou de pharmacie, un grain de maïs débouche donc toujours sur un produit vert, durable, renouvelable, bon pour la planète.

> Comment mépriser cette céréale, capable de s'accommoder des sols les plus pauvres et si prolifique ?

Quand la pluie est au rendez-vous, vous pouvez le voir pousser à toute vitesse ! Avec plus de 10 tonnes à l'hectare, 20 dans les meilleures conditions, le maïs nous nourrit en économisant les terres. Et il faudrait aujourd'hui le remplacer par du sorgho, qui ne fournit que 60 millions de tonnes de grains par an, bien loin des 1 200 millions de tonnes du maïs ?

La monoculture du maïs exaspère Bruxelles. Pourtant, la biodiversité doit s'analyser à l'échelle de l'exploitation, pas de la parcelle ! Dans le sud-ouest de la France, comme dans le Middle West américain, certaines parcelles portent du maïs depuis quarante ans : même en monoculture, la céréale n'épuise pas les sols. Cette plante dite en C4 est une véritable petite centrale solaire qui pousse en captant le maximum de gaz à effet de serre. Les maïsiculteurs français s'étaient engagés à passer la majorité de leurs exploitations en HVE d'ici 2025 et leur plan de stockage accru du carbone a été validé par le ministère de la Transition écologique, dans le cadre de la stratégie nationale bas carbone adoptée par la France en 2018. Le Covid et les crises, climatique, énergétiques, politiques, ont reculé les échéances.

> Bref, le maïs répare la planète.

Ses champs abritent et nourrissent oiseaux, grenouilles, insectes (sangliers et rongeurs aussi, hélas). Son humidité barre la route l'été aux feux de forêts. Impossible de brûler un champ de maïs… sauf si bien sûr on l'a laissé se dessécher. Les grues cendrées en font bombance à l'automne.

Trop gourmand en eau, le maïs ? C'est la plante qui la valorise le mieux pourtant, mais son origine tropicale fait qu'elle pousse au cœur de l'été, quand on n'aime pas voir tourner les asperseurs. Quelques chiffres significatifs pourtant : avec 100 mm d'eau, on obtient 800 kg de tournesol, 2 tonnes de blé, mais 3 tonnes de maïs. Il ne s'agit pas de les mettre en compétition, on a besoin des deux : avec les rendements français, un hectare de blé donne 25 000 baguettes, un hectare de maïs 24 000 litres de lait. Ils ne poussent pas au même moment et sur les mêmes champs, n'ont pas les mêmes usages, ce qui pousse les contempteurs du maïs à le mépriser puisqu'il est majoritairement utilisé, en France, pour l'alimentation animale, alors que le blé, qui nous donne « notre pain de ce jour », apparaît comme une céréale biblique, donc « noble ».

Mais le maïs est cependant plus productif (7 tonnes de blé à l'hectare, 11 tonnes de maïs) et plus efficient dans l'utilisation de l'eau : pour fournir 1 kg de matière végétale sèche, il faut 590 litres d'eau pour le blé et la pomme de terre, mais 460 litres pour le maïs grain et 240 litres pour le maïs fourrage. Quelle plante est plus efficiente ?

> Le monde a faim de maïs.
> C'est la plante
> de la sécurité alimentaire.

Le nombre de variétés est colossal. Certains ne jurent que par les semences paysannes. Pourquoi pas ? Mais il ne faut pas se passer de la vigueur hybride, y compris en bio. Les agriculteurs multiplicateurs, à qui on doit le maïs semence, font un travail extraordinaire. Allez discuter avec eux, vous serez impressionnés par leurs connaissances agronomiques et leur savoir-faire.

Les traitements ? Le maïs en demande très peu. Sensible à notre phobie croissante (et souvent injuste) de la chimie, les maïsiculteurs se sont engagés dans la transition écologique, avec associations végétales et biocontrôle. On recourt même aux drones pour disperser dans les champs les insectes auxiliaires qui s'attaquent aux prédateurs des cultures, comme la redoutable pyrale – les papillons ne sont pas toujours sympas, pas plus que les coléoptères.

Et face au poison hallucinogène qu'est le datura, une jolie fleur pourtant, ou aux mycotoxines qui contaminent le quart des récoltes mondiales et tuent les gosses en Afrique, nos agriculteurs restent les garants de notre sécurité alimentaire, nous qui avons oublié la peur de manquer et toutes les terribles maladies causées hier par l'alimentation : 4 000 morts par an en France dans les années cinquante à cause des empoisonnements causés par une alimentation de mauvaise qualité !

Aujourd'hui, nous ne supportons pas que des produits puissent ne pas présenter le maximum de garanties sanitaires, ce qui conduit à les retirer massivement des rayons en cas de suspicion. Dans les pays pauvres, les gens continuent de mourir de listéria, de salmonelloses, d'e.coli, de choléra, de chocs toxiques. Alors, quand des maïsiculteurs (ou des producteurs de blé) luttent contre les mycotoxines, les fusarioses, les rouilles, l'envahissement subreptice par le datura ou la morelle noire, nous devrions les en remercier, pas les insulter.

La prochaine fois que vous verrez du maïs pousser, remerciez-le de sa générosité.

36.

Sauvons les belles pommes !

La pomme, c'est par excellence le fruit de la mondialisation et des classes moyennes, l'atout minceur dans un régime, le fruit qui, croqué chaque matin, éloigne le médecin : 5 millions de tonnes seulement produites en 1960, 85 millions de tonnes aujourd'hui, dont la moitié en Chine. Quand on sort de la pauvreté, on croque la pomme. Toute l'Asie en est devenue une grande consommatrice.

Et il en faut, des pommes, pour nourrir près de 4 milliards d'Asiatiques ! Des pommes qui poussent bien, qui se conservent, qui se transportent, qui soient aussi belles que bonnes. Les arboriculteurs sont donc obligés de se livrer à une sélection drastique des variétés les plus aptes à la mondialisation. Leurs coûts de production ont explosé et les consommateurs sont devenus de plus en plus exigeants.

Résultat : les pommes françaises d'aujourd'hui sont en grand danger. Ceux qui les cultivent se veulent pourtant exemplaires ; ils ont mis en place la charte des vergers responsables, qui applique tout un ensemble de normes sociales et environnementales, en bio comme en conventionnel.

Las ! Non seulement les importations de pommes ne cessent de progresser, en provenance de pays comme la Pologne, où les coûts de production sont inférieurs de moitié, mais on continue d'entendre en France la petite ritournelle agaçante du « c'était mieux avant, quand les pommes avaient du goût ». Accompagnée de « 36 traitements par an dans un verger, vous vous rendez compte ? ».

Si répéter mille fois un mensonge n'en fait pas une vérité, ces calomnies découragent les producteurs. Ils s'épuisent à les rectifier. La production de pommes baisse. Des vergers sont arrachés.

Pourtant, déplorer la disparition des pommes d'antan, c'est méconnaître ce qu'écrivait déjà en 1862, Thoreau dans *Les Pommes sauvages*. Celui qui est considéré comme l'un des maîtres à penser de l'écologie devait bien admettre que les fruits qu'il ramassait dans la nature avaient « le goût de la punaise de la courge ». Mais il les trouvait merveilleuses parce qu'elles incarnaient à ses yeux la nature sauvage.

Qui, aujourd'hui, dans un étal, choisirait de petites pommes « acides et difformes, grignotées en partie par les lapins et perforées par les criquets », comme celles dont Thoreau s'emplissait les poches ? Le consommateur n'hésite pas à retourner toute une cagette pour sélectionner les plus belles pommes. En 2024, l'interdiction du spirotétramate, un insecticide contre les pucerons, risque d'aboutir au grand retour des pommes piquées. Le consommateur les boudera et se tournera une fois de plus vers les pommes étrangères, comme il s'est tourné vers les cerises turques après l'interdiction du diméthoate en 2016.

À quoi joue donc l'Europe, si ce n'est pas tirer en permanence sur ses producteurs ?

Entre les normes environnementales et les attentes du consommateur, qui n'ont rien à voir avec celles du militant écologique, sauf pour une toute petite minorité de personnes convaincues (et aisées), le gaspillage est devenu considérable. Interdire les emballages en plastique pour les fruits et légumes, au nom de la loi dite AGEC (loi anti-gaspillage pour une économie circulaire), entrée en vigueur en 2022, va aboutir à l'effet inverse de celui recherché : encore plus de gâchis dans les rayons des supermarchés ! Comment protéger des denrées aussi fragiles sans le secours du plastique ? Certes, il fallait en limiter l'utilisation, mais nous, qui galérons tous aujourd'hui avec nos sacs de caisse en carton, risquons désormais le grand retour des contaminations !

Les plastiques végétaux font leur apparition, mais la filière fruits et légumes n'a pas encore trouvé la parade pour éviter que ses coûts ne flambent et que ses produits ne se détériorent. Elle exige donc l'annulation du décret d'application et une harmonisation européenne. Ramasser certaines récoltes se révèle, hélas, trop coûteux, désormais, pour des producteurs qui se prennent de plein fouet les chocs climatiques, gels tardifs, orages de grêle, absence de pluie. Quand les fruits ne sont pas parfaits, mieux vaut les laisser pourrir sur pied plutôt que payer un cueilleur pour les ramasser en risquant de voir la station fruitière refuser tout le palox. Ils seront broyés pour nourrir la terre.

Bien sûr, si on peut les valoriser, tant mieux pour tout le monde. Mais plutôt que d'essayer d'inciter les consommateurs à opter pour les « légumes moches », stratégie toujours hasardeuse, mieux vaut trouver une seconde vie à tous ces rebuts, par l'économie circulaire, la valorisation énergétique, l'alimentation animale ou la fertilisation. Mais à quel prix pour le producteur ? S'en sort-il quand sa pomme est payée au tarif industriel ? Non !

Ce qui n'empêche pas le brave quidam qui ne connaît rien au problème de vous expliquer qu'avant les pommes étaient meilleures, alors qu'elles étaient farcies de vers et de moisissures que les consommateurs d'aujourd'hui rejettent avec horreur. Thoreau déplorait déjà au XIXe siècle que les vergers anciens soient laissés à l'abandon au profit de grosses pommes plus sucrées et plus commerciales, terme éminemment péjoratif pour ce rentier endetté, qui refusait de payer ses impôts et mourut à 45 ans de maladies non traitées... Qu'on ne vienne pas nous en faire un maître à penser ! En tout cas, pour les paysans.

Toute l'histoire de l'agriculture repose en effet sur cet axiome : questionner en permanence ses pratiques pour produire plus, protéger mieux, vendre à prix rémunérateur. Et désormais protéger aussi la nature.

C'est ainsi que les producteurs de pommes sont aussi devenus apiculteurs.

Sans abeilles, pas de fleurs pollinisées ! Et qu'ils veillent à la préservation des mésanges, des chauves-souris et de tous ces insectes dits auxiliaires, qui les débarrassent des prédateurs de la pomme. Le pire est un papillon, le carpocapse, dont la chenille est le fameux « ver » de la pomme. Qui découvre encore, écœuré, la moitié d'un ver après avoir croqué dans la pomme soigneusement choisie sur l'étal (après avoir fichu en l'air toutes les autres) ? Personne ! Les arboriculteurs ont compris que si le consommateur refusait qu'on traite sa pomme, il ne redoutait pas la contradiction et refusait encore plus vigoureusement d'y trouver un ver, et encore moins la moitié d'un ver. Pour éliminer le carpocapse, il fallait se montrer très ingénieux. La plupart pratiquent ce qu'on appelle la confusion sexuelle : l'utilisation de capsules diffusant des phéromones qui déboussolent monsieur carpocapse dans le verger. Saturé d'odeurs grisantes, le pauvre papillon ne trouve plus sa dame, et la pomme peut mûrir tranquille. Et le consommateur, croquer sereinement.

L'autre drame de la pomme, c'est une moisissure, la tavelure. Tachée, la pomme pourrit. Toute attaque sur sa peau fragile est la porte d'entrée de multiples maladies. Face à la tavelure, les chercheurs élaborent des variétés naturellement résistantes grâce aux gènes de pommes anciennes, comme celles que l'on trouve encore dans le berceau originel du fruit, les Tian Chan, en Asie centrale. Un généticien kazakh, hélas bien maltraité par Staline (les crimes de Staline, comme ceux de Mao, sont infinis), Djangaliev, avait montré que tous nos pommiers domestiques viennent des Monts célestes, par les routes historiques de la soie historique : en se gorgeant des meilleures pommes avant d'entrer en hibernation, les ours des Tian Chan ont permis de sélectionner les pommiers les plus résistants à la tavelure, grâce aux pépins contenus dans leurs excréments…

Aujourd'hui, la génétique nous confirme la découverte de Djangaliev : de la Golden à la Pink Lady, en passant par les nouvelles pommes résistantes à la tavelure issues de la recherche génétique, Ariane, Story, Choupette, Legend, toutes nos braves pommes viennent des Montagnes célestes ! La Bible dit vrai : le fruit originel, celui qui a perdu l'humanité, sort bien du jardin d'Éden, un paradis d'altitude, en Asie centrale, pour offrir à l'humanité libérée de la pauvreté un fruit parfait, gage de minceur et de santé.

Les producteurs de pommes sont ainsi de véritables enchanteurs du végétal, qui convoquent tout ce qu'il est possible de mettre en œuvre pour satisfaire nos palais, mais aussi les institutions européennes, qui adorent interdire les molécules indispensables pour lutter contre les ravageurs, leurs portefeuilles et les nôtres. Si la pomme coûte trop cher, elle ne trouve pas preneur. Si l'arboriculteur ne vit pas de son activité, mieux vaut arracher le verger.

Alors pourquoi, malgré la perfection des arboriculteurs français, malgré la charte des vergers responsables, qui nous garantit les meilleures pommes, cultivées dans le respect de l'homme et de la nature, les compotes qu'on vous sert dans la restauration ou que vous achetez en supermarché sont presque toutes faites de pommes importées, bien loin de respecter les standards exigés en France ? Cherchez l'erreur ! Aux agriculteurs français, on demande d'être les meilleurs en tout, de monter en gamme, de produire sans pesticides malgré les ravageurs, en payant bien la main-d'œuvre. Pour qu'en définitive, le consommateur, le marché public ou l'industriel s'approvisionnent à l'étranger ! Il y a de quoi être en colère. Ou découragé.

Nous n'avons aucune idée de tout ce qui est mis en œuvre pour satisfaire nos attentes, qu'il s'agisse de l'élaboration de pastèques ou de clémentines sans pépins, de fraises ayant le goût merveilleux de la fraise des bois, mais aussi de nouvelles variétés, souvent issues de variétés anciennes retravaillées : mini kiwis, nectarines, tomates cœur de bœuf. Ou ces magnifiques choux romanesco, qui déclinent à l'infini la forme géométrique de la fractale.

L'histoire du chou, un cas d'école : il existe aujourd'hui un nombre considérable de variétés de choux – rouges, frisés, blancs, fleur, de Bruxelles, etc. –, qui sont *tous* issus d'un patient travail de sélection. Si l'homme peut détruire la biodiversité, il s'illustre aussi par sa capacité à la créer, voire à la sublimer. Non seulement en restaurant des milieux abîmés, par l'exploitation minière par exemple, comme ces anciennes carrières devenues de merveilleux jardins, telles les Buttes-Chaumont à Paris, ou par la déforestation massive, comme le Costa Rica, renaturé à partir des années quatre-vingt pour devenir un paradis forestier. Mais aussi en créant une biodiversité nourricière inouïe : près de 3 000 variétés de maïs en France (première exportatrice de semences au monde, vous vous souvenez ?), plus de 500 variétés de pommes, mais aussi plus de 50 races de vaches et de chevaux, un record en Europe, plus de 30 races de brebis…

Ce qui m'amène naturellement à une autre « biodiversité » incroyable, celle de la gastronomie issue de ce patient travail de sélection. Près de 2 000 variétés de fromages, en France seulement, dont une cinquantaine d'AOP, le haut du panier ! Ce sont les éleveurs du Jura, coincés dans leur montagne par le froid au Moyen Âge et inventant le comté pour ne pas perdre leur lait. Ou bien la découverte que les moisissures du pain pouvaient dans certaines conditions donner des fromages bleus au goût exquis, dans les crayères de Roquefort.

L'histoire de la gastronomie
est tissée
à celle de l'agriculture,
et elle nous a donné
les plus beaux produits.

Car la France des fromages, des pommes et du maïs, est aussi celle du champagne, du cognac et de tous ces vignobles, Bourgogne, Bordeaux, Côtes-du-Rhône, Alsace et tant d'autres, qui lui valent une réputation mondiale.

Et derrière tous ces trésors, autant d'agriculteurs, de viticulteurs, d'éleveurs, passionnés par leur métier et fiers de leurs produits, toujours en quête de l'excellence, toujours prêts à se remettre en question pour progresser.

Nourrir, le plus beau métier du monde.

Si l'on parvient à en vivre décemment.

Et si on vous laisse travailler.

37.

Un rempart contre la Méditerranée : le riz

Quel rapport entre le riz et les flamants roses ? Tout le débat sur la prétendue « renaturation », qui conduit les pouvoirs publics à abandonner certains territoires à la montée de la mer, au motif que lutter contre l'érosion côtière serait vain et coûteux, qu'il faut « composer avec la nature », voire rendre à la mer des territoires qu'on avait vaincus sur elle, comme si l'humanité devait désormais négocier avec une divinité courroucée et toute-puissante.

En Camargue, on a ainsi décidé de « renaturer », bref de laisser l'eau salée envahir le delta en n'entretenant plus les digues construites au temps de Napoléon III, en interdisant aux riziculteurs de renvoyer dans le Vaccarès leurs eaux d'irrigation et de dessalement des terres au motif qu'elles seraient prétendument sales (entendez, polluées par des pesticides).

Mais la « renaturation » de la Camargue, qui passe aussi par l'éviction des éleveurs et des saliniers, n'est que le recul de l'humanité face à la montée de la mer, à rebours de siècles de lutte, de polders, de digues, une démission dont ne bénéficient ni la nature, ni les humains. Cette dramatique démission ne traduit qu'un constat : il existe, hélas, dans l'écologie tout un courant punitif qui déteste l'humanité.

À l'est du delta du Rhône, dans l'étang du Fangassier, nichaient naguère 13 000 couples de flamants roses. Les ornithologues et les photographes adoraient ce lieu, qui disposait d'une cabane d'observation unique.

L'étang est devenu aujourd'hui une terre balayée par le sel et le vent, que les flamants ont désertée. Lorsque le Conservatoire du littoral a racheté les terres appartenant aux Salins du Midi en effet, en 2005, il a cessé d'entretenir les pompes et les digues, et l'eau de mer est entrée. Les conditions de la nidification des flamants ont disparu, parce que la fin de l'activité salinière a entraîné la disparition de la petite crevette rose dont ils se nourrissaient. L'oiseau aux ailes pourpres (phénicoptère en grec), emblème de la Camargue, s'est alors replié à l'ouest du delta, en petite Camargue, hors de la Camargue géographique donc, qui est située entre les deux bras du Rhône. Pourquoi ? En petite Camargue, les Salins du Midi continuent de pratiquer leur activité et leurs étangs de concentration du sel créent toujours les conditions propices au flamant. Magnifique lieu touristique d'ailleurs, où l'on vient en vélo ou en petit train admirer au crépuscule les étendues roses bordées de cristaux blancs, dans lesquelles se reflètent les remparts dorés d'Aigues-Mortes.

Face à un discours écologiste qui niait leur utilité sociale et leur préférait l'envahissement par l'eau salée, les riziculteurs se sont peu à peu découragés, eux qui avaient commencé à mettre en valeur le delta du Rhône depuis un siècle, prenant progressivement la relève après la perte de l'Indochine. Ils ne sont plus que 170, contre 250 il y a vingt ans. Le riz n'occupe plus que 12 000 hectares en Camargue, contre le triple aux périodes les plus fastes, après-guerre, quand il fallait nourrir de produits nationaux la France affamée, alors qu'on venait de perdre l'Indochine. La production française n'assure plus aujourd'hui qu'un cinquième des besoins nationaux, ce qui oblige à importer des riz indiens, cultivés avec un grand nombre de produits de traitement interdits en France. Croire que le riz basmati est meilleur pour la santé que le riz camarguais, c'est de l'idéologie exotique mal placée. Exactement comme privilégier le sucre de canne au sucre de betterave, c'est oublier que nous avons en France une production locale, saine, en circuit court (il faut transformer la betterave le plus rapidement possible car elle continue de mûrir une fois arrachée), qui contribue à nourrir les sols en y fixant l'azote et à assurer notre souveraineté énergétique sans concurrencer la production alimentaire.

> Alors que le monde risque de manquer de cette denrée vitale qu'est le riz, faut-il vraiment lui faire traverser le monde pour remplir nos assiettes ?

Le riz français a pourtant effectué pleinement sa révolution écologique : 25 % des terres sont cultivées en bio, et les indices de fréquence de traitement (IFT) sont très bas : 0,5 – contre une moyenne française un peu inférieure à 4, ce qui est déjà très faible. La moitié des exploitations ont atteint le niveau 3 de la Haute Valeur Environnementale, le plus élevé. L'irrigation est gérée de la façon la plus précise possible – même si puiser l'eau dans le Rhône juste avant qu'il se jette dans la mer ne paraît pas une grave offense à la ressource, d'autant que la mer monte.

Le riz français obéit ainsi à des normes environnementales si strictes, exigées à la fois par l'Europe et transposées avec plus de sévérité encore en France, qu'il est le plus propre du monde. Les riziculteurs doivent défendre leurs rizières contre l'envahissement par les oiseaux, flamants, cormorans, grues et corvidés, en utilisant des canons d'effarouchement et des gyrophares nocturnes.

Qui a décidé que la Camargue ne méritait pas d'être défendue contre la mer, que c'était coûteux et inutile, alors que 15 000 personnes y vivent à l'année et sont à l'origine de la beauté de son patrimoine naturel et culturel ? Pourquoi l'étang du Vaccarès, dont les séculaires genévriers de Phénicie étaient considérés comme si précieux, est-il devenu si salé qu'il a été déclassé en zone maritime, comme si on acceptait la disparition des mythiques Bois des Rièges[1] ?

Défendre la Camargue contre la mer n'est pas un vain combat. D'une part, parce que les paysages et la culture que nous aimons tant dans le delta sont le produit des activités humaines : les flamants sont issus de l'activité salinière, l'élevage des taureaux et des chevaux, de l'activité rizicole, qui dessale les terres. Ce sont des activités productives et créatrices de richesses, qui font de la Camargue ce

1. *Le Bois des Rièges, cœur de la Camargue*, Annelyse Chevalier, Actes Sud, 2014.

que le géographe Bernard Picon[2] qualifie de « polder agri-industriel ». Le sauvage en Camargue est fabriqué, mais cela ne l'en rend pas moins beau et attirant !

Ce qui se passe aujourd'hui en Camargue, comme dans beaucoup d'autres lieux dans le monde, et particulièrement dans les zones humides, c'est une « renaturation » tout aussi fabriquée et interventionniste que la précédente, mais qui conduit à remplacer l'activité productive par de l'argent public : l'Europe et l'État dépensent des fortunes pour rendre la Camargue non pas à la « nature », mais à des écologues qui, constatant que le milieu rendu à la mer se délite, tentent de construire un nouveau discours portant au pinacle une recolonisation naturelle plutôt médiocre, puisque le sel domine le milieu. Cette prétendue renaturation, promue à grands coups d'achats publicitaires et de lobbying politique, de la part d'organisations environnementales financées par une grande multinationale américaine du soda, n'a aucune commune mesure avec la magie envoûtante des paysages qui ont fait, dans le monde entier, la réputation du pays de Crin-Blanc (palme d'Or à Cannes du court métrage en 1953), paysages aujourd'hui détruits par le non-entretien des digues, l'éviction des manadiers, la destruction des mas… Tout ce que pratique abusivement et très coûteusement un mille-feuille d'institutions salariant des centaines de personnes prétendant toutes s'occuper de la nature, et veillant en réalité activement à la

2. *L'Espace et le temps en Camargue*, Actes Sud, 2019 (1ère édition 1978).

détruire, avant d'aller exercer ailleurs leur talent de naturaliste.

En dessalant les terres, le riz crée des pâturages, et permet donc l'existence des taureaux noirs et des chevaux blancs. Sans riz, pas de bouvine ! Sans riz, pas de Crin-Blanc ! Donc pas de patrimoine camarguais. En Camargue, renaturer, c'est laisser entrer le sel et la mer, donc stériliser un paysage unique. Transformer un delta vivant en une immense baignoire salée.

Rempart contre l'invasion maritime, muraille végétale contre les vagues, le riz contribue ainsi à la transition agroécologique en offrant des paysages uniques, puisque sa culture assure la pérennité d'une des plus grandes zones humides d'Europe. Il est aussi un facteur de biodiversité : sans eau douce, beaucoup d'oiseaux et d'amphibiens disparaissent. Il s'inscrit pleinement dans les plans climat en contribue à la captation du carbone, et joue donc un rôle essentiel dans les politiques d'atténuation du changement climatique par sa capacité de captation des gaz à effet de serre. Face à l'accroissement des risques en Méditerranée, le riz joue ainsi pleinement sa mission d'adaptation des territoires : il limite les entrées maritimes et d'eau salée, amortit les risques de tsunamis, répondant aux attentes du développement durable (produire, partager, protéger) en maintenant des territoires vivants et nourriciers.

Sans flamants roses, sans taureaux et même sans chevaux, puisque les terres sont de plus en plus interdites aux cavaliers, aux manadiers et aux gardians, que deviendra la Camargue que nous aimons tant ? Et pour qui ? L'antispécisme qui lutte contre la corrida – mais en Camargue la course camarguaise ne tue pas les taureaux, elle les honore et leur dresse des tombeaux – réussira-t-il aussi à abolir la bouvine, chère au marquis de Baroncelli, grand inventeur de la nation gardiane ? C'est toute une civilisation, un patrimoine, une culture, une fierté, qui disparaîtront quand la mer aura tout envahi. La France peut-elle ainsi renoncer à ses paysages emblématiques ? À son attractivité touristique ?

Des gardians, des touristes et une gastronomie unique, bio et AOP, locale et en circuit court… ou bien des vagues, des mouettes, un désert salé et 15 000 migrants environnementaux fuyant une terre désertée ?

Une Camargue en croûte
de sel ou une Camargue
vivante ? Choisissez !

38.

Les conseilleurs ne sont pas les payeurs (*petite synthèse*)

L'histoire regorge d'erreurs dont les premières victimes furent d'abord les paysans… mais aussi par ricochet, ceux qu'ils nourrissaient. Voici un court récapitulatif de « solutions » dramatiques qui, en ruinant les paysans, ont fait s'effondrer les pays. Toutes sont de mauvaises réponses, proposées, voire imposées, par des idéologues, prêts à voir chambouler les systèmes de production sans réaliser à quel point les conséquences de leurs choix risquaient d'être dramatiques.

1. Les erreurs historiques

A. En Russie, la collectivisation forcée de l'Ukraine par Staline et les 5 millions de morts de Holodomor, la grande famine (1932-1933), puis le lyssenkisme à partir de 1948 (bannir les hasards de la biologie et considérer les lois de la génétique comme réactionnaires).

B. En Chine, la campagne de Mao contre les oiseaux, dans le cadre de l'éradication des « nuisibles », suivie du Grand Bond en avant (1958-1962) : 30 millions de morts et 30 millions de déficit des naissances, un creux qui s'observe toujours dans la pyramide des âges chinoise.

C. Rendre la terre à ceux qui ne peuvent pas la cultiver : les réformes agraires ratées du Zimbabwe en 2001, qui ont transformé le grenier de l'Afrique australe en pays importateur de nourriture.

D. Les parcs contre les paysans : comment la création des aires protégées s'effectue contre les paysans autochtones et les mène à la faim, à la violence, et aux déplacements forcés[1].

E. L'Amazonie sanctifiée : croire qu'on peut vivre dans une Amazonie sanctuarisée, alors que les habitants de la forêt demandent, dans les réserves socio-environnementales, de pouvoir au contraire en exploiter les ressources (fruits, bois, bovins, mise en culture, écotourisme, en tout cas lorsqu'il crée suffisamment de revenus).

F. Accuser, comme le fait Jared Diamond dans *Effondrement*, les habitants de l'île de Pâques d'avoir eux-mêmes saccagé leur milieu par la guerre et la construction des moais, qui auraient entraîné une déforestation massive, alors qu'ils ont été victimes, d'abord d'un assèchement climatique, puis d'un génocide, avec leur déportation en esclavage au Pérou à partir de 1862, entraînant la disparition de 99 % des autochtones.

1. http://www.survivalinternational.fr

2. Les erreurs d'aujourd'hui (*petit récapitulatif*)

A. Au Sri Lanka, refuser phytos et engrais importés.

B. Contre les incendies, bannir le pin maritime.

C. Pour répondre au changement climatique, remplacer le maïs par du sorgho.

D. La prétendue « mal adaptation » : pour lutter contre les sécheresses, ne surtout pas faire de réserves !

E. Proscrire l'élevage, au profit de la végétalisation et de la viande de synthèse.

F. Discréditer l'agriculture moderne et performante en la qualifiant de productiviste.

G. Faire l'apologie des micro-modèles, de la permaculture, et de l'agroécologie en voulant les généraliser.

H. Croire que les sols sont morts.

I. Sanctifier l'arbre au détriment des cultures.

Les leçons à en tirer :

- Réfléchir à toutes les conséquences de ses solutions idéologiques.
- Réintroduire la notion d'échelle (le micro-projet-vitrine est-il généralisable ?)
- Se mettre à la place des acteurs économiques.
- Poser la question de la viabilité des modèles.
- Se souvenir qu'il faut nourrir le monde… Tout le monde !

Pour préserver le plus beau métier du monde et lui assurer un avenir, respectons ceux qui nous nourrissent, reconnaissons tout ce qu'ils mettent en œuvre pour notre santé et la beauté du monde… et rendons à cette chevalerie protectrice ses lettres de noblesse, sinon nous en paierons tous le prix le plus élevé qui soit. Les pierres de la faim ne doivent pas réapparaître !

39.

Petit bréviaire du plus beau et du plus dur métier du monde

J'espère l'avoir montré dans ce livre, nous avons un besoin crucial, vital, de préserver une agriculture dynamique, plurielle, performante, confiante en l'avenir. De rendre ce métier attractif aux jeunes générations. Nourrir le monde va demander une mobilisation exceptionnelle. Passer à côté des enjeux actuels serait suicidaire. Pour les résumer, je vous propose une petite suite de chiffres clés : 3^2, 10, 6, 15, voici le dictionnaire d'une agriculture réussie.

1. 3^2 : la troisième révolution agricole est triplement verte.

Produire. Continuer à produire, donc être performant

Rendre l'agriculture productive, c'est disposer de bonnes semences, et nous ne devons pas nous priver du génie génétique, mais aussi d'eau, d'où la nécessité de l'irrigation, la stocker quand elle abonde pour en disposer quand s'installe la sécheresse. Défendre les systèmes intensifs qui permettent de nourrir en économisant l'espace permet aussi la permanence de territoires pastoraux et de milieux naturels.

Préserver. Respecter et protéger les écosystèmes

Les sols, les cours d'eau, les nappes phréatiques, les paysages cultivés, la forêt… la marqueterie d'un territoire s'observe à une échelle « glocale », qui fonde la biodiversité des écosystèmes. Ce qui n'empêche pas d'introduire de la diversité, de l'agroécologie, revenir aux fondamentaux essentiels de l'agronomie.

Partager. Partager la valeur issue de l'agriculture

Rémunérer dignement le paysan pour son travail tout en permettant à la nourriture d'être accessible au consommateur, même s'il est pauvre. Comprendre que la première source d'enrichissement pour un pays pauvre est de pouvoir créer de la valeur en diversifiant ses productions et en les transformant sur place, à destination des classes moyennes. Enrichir le paysan, c'est créer un marché intérieur.

Rémunérer dignement le paysan passe par une agriculture juste.

2. Écologie, développement durable : l'agriculture offre toutes les solutions de demain… les 10 F !

Aujourd'hui, les modèles de production, fondés sur les fonctionnalités multiples des écosystèmes, sont devenus de plus en plus complexes. Ces nouveaux modèles agricoles obligent les paysans à prendre des risques. Ils demandent donc des investissements spécifiques. Le paysan doit être dignement rémunéré pour son travail, à la fois nourricier, mais aussi pour tous les services qu'il rend à la société. Ce sont les 10 F.

– **FOOD** : nourrir, le défi le plus important, la priorité. Il faut pouvoir assurer la sécurité alimentaire de l'humanité, c'est-à-dire assurer à tous, en tout temps, et partout, l'accès à une nourriture saine, suffisante, sûre, acceptable culturellement et également répartie.

– **FEED** : nourrir les bêtes qui nourrissent les hommes, valoriser les milieux difficiles en créant des protéines de qualité, préserver l'élevage, l'accès aux engrais organiques et aux protéines animales, les patrimoines, les paysages.

– **FOREST** : l'agriculture et l'élevage sont créateurs de biodiversité, d'autant plus importante qu'elle est nourricière, et de paysages soignés, variés, ouverts, qui offrent des remparts aux incendies.

– **FIBER** : pour se passer du fossile carboné, la chimie verte et le biosourcé remplacent les plastiques de synthèse. Toutes les réponses figurent dans l'ingéniosité des civilisations pour valoriser la nature.

– **FUEL** : fuel, c'est l'énergie au sens large. Nous sommes passés du bois au charbon et au blanc de baleine (qui servait à éclairer les réverbères des villes !) avant de découvrir les vertus du pétrole, épargnant ainsi enfin les cétacés, puis de réaliser à quel point les énergies fossiles (charbon, pétrole, gaz) étaient néfastes parce qu'elles émettaient des gaz à effet de serre, responsable du changement climatique. Il faut donc décarboner et l'Europe s'est engagée depuis 2018 dans la taxonomie verte, le fléchage des investissements en fonction de leur contribution à la transition énergétique. L'objectif : parvenir à la neutralité carbone d'ici 2050. Les agriculteurs ont toutes les réponses : toutes les énergies produites dans les campagnes sont renouvelables, gaz vert, méthanisation, solaire (sur les toits des bâtiments, pas en consommant de bonnes terres agricoles !), vent – des éoliennes dans les champs, mais en respectant les distances de sécurité et les paysages –, biocarburants, sans concurrencer les usages alimentaires ! –, hydrogène vert, énergie hydraulique – revenir aux moulins au lieu de détruire tous les biefs au nom de la « continuité écologique ». Et puis le bois, les granulés, la valorisation des sous-produits en économie circulaire. Pour assurer notre souveraineté énergétique, misons sur les campagnes ! Du vert, du local, du renouvelable, qui dit mieux ?

– **FERTILISANT, FUMURES** : pour ne plus dépendre des engrais azotés issus des gaz fossiles, pour retrouver notre souveraineté alimentaire, misons sur les engrais verts, biofertilisants, biostimulants, algues, composts, fumures, lisiers, symbiose mycorhizienne, nouvelles rotations, agroécologie, agroforesterie, plantes fourragères. Nous avons les moyens d'être indépendants et de préserver la fertilité des sols, mais il faut restaurer les systèmes polyculture-élevages, miser sur toutes les fonctionnalités des écosystèmes en économie circulaire.

- **FUN** : l'agriculture et le tourisme sont indissociablement liés : accueil à la ferme, gîtes ruraux, marchés et magasins paysans, gastronomies de terroirs, labyrinthes de maïs, bases de loisirs aquatiques, observation des oiseaux, pêcheurs, chasseurs, randonneurs… L'espace rural est un espace partagé, dont le paysan doit rester central, en bonne entente avec les autres utilisateurs du territoire.

- **FITNESS** : c'est par une alimentation saine que nous resterons longtemps en forme et améliorerons notre espérance de vie, mais aussi par la lutte contre les pollutions de toutes sortes. Nous offrir une vie saine, l'agriculteur, qui vit plus longtemps que le reste de la société, en a les moyens. Il a une chance inouïe : vivre au cœur de la nature, dans un environnement vert.

- **FARM FOR YOUTH** : le service civique agricole permettra aux jeunes en quête de sens et de nature de s'initier aux bonnes pratiques en compagnie des agriculteurs, de leur apporter leur force de travail et leur énergie, et de contribuer ainsi concrètement à l'amélioration de la planète. Plutôt que de marcher pour le climat, travaillons pour l'agriculture !

- **FIX** : stocker le carbone dans les sols, le capter par la photosynthèse, lutter contre le changement climatique en atténuant les émissions de GES, adapter les territoires à l'accélération du cycle de l'eau et à la multiplication des risques – avoir la mémoire des catastrophes !), c'est réparer la planète, assurer la durabilité de l'humanité sur la Terre.

3. Acteur essentiel des plans climat, des stratégies de neutralité carbone et de notre souveraineté alimentaire, l'agriculture a besoin des 6 R.

Respect du travail de l'agriculteur.

Reconnaissance de tout ce qu'il met en œuvre pour nous nourrir.

Responsabilité sociale et environnementale du producteur mais aussi **Responsabilité** de la société et du politique, qui doivent préserver la richesse et la diversité agricoles.

Réconciliation des mondes urbains et ruraux, des différents modèles de production, de la diversité des acteurs et des usages.

Rencontres dans le cadre des codes de bonne conduite, chartes de bon voisinage, gestion concertée de la ressource, contrats de solutions, plans alimentaires territoriaux, projets de territoire pour la gestion de l'eau… le développement durable est inclusif !

Rémunération digne et juste de tous les services que l'agriculteur rend à la société !

4. Pour vaincre la faim, il faut concilier partout et pour tous les 13 P.

Paix. Sans paix, pas de production, des paysans malmenés, une population qui souffre, des paysages dévastés.

Produire de façon performante suppose de :

Semer de bonnes **Plantes**, donc miser sur la recherche et le génie génétique.

Miser sur les **Puits** (donc l'irrigation) quand les **Pluies** manquent.

Protéger les cultures et les animaux et ceux qui s'en occupent, en **Préservant** les sols, la biodiversité, l'eau… et la santé de l'agriculteur.

Le sécuriser sur le plan foncier, donc garantir la **Propriété** des terres.

Assurer des **Prix** rémunérateurs.

Mener de bonnes **Politiques** agricoles pour permettre l'équilibre entre l'offre (la disponibilité de la nourriture) et la demande (l'accessibilité de la nourriture, même aux pauvres), bref être interventionniste.

Car sans **Paysans**, **pas de Population durable sur la Planète** !

40.

Une grande puissance nourricière en péril (*quelques documents essentiels*)

1. Exportations agricoles et agro-alimentaires, la France recule : elle passe du deuxième au sixième rang mondial en vingt ans !

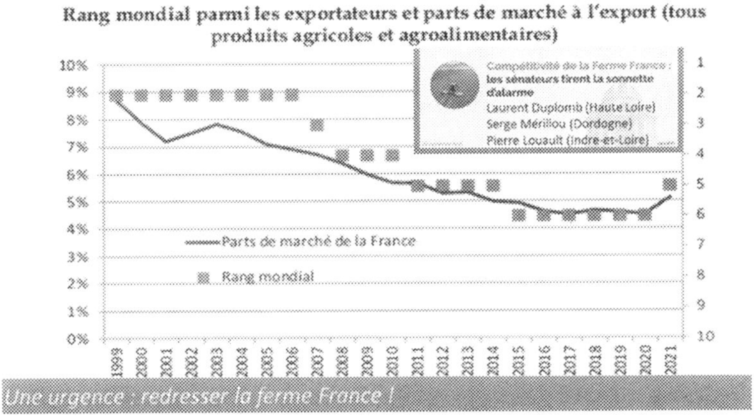

Source : rapport d'information remis par les sénateurs Laurent Duplomb, Pierre Louault et Serge Mérillou sur la compétitivité de la Ferme France (n° 905, 2022).

La place de la France s'érode dans les grands pays exportateurs, et c'est très grave car ses céréales, son lait nourrissent le monde. La guerre en Ukraine est venue aggraver les manques dans les pays pauvres.

Les pays les plus dépendants de la Russie et de l'Ukraine

en % des importations de blé, données 2021

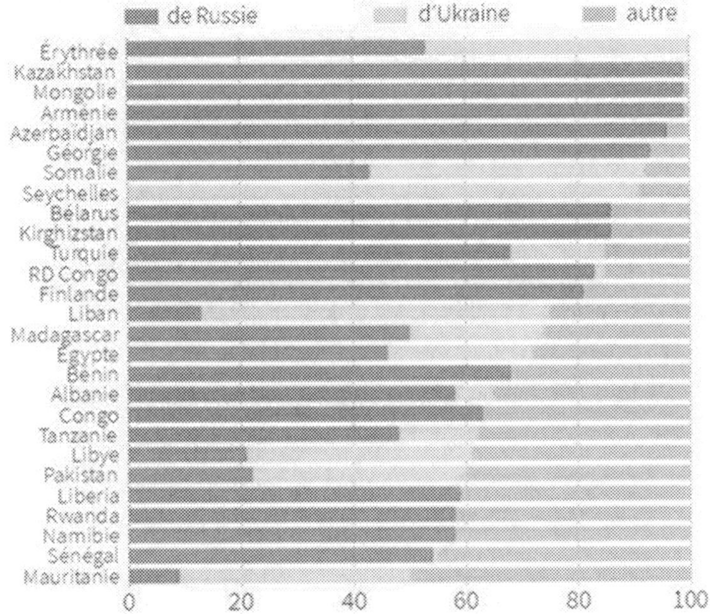

Russie-Ukraine
30 % des exportations mondiales de blé,
20 % de maïs et d'orge, 80 % pour l'huile de tournesol !

La France reste un grand pays nourricier. Elle exporte des céréales, des produits laitiers, des pommes de terre (première exportatrice mondiale !) et du sucre pour nourrir le monde. Et elle permet aussi aux autres pays de faire face au défi de l'accroissement de leurs besoins et à la nécessité de pouvoir bénéficier de variétés performantes en étant la première exportatrice mondiale de semences ! Avec plus de 500 productions sous signe officiel de qualité (AOP, IGP, label rouge…), un nombre record en Europe, la France réussit à allier quantité et qualité tout en restant une agriculture familiale.

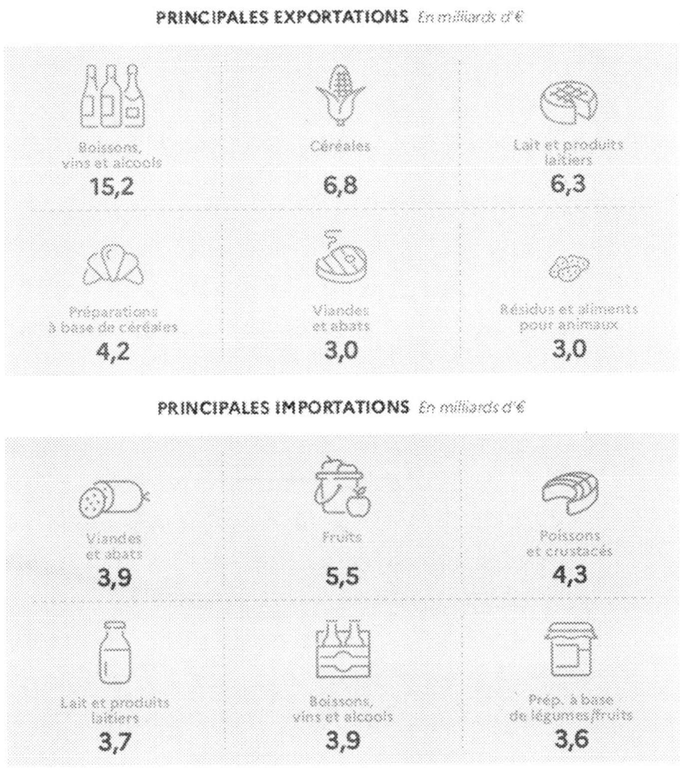

Source : Alim'agri *1572, février 2022.*

2. L'enjeu stratégique des grandes cultures

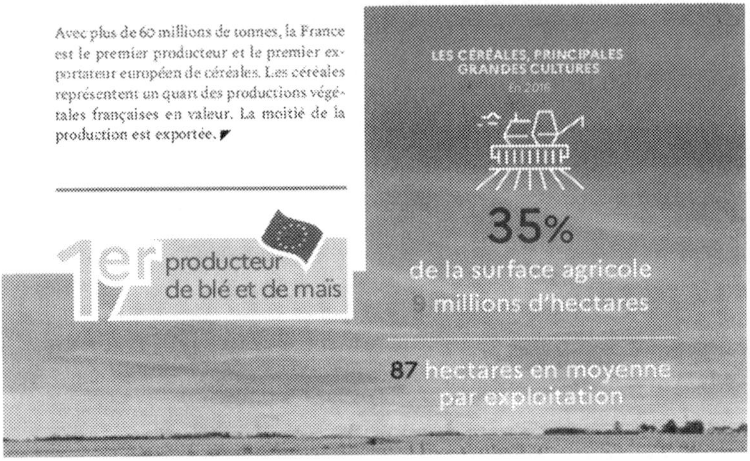

« *Grenier à blé de l'Europe* », la France a en effet tous les atouts d'une grande puissance céréalière :

- une **production de 70 millions de tonnes de céréales en moyenne**, dont 35 millions de tonnes de blé tendre ;
- **plus de la moitié de la production annuelle est exportée**, soit entre 15 et 20 millions de tonnes de blé tendre environ, ce qui place la France à la **quatrième position du classement mondial des exportateurs de blé** ;
- un **excédent commercial général sur les céréales et préparations de 6,6 milliards d'euros** en 2021, représentant la vente d'environ 100 Airbus par an.

La France représente environ 11 % en volume du blé exporté dans le monde, sa production exportée étant expédiée pour près de 60 % aux pays tiers et, pour le reste, à l'Union européenne.

Dans les principaux clients figurent, parmi les pays tiers, l'Algérie, le Maroc, la Chine et, historiquement, l'Égypte ainsi que plusieurs pays africains. Toutefois, il ne faut pas écarter des marchés essentiels pour les céréaliers français en Europe comme la Belgique, les Pays-Bas, l'Espagne et l'Italie.

Blé tendre	**29,2**
Betterave à sucre	26,2
Maïs	13,7
Orge	**10,4**
Colza	**3,3**
Tournesol	**1,6**
Pois protéagineux	0,6
Soja	0,4
Féveroles	0,1

Source : Alim'agri *1572, février 2022.*

Le maïs : 1ère céréale mondiale

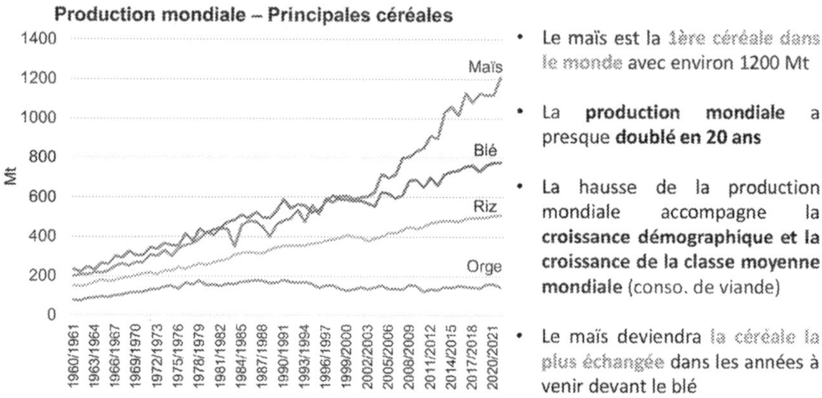

Source : AGPM-USDA

3. L'industrie agro-alimentaire, notre fleuron stratégique

Sans l'agro-alimentaire, l'agriculture serait orpheline : ce sont les IAA qui valorisent le travail agricole. Or elles souffrent doublement : les négociations avec une grande distribution très concentrée, avec 4 centrales d'achat seulement (les vrais ministres de l'Agriculture en France sont Michel-Édouard Leclerc, et à la tête de Carrefour, Alexandre Bompard…) les obligent à comprimer leurs marges au maximum. Elles sont prises en étau entre la loi EGALIM qui oblige à respecter les coûts de production dans l'agriculture, la flambée des coûts de l'énergie qui menace 25 filières, et la volonté des grandes surfaces de ne pas augmenter trop les prix des denrées, car les ménages ne peuvent plus suivre.

L'INDUSTRIE AGROALIMENTAIRE

Le premier secteur industriel français

L'agroalimentaire est le premier secteur industriel français. Les industries agoalimentaires emploient près d'un demi-million de salariés et transforment 70 % de la production agricole française. Le secteur agroalimentaire français affiche un solde commercial positif. C'est l'un des secteurs qui contribue le plus à la valeur d'exportation française, avec la construction aéronautique et l'industrie chimique, parfumerie et cosmétique.

L'innovation est au cœur des secteurs agricole et agroalimentaire. Non seulement elle permet d'assurer le développement, l'attractivité des métiers et la compétitivité, mais elle favorise aussi l'émergence de produits innovants répondant aux attentes du consommateur. L'industrie agroalimentaire s'est saisie de la transition numérique qui représente un enjeu majeur.

Par leur fort ancrage territorial, les entreprises agroalimentaires françaises soutiennent le modèle agricole français, et proposent des emplois sur tout le territoire, notamment en milieu rural. Elles valorisent les signes de la qualité et de l'origine, et favorisent l'approvisionnement de proximité dans la restauration collective ▼

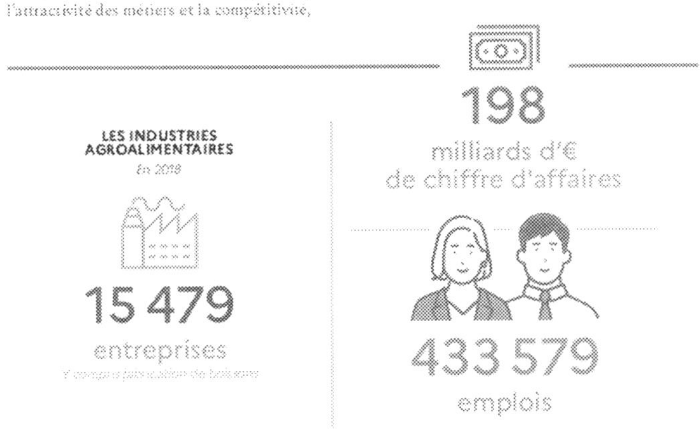

Source : Alim'agri *1572, février 2022.*

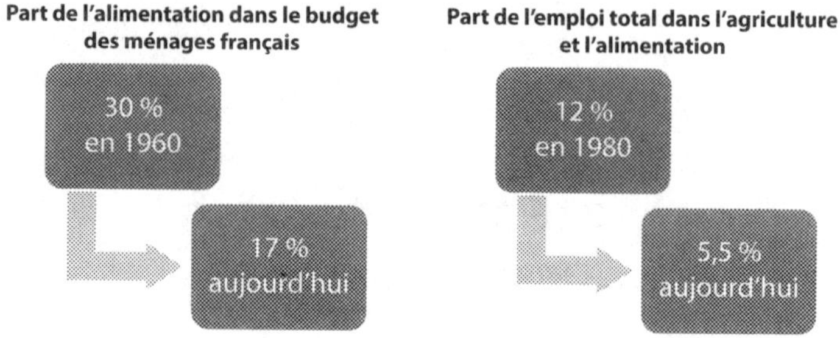

Source : vers une alimentation durable et locale, Sénat, 19 mai 2021.

La part du budget alimentaire dans le budget des ménages a été divisée par presque deux entre 1960 et 2020 – elle remonte aujourd'hui à cause de l'inflation. Les actifs du secteur agricole qui représentent en 2019 moins de 2 % de la population totale produisent pourtant près de 7 % du PIB. Qui est conscient de leurs performances ?

4. De moins en moins de terres consacrées à l'agriculture en France

Alors que la SAU (superficie agricole utile) représentait 35 millions d'hectares en 1950, elle ne s'étend plus que sur 26,7 millions d'hectares en 2020. Nous en avons perdu près du tiers ! Chaque année, 30 000 hectares de bonnes terres agricoles disparaissent.

Évolution du nombre d'exploitations et de la SAU moyenne

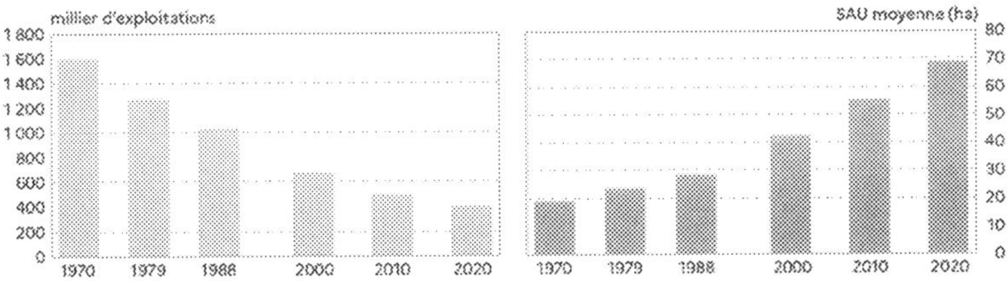

Moins 100 000 exploitations en vingt ans !

5. Un secteur stratégique en grand danger : l'élevage et l'exemple de la filière laitière

Alors que l'élevage occupe près de la moitié des terres agricoles sous la forme de prairies qui stockent une quantité record de carbone, il recule de façon inquiétante en France en raison de prix insuffisants et d'une concurrence déloyale, comme le montre l'exemple de la filière laitière.

Pourtant les prairies sont des infrastructures écologiques de premier plan dans le stockage du carbone.

Revenu courant avant impôts par unité de travail agricole non salariée dans la filière laitière en Europe

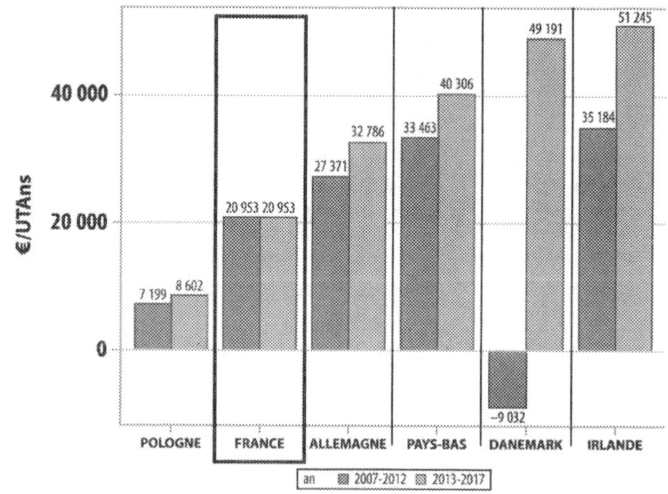

Source : Institut de l'Élevage.

Cela découle, bien entendu, d'un prix du lait payé en lait conventionnel, autour de 353 € les 1 000 litres, insuffisant pour couvrir les coûts de revient moyen des producteurs estimés, en 2020, à 405 € les 1 000 litres.

Nombre de chefs d'exploitations dans les exploitations laitières

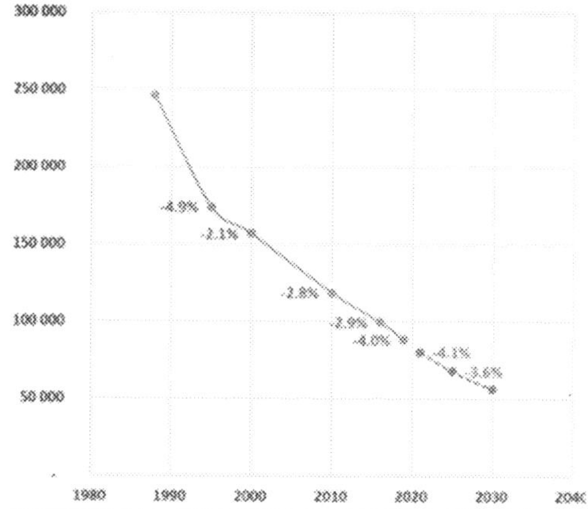

Source : Institut de l'Élevage.

Évolution de nombre de vaches laitières et allaitantes

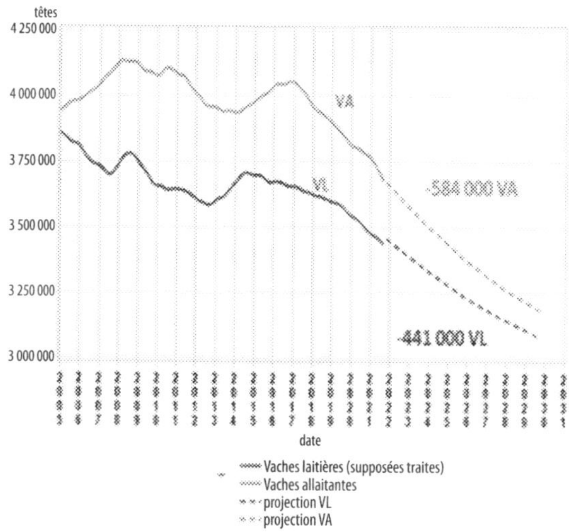

Source : Institut de l'Élevage.

Tout un patrimoine gastronomique, paysager et génétique est menacé alors que nous sommes le premier pays éleveur de l'Union européenne !

Pourtant, le monde a besoin de protéines animales :

Évolution de la consommation mondiale de calories animales et végétales (selon la FAO)

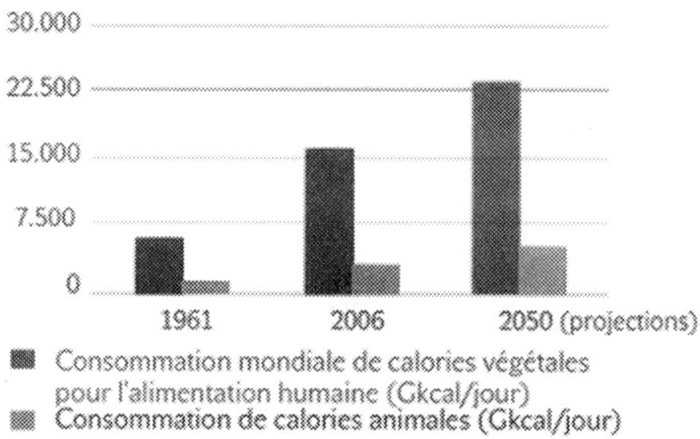

Source : Haut-commissariat au Plan, « L'agriculture : enjeu de reconquête », juillet 2021.

Mais la France importe de plus en plus de poulets (en 2022, la grippe aviaire a fait abattre 22 millions de poulets en France !).

consommé en France est importé, dont près de ¾ dans les plats transformés ou dans les restaurants

Augmentation des importations de tomates cerises marocaines par rapport à 1995

– 56 % de la viande ovine consommée en France est d'origine importée, en provenance des pays anglo-saxons ;

– 22 % de la consommation française en viande bovine est couverte par les importations, notamment pour les approvisionnements des préparations de viandes et des conserves ;

– 45 % de notre consommation de poulet en 2019 est importée, contre 25 % en 2000, en raison de la hausse des importations de volailles d'Europe de l'Est, en lien avec la croissance de la consommation hors domicile dont l'approvisionnement repose sur l'importation de découpes de volaille ;

– 26 % de notre consommation de porc, notamment de jambons, provient majoritairement d'Espagne ou d'Allemagne, principalement comme matière première destinée à l'industrie de transformation ;

– 30 % de notre consommation de produits laitiers provient de l'Union européenne, à la fois en achats de fromages et, plus encore, en matières grasses laitières (beurres et autres matières grasses solides), à destination de l'industrie agroalimentaire et de la restauration hors domicile ;

– entre 70 et 80 % de nos besoins de miel sont importés selon les données de FranceAgriMer, les trois principaux fournisseurs de la France étant l'Ukraine, l'Espagne et la Chine.

Le phénomène concerne également les cultures végétales :

– 28 % de notre consommation de légumes et 71 % de notre consommation de fruits est importée ;

– près de 63 % des protéines que nous consommons sont issues d'oléagineux importés à destination des élevages.

Source : Rapport d'information n° 620 (2020-2021) de MM. Laurent Duplomb, Hervé Gillé, Daniel Gremillet, Mme Anne-Catherine Loisier, M. Frédéric Marchand et Mme Kristina Pluchet, fait au nom de la commission de l'aménagement du territoire et du développement durable et de la commission des affaires économiques, déposé le 19 mai 2021 – groupe de travail « Alimentation durable et locale ».

6. Une agriculture vertueuse qui ne cesse de réduire l'utilisation de produits de traitement de synthèse

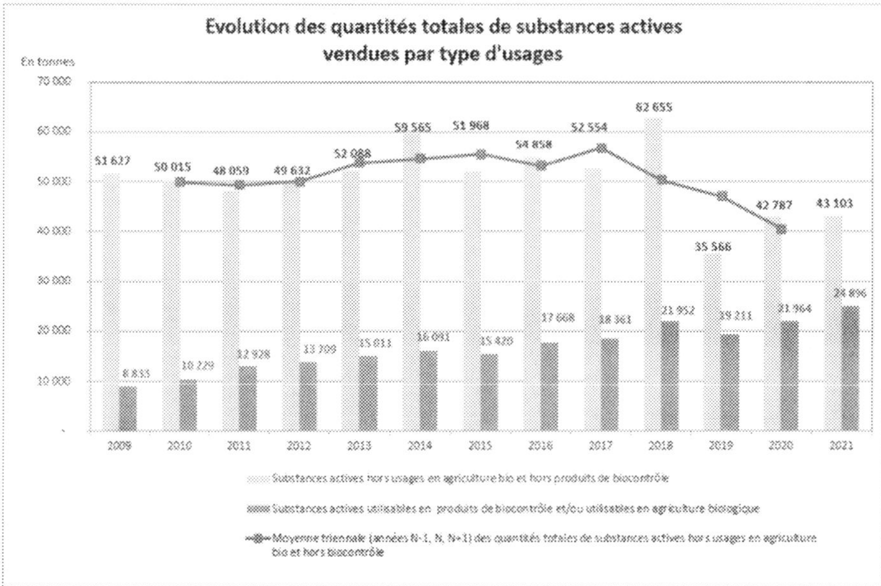

Source : BNVD – ventes au code commune Insee des distributeurs, extraites le 17 mai 2022. Traitements : OFB, 2022 ; SDES, 2022.

Les données provisoires des ventes agrégées à l'échelle de la France entière pour l'année 2021, issues des déclarations réalisées début 2022 sont désormais disponibles. Elles font notamment apparaître :

- qu'en 2021, les ventes se sont élevées à 43 013 tonnes (hors produits utilisables en agriculture biologique et produits de biocontrôle) et sont restées stables par rapport à 2020 (+0,7 %), et sont 19 % en dessous de la moyenne 2012-2017 ;

- cette diminution se confirme en tendanciel : la moyenne triennale est la plus faible depuis le début du plan Ecophyto, elle diminue plus récemment de 19 % entre 2017-2019 et 2019-2021 ;
- les ventes de produits de biocontrôle et de produits utilisables en agriculture biologiques progressent de 13 % entre 2020 et 2021, ce qui montre l'engouement pour les solution alternatives ;
- les ventes de glyphosate amorcent une baisse avec une diminution de 14 % entre 2020 et 2021, passant de 8 645 tonnes à 7 765 tonnes ;
- enfin, à noter une baisse continue de la vente des substances les plus à risque (CMR1) : de 5 426 tonnes en 2018, on passe à 781 tonnes en 2021 soit une baisse de 85 % sur une période de 4 ans.

Source : https://www.ecologie.gouv.fr/publication-des-donnees-provisoires-des-ventes-produits-phytopharmaceutiques

7. Il va falloir assurer la relève !

Notre réseau d'établissements de formation est un des meilleurs au monde et il est impératif de conserver une agriculture attractive : la moitié des exploitants partiront en retraite au cours des dix prochaines années.

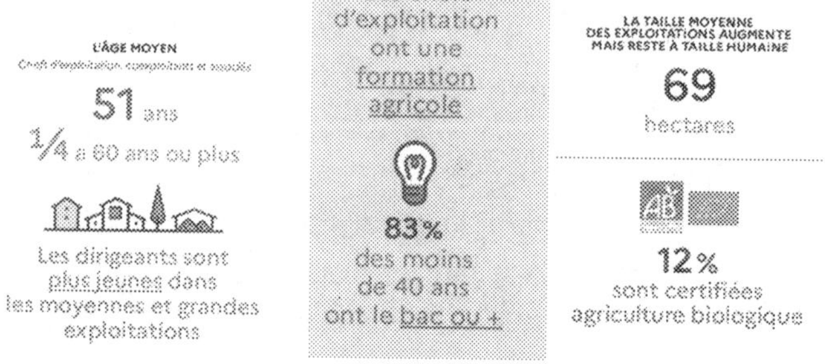

Grand pays agricole, la France ne doit pas accepter de se désagriculturaliser sous peine de perdre son rang dans le monde. Cessons de critiquer ceux qui nous nourrissent et proposons à cette jeunesse inquiète de l'avenir de s'engager concrètement au service de la planète par un service civique agricole !

Remerciements

Voilà quarante ans maintenant que je parcours le monde, dont dix-sept ans avec deux organisations humanitaires, Médecins sans frontières et Action contre la faim, pleinement engagées dans la lutte contre les crises alimentaires. Elles m'ont beaucoup appris et je les en remercie. Dans mon master à Sorbonne Université, nous continuons à agir de concert, pour que mes étudiants aient la chance de bénéficier de leur expérience. Le service civique agricole que je préconise dans ce livre s'inspire de ce partenariat : passer de trois à six mois au contact des réalités du terrain métamorphose mes étudiants. Ils deviennent des géographes pleinement engagés dans le monde, concrets, compétents, prêts à entrer dans la vie professionnelle.

Il y a une quinzaine d'années, j'ai commencé à m'entretenir avec les agriculteurs français, à visiter les fermes et les usines de transformation, les céréaliers, les arboriculteurs, les éleveurs, les vignerons, les forestiers, mais aussi toute la chaîne qui va du champ à l'assiette : coopératives, négociants, fournisseurs d'agroéquipements, transformateurs, distributeurs, syndicats, groupements de formation, lycées agricoles, Safer, MSA (Mutualités sociales agricoles), groupements de développement rural, organisations de producteurs, banques et assurances agricoles, et bien sûr organisations humanitaires et de solidarité internationale, la liste n'étant pas limitative !

Là encore, j'ai beaucoup appris et je n'en finis pas d'apprendre, et j'en suis infiniment reconnaissante à tous ces professionnels compétents, qui m'ont accueillie avec bienveillance, expliqué leurs difficultés, leurs combats, leurs bonheurs aussi... et leurs désillusions souvent. Je n'en suis toujours pas revenue du fossé qui séparait leur réalité, leurs pratiques, leur expérience, des croyances – et des médisances ! – de la société à leur égard. C'était incroyable ! Je comprenais leur colère, leur incompréhension, et leurs souffrances. Là encore, j'ai commencé à nouer des partenariats avec différents organismes, pour que mes étudiants aient la chance de pouvoir se frotter une fois de plus à la réalité du terrain. Les CUMA (coopératives d'utilisation du matériel agricole), les fondations d'entreprise, les associations, comme l'Association générale des producteurs de maïs (AGPM), les ont accueillis, formés, fait progresser et je leur en suis très reconnaissante.

Ce livre est le produit de ces quarante années d'expérience dans la lutte contre la faim, qui m'a valu d'être élue femme de l'année il y a bien longtemps, en 1991. Des livres pour expliquer la famine, l'insécurité alimentaire, j'en ai publiés beaucoup. Mais je dois une gratitude particulière à l'éditeur qui m'a accompagnée tout au long de ces dernières années, partageant ma conviction qu'il fallait défendre les agriculteurs, faire entendre leur voix. Laurent Laffont m'a toujours soutenue et aidée, même quand je me décourageais, face à l'hostilité, voire aux attaques. *Nourrir* est le fruit de sa conviction d'éditeur, dans une maison d'édition qui n'a pas peur d'aller parfois à l'encontre du vent dominant, quand elle le sait porteur de trop de miasmes. Merci à Laurent Laffont de son soutien et à Mehra Amir-Moezzi de s'être pleinement investie dans ce projet. J'espère que ce livre contribuera à modifier le regard porté sur le plus beau... et le plus dur métier du monde.

Du même auteur

Manuel de guérison à l'usage des femmes, Albin Michel, 2021

Pourquoi les paysans vont sauver le monde, Buchet-Chastel, 2020, Harper-Collins, 2021

Toutes ces idées qui nous gâchent la vie, Jean-Claude Lattès, 2019

Camargue, Crin-Blanc et ses légendes, Nevicata, « L'âme des peuples », 2019

Le bonheur à cheval (avec Alain Bellanger), Belin, 2018

Plaidoyer pour nos agriculteurs, Buchet-Chastel, 2017

Croquer la pomme, Jean-Claude Lattès, 2016

Crin-Blanc ou l'invention de la Camargue (avec Florian Colomb de Daunant), Actes Sud, 2016

L'Afrique est-elle si bien partie ?, Sciences Humaines, 2014. Prix Axyntis-Conflits du livre de géopolitique

Un Escalier vers le Paradis, Jean-Claude Lattès, 2014

Géographie amoureuse du maïs, Jean-Claude Lattès, 2013

La Planète disneylandisée, pour un tourisme responsable, Sciences Humaines, 2012 (1ère éd., 2006)

Géographie amoureuse du monde, Jean-Claude Lattès, 2011. Prix Jules Verne (Académie littéraire de Bretagne et des Pays de Loire)

Le Voyage à Timimoun, Jean-Claude Lattès, 2010

Le ciel ne va pas nous tomber sur la tête (maître d'œuvre avec Jean-Robert Pitte), Jean-Claude Lattès, 2010

Manuel de guérilla à l'usage des femmes, Grasset, 2009

Nourrir le monde, vaincre la faim, Larousse, 2009

Cavalcades et dérobades, Jean-Claude Lattès, 2008. Prix Pégase (IFCE-Cadre noir de Saumur)

À qui profite le développement durable ?, Larousse, 2008. Prix Luc Durand-Reville (Académie des sciences morales et politiqucs)

Le Développement durable, PUF, « Que sais-je ? », 2004, 6ème éd. 2018

La Déliaison (avec Ariane Fornia), Denoël, 2005

L'Afrique, Bréal, 2004. Prix Robert Cornevin (Académie des Sciences d'Outre-Mer)

Frontières, Denoël, 2003

Famines et politique, Presses de Sciences Po, « La Bibliothèque du citoyen », 2002. Prix Sciences Po

La faim dans le monde, comprendre pour agir, PUF, 1999. Prix Conrad Malte Brun (Société de Géographie)

Géopolitique de la faim (maître d'œuvre), PUF, 2001, 2000, 1999

Ceux qui vont mourir de faim, Seuil, « L'Histoire immédiate », 1997

La coopération Nord-Sud, PUF, « Que sais-je ? », 1997

Le sous-développement, PUF, « Que sais-je ? », 1996

Le Sud dans la nouvelle économie mondiale, PUF, « Major », 1995

Le gaspillage de l'aide publique, Seuil, « L'Histoire immédiate », 1993

Une tragédie banalisée : la faim dans le monde (avec le concours de l'AICF), Hachette, « Pluriel-Intervention », 1991. Prix Pierre Chauleur (Académie des Sciences d'Outre-Mer)

Sahel, Nordeste, Amazonie : politiques d'aménagement en milieux fragiles (maître d'œuvre, avec Nelson Cabral), Unesco-L'Harmattan, 1991

Tiers Mondes, controverses et réalités (maître d'œuvre), Economica-Liberté Sans Frontières, 1987

Asie, Afrique : greniers vides, greniers pleins (maître d'œuvre), Economica, « Économie agricole », 1986

(Les ouvrages collectifs auxquels l'auteur a participé ne sont pas mentionnés ici)

COMPOSITION ET MISE EN PAGES
NORD COMPO À VILLENEUVE-D'ASCQ

CET OUVRAGE A ÉTÉ ACHEVÉ D'IMPRIMER
SUR ROTO-PAGE
PAR L'IMPRIMERIE FLOCH À MAYENNE
EN FÉVRIER 2023

N° d'impression : 101910
Dépôt légal : février 2023
Imprimé en France